性加害行動のある少年少女のための
グッドライフ・モデル

ボビー・プリント 編

藤岡淳子・野坂祐子 監訳

誠信書房

**The Good Lives Model for Adolescents
Who Sexually Harm**
edited by Bobbie Print, CQSW; foreword by Tony Ward, PhD

Copyright © 2013 by THE SAFER SOCIETY FOUNDATION, INC.

Japanese translation rights arranged with

THE SAFER SOCIETY FOUNDATION, INC.

through Japan UNI Agency, Inc.

まえがき

　私はこれまで、ボビー・プリントとGマップチームによる活動に長く親しんできた。また、彼女らのオフィスを幾度となく訪れたことにより、幸運にも研究や治療に関するアイデアを共有してきている。性加害行動のある少年への働きかけにたいするスタッフたちのすばらしい情熱と臨床的成果を目指す姿勢に、彼女らのオフィスを訪れるたび、私は心を打たれる。ボビーとGマップチームは、優れた実践者であるだけでなく先駆者であり、若者をケアするための効果的な方法を常に探し求めている。

　性加害行動のある少年への治療的介入を構造化するために、グッドライフ・モデル（GLM）を実践の枠組みとして取り入れることをボビーとGマップスタッフが決めたとき、私はとてもうれしく思った。しかし同時に、彼女たちはどのように実践していくのだろうという興味もわいた。少年は、性加害行動をする成人とは大きく異なるため、もしグッドライフ・モデルが少年にも効果があることを証明するならば、グッドライフ・モデルを修正しなければならない。彼女たちによる修正版グッドライフ・モデルを見たとき、私は思わず「すばらしい！」と叫んだ。グッドライフ・モデルにたいする綿密な分析と、このモデルをより少年にふさわしく修正するための体系的な方法に、強く感銘を受けたからだ。例えば、「人間としての主要価値」（primary human goods）は、グループ分けされたうえで、グッドライフ・モデルのコンセプトに沿って少年向けに新しく名づけられた。これは完璧なものだった。

　ボビー・プリントとGマップスタッフは、グッドライフ・モデルを深く理解し、このモデルを十分に実践してきた。そして、核となるアイデアや倫理的部分はそのままに、実践に適した修正を加えたのだ。本書は、Gマップがグッドライフ・モデルとともに歩んだ旅路を示している。また、性加害行動のある少年のためのきわめて有用な治療ガイドラインとして、臨床的で創造性豊かで、巧みな解釈を示したすばらしい本である。

　ボビー・プリントとGマップスタッフの手によって、グッドライフ・モデル

はストレングス (強み) に基づいた枠組みのもとで，最先端の効果的な技法が統合された，柔軟で臨床的に洗練された枠組みへと変わった。文章は明快で，解釈は確かなものである。本書では，グッドライフ・モデルの観点からどのように性犯罪をした少年をアセスメントし，処遇するかについて詳細に示されている。また，そのすべてが進行中の事例によって具体的に描かれている。本書は，性加害に関する分野において重要な一冊となりうるものとして，臨床家と研究者を魅了するだろう。まさに，すばらしいの一言に尽きる！

トニー・ワード (Tony Ward, PhD, 臨床心理学博士)
ヴィクトリア大学心理学部教授 (ニュージーランド・ウェリントン)

謝　　辞

　Gマップスタッフ一同，デイブ・オキャラハンとトニー・モリソンの創造性，尽きぬ熱意，そしてサポートに深く感謝の意を表します。私たちは，彼らから非常に大きな影響を受けました。その逝去を心より悼みます。

　本書の出版にあたっては，ヘレン・ブラッドショー，ジェームス・ビックリー，ナイジャル・プリントから支援と助言を頂きましたことをお礼申し上げます。また，原稿の校正をしてくださったサラ・ピアソンとキャサリン・ヒープの忍耐とスキルにも感謝を捧げます。

　最後に，私たちがともに活動してきたすべての若者たちに感謝の意を表します。多くの若者たちが，グッドライフ・モデルの発展に貢献してくれました。彼らの勇気，ユーモア，決意，レジリエンス，努力は，私たちに刺激をもたらしました。彼らが，社会で充実したよい人生を送っていることを願っています。

目　　次

まえがき（トニー・ワード）　iii

謝辞　v

はじめに（ジュリー・モーガン）　1

第1章　グッドライフ・アプローチの背景　4
　　　　　（アンソニー・ビーチ）

はじめに　4
ストレングスに基づいたアプローチとポジティブ心理学　5
若者のレジリエンス　6
犯罪からの離脱　9
ポジティブ心理学　10
性加害者の処遇における「グッドライフ」アプローチ　12
自己効力感を高める　14
自分の行動に責任感と当事者意識をもつ　15
グッドライフ・モデルに関する研究　15

第2章　性加害をした少年への実践の発展　21
　　　　　（ボビー・プリント，ドーン・フィッシャー，アンソニー・ビーチ）

問題の定義　21
司法的対応　23
原因論に関する理論的モデル　24
介入モデルと方法　26

第3章　旅路：Gマップによるグッドライフ・モデルの修正 ………… 37
（ヘレン・グリフィンとローラ・ワイリー）

ワードの主要価値リストの修正　　38
修正版グッドライフ・モデルの試行　　40
フィードバックの分析　　42
年齢と文化を考慮する　　51

第4章　若者の動機づけと積極的関与を高めるために …………………… 58
（エレーン・オコティとポール・クエスト）

動機づけと積極的関与が低い要因　　59
動機づけと関与度を高める　　62

第5章　アセスメント ………………………………………………………… 70
（ヘレン・グリフィンとローラ・ワイリー）

情報収集　　71
臨床的定式化　　73
問題の定式化　　74
アセスメントすべきほかの領域　　93
事例　　98

第6章　グッドライフ・プラン ……………………………………………… 123
（ローラ・ワイリーとヘレン・グリフィン）

グッドライフ・チーム　　123
グッドライフ・プランの内容　　125
グッドライフ・プランの修正　　128
目標設定　　128
事例　　129

第7章　治療教育の実践 ……………………………………………………… 145
（ローラ・ワイリーとヘレン・グリフィン）

概観　　145

グッドライフ・モデルを活用した介入　148
治療プロセスに関わる事柄　153
若者と体系的にワークを進めるという挑戦　155
事例　157

第8章　社会に戻ること　……………………………………174
（ヘレン・グリフィンとローラ・ワイリー）

事例　181

第9章　グッドライフ・アプローチにたいする少年と実践家の反応
（シャロン・リーソンとマーク・アズヘッド）　………190

はじめに　190
評価の目的　190
方法　191
実践家の反応　192
若者の反応　196

第10章　修正版グッドライフ・モデルの評価　……………203
（ヘレン・グリフィン）

背景　203
修正版グッドライフ・モデル　205
修正版グッドライフ・モデル評価尺度　208
修正版グッドライフ・モデル評価尺度を用いた予備調査結果　213
評価のまとめと今後の目標　214

監訳者あとがき　219

索引　222

はじめに

ジュリー・モーガン (Julie Morgan)

　Gマップ (Greater Manchester Adolescent Project) は，性加害行動のある若者のための小規模な民間のサービス機関である。ここでは，性加害行動のある若者とその家族および養育者にたいする治療的介入のほか，研修，スーパーヴィジョン，さまざまな専門機関へのコンサルテーションを行なっている。

　Gマップは1988年に設立され，現在は英国のグレーター・マンチェスターに拠点を置く。Gマップは，学際的なスタッフからなるチームであり，スタッフは，社会福祉，保健，青少年サービス，刑事司法，心理学といったさまざまな専門性を有する。6〜18歳の子どもや若者を対象にしているが，18歳以上の若者にも，それぞれのニーズや複雑さを把握できる環境のもとで支援を行なっている。子どもや若者たちは，児童サービス，保健サービス，少年司法サービスといった公的機関からリファーされて，プログラムを受けに来る。そのため，自宅，里親宅，専門的な養護施設，拘置所や刑務所で生活しながら，Gマップに通うことができる。

　現在，私たちが関わっている若者の多くが，複雑なニーズや深刻なトラウマを抱えている。私たちとしては個別の介入が最も適した介入方法だと考えているが，若者の一部は，Gマップのグループワークにも参加している。また，多くは家族ワークにも参加している。

　Gマップを立ち上げた初期は，少年と関わるうえでの適切かつ効果的な枠組みやモデルを探すのに苦労した。出版されていた本のほとんどが性加害のある成人を対象としたもので，当時の一般的なアプローチは，直面化，コントロール，欠点に焦点を当てたモデルであった。まず，これらのモデルの導入を試みたものの，こうしたアプローチは非治療的であるばかりか，若者とその家族をプログラムに参加させるための動機づけが非常に難しいことがわかった。そのため，既存のモデルを用いるとともに，ストレングス (強み) に基づいたアプロ

ーチを生み出すことに力を注いできた。こうしたアプローチは，ポジティブ心理学の考え方を支持し，ともに活動する若者たちに全人的な反応をうながすものであった。私たちがグッドライフ・モデルに出会ったのは2004年で，すぐにその魅力に惹きつけられた。グッドライフ・モデルは，ストレングスに基づくだけではなく，欠点をなくすことよりも目標を達成することに重点が置かれ，他機関と連携しながら，潜在的リスク要因の集合体として個人をみるのではなく全体像として捉える。

グッドライフ・モデルを少年への実践に導入するまでには時間を要し，いくらかの改訂も必要であった。グッドライフ・アプローチの改訂にあたっては，Gマップスタッフによる作業はもとより，さらにほかの専門家や，プログラムに参加している若者自身，その家族や養育者からも助言を受けた。それにより現在では，グッドライフ・モデルに完全に基づく，13～18歳の少年のためのプログラムを提供している。このプログラムでは，グッドライフ・アセスメント，グッドライフ・プラン(GLP)，グッドライフ評価尺度(GLAT)に基づくアセスメントと治療的介入，他機関との連携が行なわれる。

本書の目的は，グッドライフ・モデルを少年たちに実践した私たちの経験を広く知ってもらうことである。このモデルは，少年たちが問題に向き合いやすく，プログラムを体験し，続けやすくなるような，楽しさをともなうポジティブで役に立つ枠組みだと思われる。本書の読者が性加害行動のある少年にグッドライフ・モデルを実践する際に，本書の内容が有益かつ参考になり，役に立つことを願っている。

Gマップチームのメンバー全員が，本書の出版に携わってきた。グッドライフ・モデルを使う理由，少年に適したモデルにするためにどのような修正を行なったか，そしてモデルに沿った介入の実践例やその長所を紹介したいという願いからであった。実際のモデルの適用をわかりやすく示すために事例を挿入し，章を通して3つの事例を追跡することで，それぞれの介入段階においてどのようにグッドライフが発展していくかを示した。

読者におかれては，本書で用いられている専門用語のいくつかが一般的な文献で使われているものと異なることに注意されたい。例えば，私たちは若者を**性犯罪者**という言葉でラベリングするのを避けた。なぜならこの言葉は，若者自身がどんな人物であるかを決めつけてしまうからである。それに代わり，「性加害行動のある若者」または「性加害をした若者」などの言葉で表現した。

問題行動を示すとしても，彼らが基本的には若者であることを考慮した結果である。さらに，私たちは**処遇**(treatment)という言葉を極力避けた。この言葉は一般的に，対象者が専門家によって「治す」病気をもっていることを意味する医学用語だからである。その代わりに，より包括的な言葉である**介入**(interventon)を用いた。これは，「変化をもたらす関わり」を示唆する言葉である。

第1章
グッドライフ・アプローチの背景

アンソニー・ビーチ
(Anthony Beech)

はじめに

　性加害をした者への介入を成功させることは，社会一般への影響や加害行為をした者への影響を考慮するときわめて重要である (Harkins et al., 2012)。それゆえに，専門家による介入は，可能な限り最良の効果を上げることが求められる。蓄積されている実証データによると，「リスク-ニーズ-反応性 (RNR) アプローチ」(Andrews & Bonta, 2010) に基づく介入が効果的であることが示されている。実際に，リスク-ニーズ-反応性アプローチは介入において明快な方向性をもつ，初の効果的な改善更生理論とみなされている。また，性加害をした者の再犯を減少させ (Hanson et al., 2009)，一般的な犯罪者にも効果が認められる (Andrews & Bonta, 2010) という強い実証的根拠をもつ。リスク-ニーズ-反応性アプローチによる介入は，以下の主要な三原則に基づいている。

（1）最もリスクの高い犯罪者に，最も集中的な介入を行なう：**リスク原則**
　　　（最も介入を必要とする者に狙いを定める）
（2）その個人を犯罪に導いた要因に焦点化した介入を行なう：**ニーズ原則**
　　　（個人に特有の課題，すなわち犯因性ニーズに狙いを定める）
（3）その個人にとって最も有効な方法で介入を行なう：**反応性**原則
　　　（個人の能力や動機づけに合った介入方法を選択する）

　しかし，近年，リスク-ニーズ-反応性アプローチによる介入には限界があるという認識が高まりつつある。実際に，リスク-ニーズ-反応性アプローチによる介入プログラムを修了した成人性加害者の 12 〜 50％，一般犯罪者の 46％が再犯に及んでいることを記しておきたい (Ward et al., 2012)。また，リスク-ニ

ーズ−反応性アプローチは，回避目標（行ってはいけない場所，してはいけないこと）に依存しすぎており，全体的な個人のウェルビーイング，人間本来の価値や権利はあまり重視されていない (Ward, Gannon, & Brigden, 2007; Ward & Stewart, 2003a, b, c)。したがって，リスク−ニーズ−反応性アプローチは，目標達成型の介入（犯罪と両立しないような，よりよい人生を追求する）よりも動機づけに乏しいといえるだろう。

　現在，リスク−ニーズ−反応性アプローチを批判しているのは，主としてトニー・ワードら (Ward, Mann, & Gannon, 2007) である。彼らは，リスク−ニーズ−反応性アプローチはリスク要因を特定し，そのリスク要因のレベルを低減させることに焦点を当てた介入だと説明している。また，こうしたリスク−ニーズ−反応性アプローチは，ピンクッション・アプローチに似ている，つまり各リスク要因をピンとみなし，介入によってそのリスク要因を取り除くことを目指すものだと指摘している (Ward, Gannon, & Birgden, 2007, p.88)。ワードら (2007) はさらに，現在のリスク−ニーズ−反応性モデルには，セラピストを適切に導き，加害者を統合された全人的アプローチに引き込むための「概念的資源」(conceptual resources) が欠けていると主張している。

　こうした流れのなかで，よりポジティブ指向の介入アプローチに注目する動きが生まれてきた。このアプローチにはさまざまな長所があり (Marshall et al., 2005)，介入においては，犯罪と両立しないような充実した人生を送るための知識，スキル，能力の向上を目指す。現在のところ，このアプローチを最も完全な形で実現しているのが，グッドライフ・モデル (GLM) である (Ward, Mann, & Gannon, 2007; Ward & Stewart, 2003a, b, c)。グッドライフ・モデルは，リスク−ニーズ−反応性アプローチを取り入れながら，包括的な改善更生のための枠組みとなる。本章では，グッドライフ・モデルについて詳細に説明する前に，性加害者への介入におけるストレングス（強み）に基づいたアプローチとポジティブ心理学の概要について検討する。

ストレングスに基づいたアプローチとポジティブ心理学

　これまでさまざまな分野の人たちが，充実したポジティブな人生をもたらす人間の価値について論じてきた。ケイクス (Kekes, 1997) をはじめとする哲学者

は，さまざまな「よい人生（グッドライフ）」を生み出す人間の努力に注目する重要性を説いた。特に，よい人生を達成するためには，個人としてあるいは社会の一員としての道徳的立場が求められると述べた。一方で，ローティ (Rorty, 1989) は，社会における公平や公正などの概念を作り出してきた哲学者たちよりも，ジョージ・オーウェルやウラジーミル・ナボコフといった小説家のほうが，非情さや非人道的なものとは対照的な，充実していて正しくポジティブな人生とは何であるかを表現していると述べた。心理学的なテーマとして「ポジティブとは何か」が注目されたのは，1世紀以上前にウィリアム・ジェームズが「健全な精神」について書いたのが最初といえるだろう (James, 1902)。心理学において人間中心的アプローチで広く知られている人たちも，精神的健康を目指すポジティブなアプローチを提案している。例えば，ロジャーズ (Rogers, 1961) の「十分に機能する人間」や，マズロー (Maslow, 1968) の「自己実現」などの概念が有名である。

若者のレジリエンス

この10年間，ケアに関する幅広い領域において，対象者のポジティブな特性に注目してアセスメントや介入を行なうことが重視されるようになった。例えば，ベナール (Benard, 2006) は社会福祉分野の多くの研究から，ポジティブな保護要因または「レジリエンス」は，子どもとその家族の生活におけるリスク要因を上回るとまではいかなくとも，リスク要因と同様に重要であることが明らかになってきたと述べている。きわめて貧しく，ストレスにさらされ，機能不全家庭で育った子どもや若者であっても，約75%はその後の人生でこれらの困難を何らかの方法で克服する (Rhodes & Brown, 1991)。また，複雑かつ長期的なリスク状況に置かれていた子どもであっても，約半数が良好な発達を示す (Rutter, 1987; 1989)。ここでのレジリエンスとは，健全な成長と発達のための「自己復元力」を意味する。ブレマー (Bremer, 2006, p.87) は，「レジリエンスはリスクと切り離せない概念であり，リスクの存在または困難な状況なくして，レジリエントな行動や反応は起こりえない」と述べている。

ブレマー (2006) はまた，レジリエンスとは子どもが困難な状況に直面したときに，ポジティブな成長と社会的に適切な行動を維持し続ける能力であるとしている。さらに個人内リスク (**発達の問題**)，家庭内リスク (**虐待**)，コミュニティ

内リスク(反社会的な仲間)などのリスクが存在するときにレジリエンスが調整役として機能し,レジリエンスの構成要素が保護要因(ストレングス)になると述べている。つまり,個人,家族機能,コミュニティの環境といった要素が,困難な状況を調整するのである。

若者の臨床アセスメントにストレングスとレジリエンスの要因を取り入れることで,再犯可能性に有意な影響を及ぼしうることが研究からも示されている(Hoge et al., 1996)。しかし,性加害者への取り組みにおける検証は,まだ始まったばかりである。英国保健省(Department of Health, 2000)は,若者とその家族のアセスメントにレジリエンスを取り入れることの重要性を認め,少年の有意なポジティブ要因として以下のものを挙げている。

- 少なくとも片方の親とのサポーティブな関係性
- きょうだいや祖父母とのサポーティブな関係性
- その若者に大きな関心を寄せ,継続的なメンターや役割モデルになれる,親以外の献身的な大人がいること
- 自分の身に起きたことや今起きていることについて,一貫性のある話ができ,できごとを振り返ることができる能力
- 才能と関心があること
- 学校でのポジティブな経験
- ポジティブな友人関係
- 自分の人生の展望をもち,それに向けたプランを考えることができる能力

ギルガン(Gilgun, 1999)は,リスクとストレングスの臨床アセスメントパッケージ(CASPARS; Clinical Assessment Package for Risks and Strengths)を開発した。これは,若者の一般的アセスメントにおいて扱われているような欠点のみに注目したものではなく,子どもと家族のストレングスとリスクに同等の重みを置いたものである。ギルガン(1990)は研究から,親友を得ることが再犯の低減につながる重要な要因であり,健全な仲間の存在と家族やコミュニティとの関係性もまたポジティブな影響を及ぼすことを見出した。それ以降,ギルガン(2003)は,個人が性加害行動に及ぶ危険があるとき,レジリエンスに関連する要因や特性がどのように機能するのかを研究している。

ブレマー(2001)は,保護要因尺度(PFS; Protective Factors Scale)を開発した。

これは，性加害に及んだ若者に適した介入のレベルを評価するものである。ブレマーは，介入において若者の意欲を高めるには，レジリエンスをうながすようなポジティブ要因を見極めることが重要であるという。保護要因尺度は，個人の発達（一般的行動，就学，社会的適応，情動的適応），セクシュアリティ（性加害行動，個人のバウンダリー，性的嗜好），周囲のサポート（養育者の安定性，家族のスタイル，協力関係）を網羅した 10 項目からなる。

英国では，AIM2 モデル（Print et al., 2001）によって，若者のストレングスと不安要因を測定しており，このモデルは実践家によって広く使われている。初版の AIM モデルは，2001 年にグレーター・マンチェスター全域で導入された。AIM モデルは，若者と関わるなかで見出された次の4つの領域，すなわち①**加害行動**，②**発達**，③**家族／養育者**，④**環境**からなる。アセスメント項目は，ストレングスと不安要因という2つの連続体を中心に構成されている。このアプローチをリスク原因論モデル（Beech & Ward, 2004; Ward & Beech, 2004）と関連づけて展開するために，グリフィンとビーチ（Griffin & Beech, 2004）の研究に基づいて全体的な枠組みを修正した。グリフィンら（2008）による若者70 名を対象とした調査では，再犯と関連する AIM2 の項目として，ストレングスと不安要因の2つの頑健性が高いことが示された。**不安要因**に関する尺度は，以下の8つの項目によって構成される。①過去の性加害行動，②見知らぬ人への性加害，③性加害時の脅迫または暴力，④ほかの犯罪歴，⑤性加害行動にたいする冷淡で無情な態度，⑥衝動的な行動，⑦感情調整の問題，⑧向犯罪的な仲間との関係維持。**ストレングス**尺度は，以下の8つの項目から構成される。①健全な身体的発達，②平均以上の知能，③ポジティブな才能／関心，④これまでの人生において重要な大人からポジティブな態度を示されたこと，⑤これまでの人生において重要な大人からポジティブな情緒的コーピングを示されたこと，⑥少なくともひとりの情緒的つながりのある親友，⑦仕事／学校のスタッフからの肯定的評価，⑧専門家とのポジティブな関係。もちろん，この研究は予備的なものであるが，若者にとってストレングスの重要性は軽視できないことを示唆している。

成人の場合，ストレングス要因がどの程度重要であるかは，今のところ答えが出ていない。まだ取り組まれて間もない研究領域だからである。最近，暴力行為リスクにたいする保護要因を構造的にアセスメントするためのツールとして，保護要因構造化アセスメント（以下 SAPROF; Structured Assessment of

Protective Factors, http://www.saprof.com/content/2012/11/SAROF-2nd-Edition 参照）が開発された。これは，将来の暴力行為にたいするリスクについて，より正確で包括的にアセスメントすることを目的につくられたものである。オランダのヴァン・デア・ヘーベン・クリニックによる回顧的調査の結果では，SAPROF は十分な評定者間信頼性と暴力の再犯の予測的妥当性があることが示されている。さらに，介入の前後で SAPROF の保護要因がどれだけ変化するかをみることで，ポジティブな介入プランとリスク管理のガイドラインとして SAPROF が指標として活用できることがわかる (Robbé et al., 2012)。司法精神医学の分野において実際に SAPROF をよく使っている人たちは，介入目標を立て，介入段階を判断し，介入段階を補い，リスクに関する正確な情報共有を促進するうえで SAPROF は有益であると述べている。

　成人についての研究では，犯罪学者によって，人がより充実した人生を送るために危険な犯罪行為から離脱する過程が熱心に追究されている。その背景には，長年にわたって重視されてきた知見がある。それは，犯罪は一生変わらずに続く特性ではなく，ほとんどの人は人生の途中で犯罪に手を出したりあるいはやめたりする (Glaser, 1964; Matza, 1964)，また，重大な犯罪行為を自発的にやめる人もいるということだ (Shover, 1996)。どのように人が犯罪をやめるのかを説明するために，犯罪学者たちは**離脱**という用語を使うようになった。離脱とは，犯罪歴が終結する瞬間を意味するものである (Farrall & Bowling, 1999)。

犯罪からの離脱

　マルナ (Maruna, 2001) は，犯罪からの離脱ができるかどうかは，自己意識と社会における自分の居場所について，根本的かつ意図的な転換を行なうことができるかどうかにかかっていると述べている。ここでは，人は「合法的な仕事を辞めるのと同じように，犯罪をやめる」ものと考えられている。マルナ (2001) によれば，人は「償いの語り」を使って，犯罪行為をやめたり，「人生のやり直し」を始めたりする。償いの語りとは，人が「価値のある生産的な人生を送るために必要な準備段階として，恥ずべき過去を語り直す」過程である (p.87)。「人生のやり直し」とは，①「本当の自分」の確立，②自分の運命に前向きな自己コントロール感をもつこと，③生産的で社会に何かを還元したいという願い，を含む過程である。

こうした考え方は、ポジティブ心理学の特性についてみたとき、個人のストレングスの重要性を示唆しているように思われる。ポジティブ心理学の特性とは、例えば、自己効力感や内的な統制の所在（ローカス・オブ・コントロール）である。バンデューラ（Bandura, 1994, p.71）は、「自己効力感についての信念」は、「人々がどのように考え、感じ、自分を動機づけ、行動するかを決定する」と指摘した。さらに、こうした信念は人を動機づける際に、重要な役割を果たすと述べた。動機づけは認知的に生まれるものなので、人は自分に何ができるのか、目標を達成するためにどのようなプランを立てればよいか、自分の行動やふるまいの結果としてどんなことが期待できるかといった考えを形成する。自己効力感についての信念は、次の4つの主要素を通して発達していく。①**成功体験**：何かに成功することは自分自身の能力について強固な信念をもたらすので、困難な問題や課題を避けるのではなく達成する、②社会的モデルによる**代理体験**：自分に似た人々の成功体験を、自分の目標を達成するためのポジティブなモデルとして捉える、③**社会的説得**：うまく解決できるように励ます、④**ストレス反応の低減**：ストレス反応を低減するために、「ネガティブな情緒的傾向と身体の状態への理解」を変化させる（Bandura, 1994）。

セリグマンとチクセントミハイ（Seligman & Csikszentmihalyi, 2000）は、雑誌『アメリカン・サイコロジスト』のポジティブ心理学特集号で、ポジティブで充実した人生を送ることに関する心理学的なアプローチについて次のように述べている。「心理学において、排他的に病理にばかり焦点を当ててきたことで、多くの人の人生を価値あるものにするようなポジティブな特性を欠く人間のモデルをもたらした」。さらに、「子どもが健全に育つポジティヴな家庭環境を検証し、重要な要素を見極めるうえで、社会科学および行動科学は大切な役割を担っている。また、こうした要素は人生にウェルビーイングをもたらすために重要である」と述べている。

ポジティブ心理学

ポジティブ心理学的アプローチは、人の欠点ではなくストレングスに注目することで、人間の幸福に働きかけようとする（Ward et al., 2006）。端的にいえば、ポジティブ心理学の応用とは、人間の機能を最適化することである（Linley & Joseph, 2004）。ポジティブ心理学的アプローチでは、人間の機能に関する多く

の基本理念が示されている。例えば、人は生まれながら、自分が心地よいと感じるものを探し求める性質をもつ。また、愛、仕事、対人関係スキル、芸術的感性、忍耐力、勇気、赦し、独創性、精神性、才能、そして幸せや心理的ウェルビーイング、充足感をもたらす知恵といったものは、人間の本質の表れである。さらに、こうした要素は人に働きかける際の焦点となる。また、多くの研究者が、ポジティブ心理学のさまざまな側面に注目している。彼らは、例えば、ストレングスに基づいたアプローチ(個人と環境に働きかける)、感情焦点型の働きかけ(個人のレジリエンス、幸福、自尊心)、認知焦点型の働きかけ(創造力、ウェルビーイング、自己効力感)、自己主体(信頼性の追求、独自性の探求、謙虚さ)、人間関係(思いやり、共感、利他主義)、生物的側面(頑健さ)、具体性がある適応的なコーピングアプローチ(人生の意味、ユーモア、精神性の探求)などを挙げている(これらのアプローチに関する詳細な説明は Snyder & Lopez, 2006 を参照)。このようにポジティブ心理学は大変新しい学問であるが、すでにこのテーマに関する書籍が多数出版されている(Aspinall & Staudinger, 2003; Jospeh & Linley, 2006; Linley & Joseph, 2004 を参照)。

性加害者にたいする介入においてポジティブ心理学的アプローチを適用した初期の研究としては、知的障害のある性犯罪者を対象としたジェームス・ハーヴェンの取り組みがある(Haaven & Coleman, 2000)。このなかでは、「(悪い)古い自分」と、「(よりよい)新しい自分」が区別されている。「古い自分」とは、ウェルビーイングや充足を得るための人生目標を不適切な方法で追求した結果、性加害行動に至った人を指す。「新しい自分」は、ポジティブなアプローチによって人生のプランや目標を達成していく人を指す。ポジティブなアプローチでは、自分の好みや関連するストレングスを考慮しながら人生目標を獲得していく(このモデルが性加害行動のある少年のアセスメントにどのように用いられるかについては、第5章を参照)。性加害者への介入におけるポジティブなアプローチの適用については、ワードらの研究が最も明晰かつ詳しいので、そちらを参照されたい(Ward & Fisher, 2006; Ward & Gannon, 2006; Ward & Mann, 2004; Ward & Stewart, 2003a, b, c)。

性加害者の処遇における「グッドライフ」アプローチ

グッドライフ・アプローチ[†1]を詳しく検討するために，ワードら (Ward et al., 2006) は，人というものが生まれながらに，ある種の経験や「人間としての価値」を求めることに注目した。こうした価値を達成できれば，質の高いウェルビーイングを得ることができる。ワードら (Ward, Mann, & Gannon, 2007) は，**主要価値** (primary goods) を「自分自身のために追い求め，達成できれば心理的ウェルビーイングをもたらすような状況，精神状態，個人の特性，行動，経験」と定義している (p.4)。ワードらによると，性加害行動は，こうした価値を不適切な方法で達成しようとしたときに生じる。その背景には，それらの価値を「普通の」方法で達成することができないという欲求不満や，ある価値がほかのものより優先されるといったバランスの悪さがある (例えば，性的満足が情緒的親密さよりも優先される)。このように，性加害行動は価値を達成するための方法であり，次のような経路を通る。

(1) **直接経路**：適切な方法で価値を達成するスキルまたは能力をもたない人が選択する。
(2) **間接経路**：求めている価値を達成するための自分の能力にネガティブな考えや感情があり，それらを和らげるために性加害行動を選択する。人が追求する11の主要価値については，第3章で詳しく述べる。

ここで注意すべき大切なことは，主要価値は必ずしも道徳的価値観をともなわないという点である。主要価値とは，それらの一部あるいはすべてを達成できれば，ウェルビーイングをもたらし，その人自身をよりよくするような経験あるいは活動を指す。ワードら (Ward et al., 2012) によると，向社会的な方法でニーズを満たすための内的資源と外的資源が足りないときに，犯罪行動が生じる。数々の研究によって，性加害者の多くが人生におけるポジティブな「グッ

[†1] グッドライフ・アプローチはポジティブ心理学的アプローチとの共通点が多いが，別々に発展してきた (Ward et al., 2006)。

ドライフ・プラン」を実現したり，自分の価値を充足させたりするうえで必要な機会やサポートをもっていないことが明らかにされてきた。これは，子どもの時代の虐待やネグレクト，不十分な愛着といった逆境体験によるためである (Beech & Mitchell, 2005)。グッドライフ・プランの主要価値を不適切な方法で追求すると，心理面や社会面，さらに生活スタイルにおいてあらゆる問題が生じてしまう。上に挙げたような子ども時代の逆境体験は，「世界は脅威である」という加害者の世界観を形成する。そのなかでは，対人関係機能は低下し，できごとはコントロール不可能であると感じられる。さらに，セクシュアリティについての捉え方が歪み，子どもや同意のない大人に不適切な性衝動を抱くようになる。こうした問題が生じるため，多くの性加害者は，大人として充実した人生を送るためのスキルや能力をもっていない (Ward & Stewart, 2003a, b, c; Wilson & Yates, 2009)。ワードとマン (Ward & Mann, 2004) は，成人の場合，特定の価値がないことと不適切で機能不全的な行動の間には，強い相関がみられると述べている。特定の価値がないというのは，例えば，**主体性**がない（対人関係機能が低い），**心の平穏**が得られない（強いストレスや緊張），**関係性**を築けない（他者との親密な関わりもしくは恋愛関係がもてない）といったものである。表 1.1 は，ワードら (2012) によるグッドライフ・モデルの犯罪形成理論に基づいた性加害行動につながる経路である。

表 1.1 グッドライフ・モデルにおける犯罪経路

1．ある人が，主要価値を達成するために不適切な方法（派生価値）を用いる。
2．ある人のグッドライフ・プランは幅が狭いため，人生のプランにおいて多くの価値を見落としてしまう。
3．価値の追求に葛藤があり，結果として心理的ストレスや不幸感に陥る。
4．ある人は，自分の生活環境のなかで，主要価値を達成するための内的能力と外的能力をもっていないかもしれない。**内的能力**とは，目標達成に必要な自分の知識やスキルのことであり，**外的能力**とは，環境がもたらす機会や資源，サポートを指す。

出典：Ward et al., 2012

ウィリスら (Willis et al., 2013) は，グッドライフモデル・アプローチは，ストレングスに基づく広い枠組みのなかで，主要なリスク-ニーズ-反応性原則を扱うことができると述べている。そのため，グッドライフを実現することやウェルビーイングを得ることは，性加害者への介入について考えるとき，鍵となる。

グッドライフ・アプローチは，自己効力感などのストレングスを伸ばし，自分の行動にたいする責任感や当事者意識を形成し，動機づけを高めることが期待できる[†2]。これについては，現在研究が進められているところである。

自己効力感を高める

自己効力感についての信念は，①**成功体験**，②**代理体験**，③**社会的説得**，④**ストレス反応の低減**という4つの主要な影響を通じて形成される。ワードら (Ward, Gannon, & Birgden, 2007, p.6) によると，性加害者への介入における主目標は「その人にとって意味があり，満足のいくような，これまでとは違った人生を送るためのスキル，価値観，態度，資源を兼ね備えた人になることであり，加害行為によって子どもや大人を傷つけないこと」である。したがって，性加害者への介入は，彼らが生きがいのある犯罪から離れた人生を送れるようになることを目標とする。ワードら (2007) はまた，性加害者へのアプローチでは，リスクの低減のみならず価値の獲得も目指すべきだと述べている。したがって，治療においては人生のネガティブな面に注目するよりも，ポジティブな面を強調するべきである。こうした考え方に基づき，**動的リスク要因**や**再発防止**ではなく，**介入ニーズ**や**自己管理**（セルフ・マネジメント）といった用語が使われている。

ワードら (2007) はまた，介入を成功に導くには，将来の人生におけるポジティブな価値を応援すること (**接近目標**) と，将来のリスク状況，行動，思考，感情を理解し，対処すること (**回避目標**) の2つをうまく組み合わせるのが大切だとしている。これはきわめて絶妙なバランスを要する。例えば，ウェルビーイングだけを追求すれば，社交的で幸せな加害者が増えるだけかもしれないし，逆に，ウェルビーイングは無視してリスクを管理するだけ（例えば，「こんなことは二度としてはいけない」と指導するだけ）では，本人はリスクの管理自体に嫌気がさしてしまうだろう。そればかりか，治療へのやる気や集中力が損なわれ，反感をもつことにもつながりかねない[†3]。したがって，ワードら (2007) は，グッドライフ・アプローチを用いることは，実践者が性加害者を「主体性をもった

[†2] これらは，より広い視点からみれば，**主体性**があること（自己統制感をもち，物事を達成する）や，**心の平安**を得ること（情緒的ストレスと不安を和らげる）と関連するものである。

人間」として捉え，人間としての価値追求の観点から加害行動を理解する助けとなると述べている。

自分の行動に責任感と当事者意識をもつ

　統制の所在(ローカス・オブ・コントロール)は，主体性に関する概念として広く知られている。コールマン(Colman, 2001)によれば，統制の所在とは「行動とその結果として生じる罰もしくは報酬の予測をもとに形成される，認知スタイルや性格特性のこと」である。例えば，内的統制タイプの人は，ポジティブなことがあると，それは自分自身の努力の結果であると考える。一方で，外的統制タイプの人は，報酬や罰といった結果は，偶然，幸運，運命，あるいは影響力のある誰かの行動によって起きたものだと考える。したがって，外的統制タイプの人は，ポジティブな成功体験につながったり，ネガティブな感情状態やストレスを低減するような(**心の平安**を得るための)計画や行動をとるのが苦手である。

　治療的介入を避ける性加害者には，外的統制タイプが多く，起きたできごとを他人のせいにする傾向がある(Fisher et al., 1998)。こうした人は，自分の行動に責任をもち，自分を内側からコントロールするよううながされて初めて，介入による効果を得ることができる(Fisher et al., 1998)。グッドライフ・モデルでは，**主体性**を高めるために，ストレングスを築き，育てる。このようなグッドライフ・モデルに基づいたアプローチでは，参加者が責任感をもち，内的統制力を高めるよう応援する。

グッドライフ・モデルに関する研究

　グッドライフ・アプローチによる介入の研究は，まだそれほど多くない。英国での例を挙げると，ハーキンズら(Harkins et al., 2012)は性加害者への介入において，グッドライフモデル・アプローチと(リスク-ニーズ-反応性原則に基づく)標準的な再発防止プログラムを比較した。具体的には，プログラム中断率，介

[†3] 再発防止取り組みのなかで起こる抵抗や反発については，マン(Mann, 2000)を参照。マンのアプローチもまた，治療のなかで加害者を動機づけ，安定した治療同盟を築き，ポジティブなグループ規範を確立することを重視する。

入目標の変化と介入後の達成度，セラピストと参加者の感想を比較し検討した。結果，この2種類のプログラムの中断率と目標達成度に違いはみられなかった。つまり，参加者のプログラム継続や介入目標の達成度に関しては，どちらのプログラムも同じくらい効果があったといえる。しかし，実践者と参加者の両方が，再発防止プログラムよりグッドライフモデル・アプローチのほうが，ポジティブで将来指向のアプローチだと報告した。バーネットら (Barnett et al., 2013) は，性加害行為で有罪判決を受けた成人601名を対象とした大規模調査を行ない，コミュニティ内の再発防止プログラムの参加者と，グッドライフ・モデルにおける改善更生の考え方に基づいた修正版グッドライフ・モデルプログラムの参加者について，それぞれの介入後の心理測定得点の変化を比較した。また，その結果に基づいて，両グループを比較分析した。その結果，中断率とほとんどの得点について介入後の変化に違いはみられなかった。しかし，グッドライフ・モデルの参加者は，介入後の犯因性ニーズ (向犯罪的態度や社会的感情の機能) に関する得点においてより向社会的な得点を示した。

ウィリスら (Willis et al., 2011) が述べているように，グッドライフモデル・アプローチは人間の尊厳や権利を重視し，性加害者への介入においてポジティブ心理学的アプローチをとる。グッドライフ・モデルに関する研究はまだ始まったばかりであるが，これまでの結果をみる限り，実践者と参加者の両方が，標準的なリスク－ニーズ－反応性アプローチよりもグッドライフ・モデルに基づいた介入のほうがポジティブであるとみなしていることがわかってきた。また，グッドライフ・モデルは介入を実施するための包括的なモデルを提供するものでもある。ウィリスら (2011) によると，グッドライフモデル・アプローチでは介入の際に次のような言葉を用いる。例えば，個人に注目すること，全人的な視点，ポジティブで互いを尊重するようなプログラム実践，ストレングスに基づいたアプローチ，社会環境の重視，スキルの向上，治療指向といった言葉である。こうしたアプローチを視野に入れることで，「扱いにくい」人たちへの介入効果を高めることが期待できる。最終的には，こうした動機づけこそが，性加害者が犯罪から離脱するための成功の鍵となるだろう。ただし，グッドライフモデル・アプローチの実践に問題がないわけではない。ウィリスら (2011) は，グッドライフモデル・アプローチの実践においては，政策と法律，資源の

不足，性加害者への厳罰化傾向，コミュニティからの拒絶，プログラム運営，グッドライフモデル・アプローチに関する知識といった点で問題があり，性加害者の改善更生に向けた取り組みのなかで，これらの問題のいくつかあるいはすべてが生じうることを指摘している。

文　献

Andrews, D., and J. Bonta. 2010. *The psychology of criminal conduct*, 5th ed. New Providence, NJ: LexisNexis.

Aspinall, L. G., and U. M. Staudinger. 2003. *A psychology of human strengths: Fundamental questions and future directions for positive psychology.* Washington, DC: American Psychological Association.

Bandura, A. 1994. Self-efficacy. In V. S. Ramachaudran (ed.), *Encyclopaedia of human behaviour*, vol. 4, 71–81. New York: Academic Press.

Barnett, G., R. Mandeville-Norden, and J. Rakestrow. 2013. The Good Lives model or relapse prevention: What works better in facilitating change? *Sexual Abuse: A Journal of Research and Treatment.*

Beech, A. R., and I. J. Mitchell. 2005. A neurobiological perspective on attachment problems in sexual offenders and the role of selective serotonin re-uptake inhibitors in treatment of such problems. *Clinical Psychology Review* 25:153–182.

Beech, A. R., and T. Ward. 2004. The integration of etiology and risk in sex offenders: A theoretical model. *Aggression and Violent Behavior* 10:31–63.

Benard, B. 2006. Using strengths-based practice to tap resilience to families. In D. Saleeby, *Strengths perspective in social work practice*, 197–220. Boston: Allyn and Bacon.

Bremer, J. F. 2001. The Protective Factors Scale: Assessing youth with sexual concerns. Plenary address at the 16th Annual Conference of the National Adolescent Perpetration Network, Kansas City, MO, May 2001.

Bremer, J. F. 2006. Building resilience: An ally in assessment and treatment. In D. S. Prescott (ed.), *Risk assessment of youth who have sexually abused: Theory, controversy, and emerging issues*, 222–38. Oklahoma City: Wood N Barnes.

Colman, A. M. 2001. *A dictionary of psychology.* Oxford, UK: OUP.

Department of Health. 2000. *Studies which inform the development of the Framework for the Assessment of Children in Need and Their Families.* London: The Stationery Office.

Farrall, S., and B. Bowling. 1999. Structuration, human development and desistance from crime. *British Journal of Criminology* 39:253–68.

Fisher, D., A. R. Beech, and K. D. Browne. 1998. Locus of control and its relationship to treatment change in child molesters. *Legal and Criminological Psychology* 3:1–12.

Gilgun, J. F. 1990. Resilience and the intergenerational transmission of child sexual abuse. In M. Q. Patten (ed.), *Family sexual abuse: Frontline research and evaluation*, 93–105. Newbury

Park, CA: Sage Publications.

Gilgun, J. F. 1999. CASPARS: Clinical assessment instruments that measure strengths and risks in children and families. In M. C. Calder (ed.), *Working with young people who sexually abuse: New pieces of the jigsaw puzzle*, 48–58. Lyme Regis, UK: Russell House Publishing.

Gilgun, J. F. 2003. Working with young people who have sexual behaviour problems: Lessons from risk and resilience. Presented at G-map conference, Working Holistically with Young People Who Sexually Harm. Bolton, UK, June 2003.

Glaser, D. 1964. *Effectiveness of a prison and parole system*. Indianapolis, IN: Bobbs-Merrill.

Griffin, H., and A. R. Beech. 2004. An evaluation of the AIM framework for the assessment of adolescents who display sexually harmful behaviour. Available from www.youth-justice-board.gov.uk.

Griffin, H., A. R. Beech, B. Print, J. Quayle, and H. Bradshaw. 2008. The development and initial testing of the AIM2 model to assess risk and strengths in young people who sexually offend. *Journal of Sexual Aggression* 14:211–25.

Haaven, J. L., and E. M. Coleman. 2000. Treatment of the developmentally disabled sex offender. In D. R. Laws, S. M. Hudson, and T. Ward (eds.), *Remaking relapse prevention with sex offenders: A sourcebook*, 369–88. Thousand Oaks, CA: Sage Publications.

Hanson, R. K., G. Bourgon, L. Helmus, and S. Hodgson. 2009. The principles of effective correctional treatment also apply to sexual offenders: A meta-analysis. *Criminal Justice and Behavior* 36:865–91.

Harkins, L., V. Flak, A. R. Beech, and J. Woodhams. 2012. Evaluation of a community-based sex offender treatment program using a Good Lives model approach. *Sexual Abuse: A Journal of Research and Treatment* 24:519–43.

Hoge, R. D., D. A. Andrews, and A. W. Leshied. 1996. An investigation of risk and protective factors in a sample of youthful offenders. *Journal of Child Psychology and Psychiatry* 37:419–24.

James, W. 1902. *Varieties of religious experience*. Available from www.pinkmonkey.com/dl/library1/book1126.pdf.

Joseph, S., and P. A. Linley. 2006. *Positive therapy: A meta-theory for positive psychological practice*. London: Routledge.

Kekes, J. 1997. *Moral wisdom and good lives*. Ithaca, NY: Cornell University Press.

Linley, P. A., and S. Joseph. 2004. *Positive psychology in practice*. Chichester, UK: John Wiley and Sons.

Marshall, W. L., T. Ward, R. E. Mann, H. Moulden, Y. M. Fernandez, G. Serran, and L. E. Marshall. 2005. Working positively with sexual offenders: Maximising the effectiveness of treatment. *Journal of Interpersonal Violence* 20:1096–114.

Maruna, S. 2001. *Making good: How ex-offenders reform and rebuild their lives*. Washington, DC: American Psychological Association.

Maslow, A. H. 1968. *Towards a psychology of being*. New York: Van Nostrand.

Matza, D. 1964. *Delinquency and drift*. New York: Wiley.

Miller, W. R., and S. Rollnick. 2002. *Motivational interviewing: Preparing people for change*, 2nd ed. New York: Guilford Press.

Print, B., M. Morrison, and J. Henniker. 2001. An inter-agency assessment and framework for young people who sexually abuse: Principles, processes and practicalities. In M. C. Calder (ed.), *Juveniles and children who sexually abuse: Frameworks for assessment*, 271–81. Lyme Regis, UK: Russell House Publishing.

Rhodes, W., and W. Brown. 1991. *Why some children succeed despite the odds*. New York: Praeger.

Robbé, M., V. de Vogel, and J. Stam. 2012. Protective factors for violence risk: The value for clinical practice. *Psychology* 3:1259–63.

Rogers, C. R. 1961. *On becoming a person*. Boston: Houghton-Miffin.

Rorty, R. 1989. *Contingency, irony and solidarity*. Cambridge, UK: Cambridge University Press.

Rutter, M. 1987. Psychosocial resilience and protective mechanisms. *American Journal of Orthopsychiatry* 57:316–33.

Rutter, M. 1989. Pathways from child to adult life. *Journal of Child Psychology and Psychiatry* 30:23–54.

Seligman, M. E. P., and M. Csikszentmihalyi. 2000. Positive psychology: An introduction. *American Psychologist* 55:5–114.

Shover, N. 1996. *Great pretenders: Pursuits and careers of persistent thieves*. Boulder, CO: Westview Press.

Snyder, C. R., and J. S. Lopez. 2006. *The handbook of positive psychology*. Oxford, UK: Oxford University Press.

Tierney, D. W., and M. P. McCabe. 2002. Motivation for behaviour change among sex offenders: A review of the literature. *Clinical Psychology Review* 22:113–29.

Ward, T., and A. R. Beech. 2004. The etiology of risk: A preliminary model. *Sexual Abuse: A Journal of Research and Treatment* 16:271–84.

Ward, T., and D. Fisher. 2006. New ideas in the treatment of sexual offenders. In W. L. Marshall, Y. M. Fernandez, L. E. Marshall, and G. A. Serran (eds.), *Sexual offender treatment: Controversial issues*. Chichester, UK: John Wiley and Sons.

Ward, T., and T. A. Gannon. 2006. Rehabilitation, etiology, and self-regulation: The comprehensive Good Lives model of treatment for sexual offenders. *Aggression and Violent Behavior* 11:77–94.

Ward, T., and R. Mann. 2004. Good lives and the rehabilitation of offenders: A positive approach to treatment. In A. Linley and S. Joseph (eds.), *Positive psychology in practice*, 598–616. New York: John Wiley.

Ward, T., T. A. Gannon, and A. Birgden. 2007. Human rights and the treatment of sex offenders. *Sexual Abuse: A Journal of Research and Treatment* 19:195–216.

Ward, T., K. Louden, S. M. Hudson, and W. L. Marshall. 1995. A descriptive model of the offence chain for child molesters. *Journal of Interpersonal Violence* 10:452–72.

Ward, T., R. Mann, and T. A. Gannon. 2007. The Good Lives model of rehabilitation: Clinical implications. *Aggression and Violent Behavior* 12:87–107.

Ward, T., D. Polaschek, and A. R. Beech. 2006. *Theories of sexual offending*. Chichester, UK: John Wiley and Sons.

Ward, T., C. Rose, and G. Willis. 2012. The rehabilitation of offenders: Good lives, desistance, and risk reduction. In G. Davis and A. Beech (eds.), *Forensic Psychology*, 2nd ed. Oxford, UK: Wiley Blackwell.

Ward, T., and C. A. Stewart. 2003a. The treatment of sex offenders: Risk management and good lives. *Professional Psychology: Research and Practice* 34:353–60.

Ward, T., and C. A. Stewart. 2003b. Criminogenic needs and human needs: A theoretical model. *Psychology, Crime, and Law* 9:125-143.

Ward, T., and C. A. Stewart. 2003c. The relationship between human needs and crimogenic needs. *Psychology, Crime, and Law* 9:219-24.

Willis, G. M., T. Ward, and J. S. Levenson. 2011. The Good Lives model (GLM): An evaluation of GLM operationalization in North American treatment programs. *Sexual Abuse: A Journal of Research and Treatment.*

Willis, G. M., P. M. Yates, T. A. Gannon, and T. Ward. 2013. How to integrate the Good Lives model into treatment programs for sexual offending: An introduction and overview. *Sexual Abuse: A Journal of Research and Treatment* 25:123-42.

Wilson, R. J., and P. M. Yates. 2009. Effective interventions and the Good Lives model: Maximizing treatment gains for sexual offenders. *Aggression and Violent Behavior* 14:157-61.

第2章
性加害をした少年への実践の発展

ボビー・プリント，ドーン・フィッシャー，アンソニー・ビーチ
(Bobbie Print, Dawn Fisher, & Anthony Beech)

　長年，性加害行動をした若者にはほとんど関心が向けられてこなかった。なぜなら，若者の性行動は，「(性行為の)試し」とか「男子だから当然」だと誤解され続けてきたからである。1980年代になって少年による性暴力が注目され始めたのは，成人にたいする性加害行動への体系的な対処方法が発展してきたためである (Naylor, 1989)。

　現在では，性犯罪の認知件数のうち，少年が加害者であるケースがかなりの割合を占めることが広く認識されつつある。例えば，英国法務省 (HM Ministry of Justice, 2013) の統計によると，イングランドとウェールズにおいて，性加害によって保護処分あるいは有罪判決を受けた人のうち12.4%が10～17歳の少年であったが，英国犯罪調査では，女性にたいする凶悪な性犯罪の30%が未成年の男子によるものであった (HM Ministry of Justice, Home Office, & the Office for National Statistics, 2013)。米国では，認知された性犯罪(身体的強制をともなうレイプや強制売春以外の性加害)の17.5%，身体的強制をともなうレイプの9%が，18歳以下の少年による犯行であった (FBI, 2010)。

　こうした認識が高まったことにより，性加害行動をした少年たちへの専門的な対応は，この30年で著しく発展し，性加害行動のある少年のための特別な法制やアセスメントモデル，介入プログラムが多数つくられてきた。本章では，性加害をした少年にたいする実践の発展の流れを概説し，その進歩とそこから浮かび上がった問題について論じる。

問題の定義

　少年の性行動は，「正常な」性の発達の一部として認識されており (Gil & Cavanagh-Johnson, 1993; Ryan & Lane, 1997)，基本的には有害なものではなく，発

達過程における重要かつ必要な一部とみなされている。しかし，少年の性行動を議論する際，最も難しいのは，この年齢層における「正常な」性行動を構成する要素を明らかにする実証データが不足していることである。これについて，わずかではあるが英国での調査と国際的な調査が実施されている。例えば，パットンら (Patton et al., 2012) による国際的な調査では，ほとんどの西欧国家に，15歳以下で性行為を開始する少年少女が数多くいることが示された。また，類似の結果として，マルチネスら (Martinez et al., 2011) の米国での調査では，13～19歳の対象者のうち，43％の少女と42％の少年は性交経験があると回答した。また，英国における比較研究では，1／4の若者が16歳未満で性交を開始していることが報告されている (NHS Information Centre, 2011)。これらの研究から，かなりの割合に上る少年が性交を含む性行動を行なっていることが明らかになっている。その一方で，多くの国では法律上の性的同意年齢に満たない者の性行為を犯罪行為として扱っている。

　法律上の性的同意年齢だけを基準にするよりも，性行為をした少年の間の年齢差に注目すべきであるという見解もある。例えば，英国の子どもや少年による性加害諮問委員会 (NCH, 1992) は，両者に3歳以上の年齢差がある場合，あるいはどちらかが思春期前であり相手は思春期をすでに迎えている場合には，問題とすべきだとしている。しかし，この定義では，暴力的な性行動が起こりうるあらゆる状況が網羅されていない。例えば，両者が同じくらいの年齢である場合や少年が成人に性加害をした場合は，この定義には当てはまらない。したがって，性加害行動に関する定義の多くは，両者のパワーの非対等性や同意の欠如，強制力の行使の有無などを考慮するものである (Lovell, 2002)。しかし，こうした知見は，思春期における性加害行動の定義を構築するのには役立つものの，司法の定義と福祉の定義の間には，多くの矛盾が残されたままである。パワー，強制力，同意とは何なのかといった点も，まだ明確にされていない。こうした定義の曖昧さが，それぞれの地域での対応の不一致を招くことがある。例えば，ある地域では，公的制度につなげられたり，有罪とみなされたりするような問題を起こした少年が，近くの別の地域に住んでいたなら，処罰を受けることもなく，何も対応されない場合もある。そのため，少年の性加害行動の定義について広範な合意を得るためには，さらなる検討と考察が必要である。

司法的対応

　1990年代から、違法な性行動を処罰するための刑法が激増している。例を挙げると、米国では、1994年にジェイコブ・ウェタリング法（子どもにたいする犯罪および性暴力犯罪者登録法）が制定され、英国では、1997年に性犯罪者法が制定された。どちらも、性犯罪加害者の情報登録制度を導入した法律である。そこから、オーストラリア、カナダ、フランス、アイルランド、韓国および日本でも、似たような法律が導入された。当初、これらの法律は、凶悪な暴力的性犯罪をおかした成人にたいする市民の抗議の高まりに応えるためにつくられた。しかし、これらの法律の多くは、性加害をした少年も含むものであった。英国では、刑事責任年齢（10歳）以上の少年は、性犯罪者登録の対象となりうる。また米国では、2006年に制定されたアダム・ウォルシュ法（アダム・ウォルシュ子どもの保護および安全法）において、犯罪行為によって有罪判決が確定した14歳以上の少年の登録が義務づけられており、少年たちの個人情報も公開されることが定められている。

　ここに挙げた法律の多くは、性犯罪の加害者を追跡管理することによって再犯を防ぐことを目的としている。これは、「一度でも性犯罪をした人は、死ぬまで性犯罪者である」ことを暗に意味するものである。しかし、少年に関しては、この前提は正しくないことが実証されている。多くの研究において、性加害を行なった少年の再犯リスクはかなり低いこと（再犯率5～14%）が示されている（Caldwell, 2007; Day et al., 2008; Schram et al., 1992; Vadiver, 2006; Worling & Curwin, 2000; Zimring et al., 2009）。実際には、むしろ暴力犯罪や性的行動を含まないほかの犯罪の再犯率のほうがずっと高い（16～54%）のである（Caldwell, 2009; Nisbet et al., 2004; Waite et al, 2005; Worling & Curwen, 2001）。こうした研究上の知見は、若者の性犯罪者登録制度に関する議論に真っ向から反対するものである。つまり、届け出や登録制度を若者にも適用することは、ほとんど、いや、まったく抑止効果がないことが研究から明らかにされている（Letourneau et al., 2010; Letourneau & Miner, 2005）。マイナー＝レヴィ（Miners-Levy, 2006）は、性加害をした少年に適用されている法律は、子どもや若者に関する近年の研究結果に反していると言及している。

　しかし、上述した司法的対応によって、少年は、社会的受容や雇用、教育、

どこで誰と住み,関わるのか(居住地や交際対象)が制限され(Harris et al., 2010),それが少年の交友関係や自己同一性意識にネガティブな影響を与え,社会的孤立化を促進する(CSOM, 2007)。結果として生じる,スティグマと孤立,機会の乏しさは,自尊心の低さや社会的孤立,未来にたいする希望の欠如といった既知のリスク因子をさらに悪化させてしまうだけかもしれない(Lobanov-Rostovsky, 2010; Miner, 2007)。

原因論に関する理論的モデル

性加害行動のある成人と若者の処遇を形づくる,初期のものながら最も影響力のある理論のひとつに,性暴力のサイクル理論(Ryan et al., 1987; Wolf, 1984)がある。このモデルでは,性加害行動を自己強化過程として捉える。ソーシャルスキルが不足しており,ネガティブな自己評価を抱いている人が,社会から拒否されていると感じて怒りを覚えると,自分の気持ちをなだめるために暴力的な性的思考を用いるようになり,やがて頭のなかでプランニングし,ついには性暴力を実行してしまう,といった過程である。そして,逮捕されるかもしれない恐怖とさらなる自尊心の低下によって,定着した行動パターンが形成される。早期からあるもうひとつのモデルは,フィンケラー(Finkelhor, 1984)による,性暴力に至る4つの前提条件モデルである。このモデルでは,性暴力までの直線的な進行を示している。つまり,加害者は性暴力の動機をもち,内的バリアと外的バリアを乗り越え(チャンスをつくるなど),被害者の抵抗を抑圧して犯行に至る。これらのモデルがつくられた当時は,性加害行動のある成人と少年の相違は十分に認識されておらず,大部分において成人と少年はほぼ同様であるとみなされていた(例えば,Bumby & Talbot, 2007; Chaffin et al., 2002; Longo & Prescott, 2006)。そのため,この2つのモデルは,成人と同様に少年にたいする実践においてもガイドとして用いられてきた。しかし,この分野の知見が蓄積されてくると,どちらのモデルも,すべての性加害行為の幅やタイプを説明することができないという批判が出てきた(Ward et al., 2006)。また,1980年代,性暴力に関する理論モデルは著しい発展を遂げた。例えば,自己調整モデル(Ward & Hudson, 1998, 2000; Ward et al., 1998)や統合経路モデル(Integrated and Pathways models: Ward & Beech, 2005; Ward & Seigert, 2002)などである。しかし,これらの理論モデルの大部分は成人に焦点を当てたものであり,これらの大人

向けのモデルが少年にも適用できるのかどうかについての系統的な研究はほとんどなされてこなかった。性加害行動のある少年に関する私たちの現在の知見からは，成人向けのモデルをそのまま少年に適用させることには疑念を抱かざるを得ない。それらのモデルは，あくまで成人を対象とした研究からつくられたものだからである。わずかではあるが少年への適用について検討された研究では，少年にとって重要な要因にも注目しなればならないことが明らかにされている。例えば，発達的要因，学習スタイル，家庭要因と環境要因，そしてトラウマの影響などである。より危険な性加害行動の傾向がある少年は，重度な被虐待歴，トラウマおよび家庭の機能不全を体験していることが研究によって実証されている (Caldwell, 2002; Rich, 2011)。

　少年の性加害行動を発達面から捉えた研究には，行動を個人的な要因と環境的な要因のそれぞれと結びつけて考える社会的学習理論に着目したものがある。例えば，性被害を受けた子どもは，自分がされた行動を普通のことだとみなし，心理的，身体的，社会的な満足感を得るために，他者に性加害をするようになる (Burton et al., 1997)。ハンターとフィゲレード (Hunter & Figueredo, 2000) は，性加害行動のある少年は，自信や社会的な能力，家族からのサポートが欠如していることを明らかにし，社会的学習理論を支持した。

　近年，愛着とトラウマに関する理論が，若者の性加害行動の理解に大きな影響を及ぼすようになった (Creedon, 2004; Rich, 2006; Smallbone, 2006; Burton, 2013)。これらの研究では，幼少期における不安定な愛着やトラウマ体験が，個人の認知，感情，社会性の発達に悪影響をもたらし，さらに情動調整や共感力，近しく意義のある親密な関係性の形成といったさまざまな領域の能力において，生涯にわたる問題を生じさせることが示されている。自分の性的ニーズや情緒的ニーズを年齢相応の同意に基づく方法で満たすことができず，その結果，少年が性犯罪に走ってしまうことがある。近年，神経生物学の進歩により，性加害少年の愛着不全とトラウマ体験の重要性が注目されている (Longo et al., 2013)。神経科学では，このような幼少期のネガティブな体験が脳の発達を阻害することが明らかにされている (Schore, 2002; Teicher et al., 2002)。このような新たな知見に注目していくことは，性問題行動を示す若者に最良の臨床成果をもたらすうえで欠かせないことである。

介入モデルと方法

　性加害をした少年向けの初期のプログラムは，心理教育を基盤とするものがほとんどであった (Knopp & Stevenson, 1989)。こうしたプログラムは，少年になぜその行動がいけないのかについて情報を提供し，変化のために必要なものを説明して，将来よりよい選択ができるような支援を行なうものであった。1980年代後半から1990年代初頭にかけて，専門家が介入を「知識教育」ではなく「処遇」として捉えるようになったことを反映して，介入プログラムとそれに関する研究が急速に拡大した。そのなかで，最も広く使われる手法として認知行動療法 (CBT) が登場した (Freeman-Longo et al., 1995)。その名が示すとおり，認知行動療法のアプローチは，認知面と行動面に関する技法を包括的な処遇プログラムに取り込む形で発展してきたものである。処遇のうち，**行動面**に関する要素は，本人の適切な行動やスキルを伸ばすことを目指し，一方，**認知面**に関する要素では，本人の歪んだ認知のパターンが扱われる。アディクションの領域で広く用いられてきた再発防止 (RP) アプローチ (Marlatt, 1982) は，認知行動療法とともに用いられることが多く，1980年代の前半には性加害をした人にも適用されるようになった (Pithers et al., 1983)。再発防止は，性加害をした成人と少年の両方に長年広く用いられてきたモデルである (McGrath et al., 2012)。再発防止アプローチでは，本人の「高リスク」な行動パターンを特定し，そのようなリスクを低減させたり回避させたりするためのスキルを学び，それらを身につけるための練習をするといった，多様な技法が用いられる。再発防止アプローチは，グループワークのなかでも広く用いられている。グループワークは，一度にたくさんの人を対象にできるため費用対効果が高く，さらに仲間からの影響を受けられるという利点がある。こうしたワークでは，一般的に，性加害にたいする否認や最小化，思考の誤りなどへの取り組みや，問題のある性的興奮や生活スタイル，パーソナリティの問題，リスク管理，性教育などに関する改善や調整などが行なわれる。実践においては，再発防止アプローチはまさに回避に焦点を当てており，本人が変化することに高い動機づけがあることが前提になっている。再発防止アプローチは，あらゆる人が同じ道のりで性加害に至ることを想定しており，その点が批判されている (Cumming & McGrath, 2005; Ellerby et al., 2000; Ward & Hudson, 1998)。また，回避に焦点化した

アプローチであるために，本人の意欲が削がれてしまうことも多い。

初期の認知行動療法-再発防止 (CBT-RP) アプローチにおいては，治療的な取り組みが功を奏するためには，本人が否認を乗り越え，自分の行動にたいして全面的に責任をもたなければならないという信念があり，そのため実践のなかでは，挑戦的で対決的なスタイルがとられることが多かった (Abracen & Looman, 2001; Salter, 1998)。このような「電気椅子」的な技法が，成人と少年のどちらにも用いられていた (Carich et al., 2001; Burton et al., 1998)。そこでは，グループメンバーは自分の加害行為について詳細な説明をすることが求められ，ほかのメンバーは，その人の否認，最小化，正当化を示すあらゆる兆候に異議を唱えるようにうながされた。しかし，対決的なスタイルは，トラウマに関連する症状を悪化させる傾向がみられたことから徐々に批判が高まった (Jenkins, 1990)。またプレスコットとロンゴ (Prescott & Longo, 2006) は，こうしたスタイルは恥辱感を強め，虐待的な環境を再現し，少年の健康な性的発達を妨げるおそれがあると指摘した。

その後の数年間，相次いで認知行動療法-再発防止アプローチへの疑念が挙げられた (Hanson, 2000; Laws et al., 2000; Ward et al., 2006; Yates & Ward, 2007)。こうした不安に応える形で，リスク-ニーズ-反応性 (RNR) モデル (Andrews et al., 1990) が次第に支持を集めていった。このモデルは，効果的な介入のための3つの原則によって構成される。リスク-ニーズ-反応性の原則とは，①介入の強度はリスクレベルに応じるべきであるというリスク原則，②介入で焦点を合わせるべきは性加害のトリガーになるニーズ (犯因性ニーズ) であるというニーズ原則，③介入のアプローチと提示の仕方は対象となる本人の能力や学習スタイルに合わせるべきであるという反応性原則である (Andrews et al., 2011)。リスク-ニーズ-反応性原則を反映した認知行動療法のプログラム効果を検証したメタ分析による研究では，このアプローチの効果にたいする強固な実証的な裏付けが示されており (Andrews & Dowden, 2005; Dowden & Andrews, 2004; Hanson et al., 2009)，カナダ，イングランド，スコットランド，香港などの国々で，性暴力を行なった成人を対象とする国家的介入プログラムの基礎になっている。

性加害を行なった少年への介入プログラムは，典型的には上述のように展開してきた。まだ10年も経っていないが，ルトゥルノーとマイナー (Letourneau & Miner, 2005) は，北米において性加害を行なった少年を対象とするプログラムの大多数は，成人向けのモデルを引き継いだものであることを見出した。財団

法人セーファー・ソサエティの報告書でも同様の結果が示されている (McGrath et al., 2010)。しかし，成人向けのモデルを少年に適用することの妥当性や適合性を支持する結果はいまだ示されていない (Hunter & Longo, 2004)。むしろ研究成果からは，成人とは異なる少年の特徴や性質が複数存在することが明らかにされつつある。例えば，少年のほうが，家族内での困難をより多く抱えている，暴力・トラウマ・虐待にさらされやすい，ソーシャルスキルが乏しい，そして大人よりも再犯率が低い (Barbaree & Marshall, 2006; Caldwell, 2002; Fanniff & Becker, 2006; Miranda & Corcoran, 2000; Worling & Långström, 2006)。また，少年は認知や感情面の能力が十分に発達しておらず，一般的に加害行為の暴力性が低い一方で，社会性は未熟である (Righthand & Welch, 2001)。少年たちの性的興奮は流動的で力動的であることを示す根拠は存在しているが (Hunter & Becker, 1994)，少年が性加害をした成人と同じような問題性のある性的思考や性的興奮にまつわる困難を抱えているという見解を支持する研究は不足している (Johnson, 2005; Smallbone, 2006; Zimring, 2004)。米国若年性行動センター (National Centre on Sexual Behavior of Youth, 2003) の概況報告書には，性加害を行なった少年のニーズは多くの点で成人とは大きく異なっており，監督のもとで見守ったり，通所のプログラムに参加したりすることで，コミュニティに危害を及ぼすリスクは十分管理可能であると記されている。

　こうした所見から，少年は成人と比べて神経学的，認知的，社会的な発達において明らかな違いがあるといえる (Letourneau et al., 2009; Medoff, 2004)。これらの結果をふまえて多くの研究者が主張しているのは，性加害を行なった少年にたいする介入モデルは，成人向けにつくられたモデルをそのまま援用するのではなく，若者の発達に特有のニーズにしっかり適合させるような修正を行なうべきだということである (Bumby & Talbot, 2007; Longo, 2003; Rich, 2003; Righthand & Welch, 2001; Ryan & Lane, 1997)。

　カルドウェル (Caldwell, 2009) は，性加害を行なった少年には「発達に応じて」対応することが重要であり，そのためには家庭や学校で向社会的な絆を構築することや，社会的なストレスへの適切なコーピング方法を教える必要があると述べた。ほかの研究でも，自尊心，動機づけ，人生を肯定的に変化させられるという確信を築くこと，家族の機能を促進すること，少年の仲間との関係を増やしていくことなどに焦点を当てることが，介入における重要なポイントであることが明らかにされている (Bumby & Talbot, 2007; Righthand & Welch, 2001)。性

加害を行なった少年向けのプログラムの多くは，長い年月をかけてこれらの課題を取り込んできた。例えば，デービッド・プレスコット (2002) は，バーモントにて，協働を通して人間関係を育んでいくような直接的な介入プログラムを実施した。介入の進展に関する直接的な話し合いがなされ，ワークや家族との接触は，特権というよりプログラムの基本要素となった。

　加えて，性加害を行なった少年は，性加害を行なった成人よりも，性的ではない加害行為をした同年代の少年との共通性のほうが高いことも実証されつつある (Caldwell, 2007; Fanniff & Becker, 2006; Letourneau & Miner, 2005; Nisbet et al., 2004; Seto & Lalumiere, 2006; Smallbone, 2006)。そのため，非行少年にたいして用いられている社会環境学的な理論を重視し，家族や仲間集団，学校，コミュニティの重要性に焦点を当てるべきだと主張する研究者もいる (Borduin & Scheffer, 2002; Longo & Prescott, 2006; Letourneau & Miner, 2005; Saldana et al., 2006)。若者自身が本来もっているサポートシステムの関与を促進，調整するようなプログラムは，一般的にどの少年や子どもにも効果が高いといえる (Hanson et al., 2009; Reitzel & Carbonell, 2006; St. Amand et al., 2008)。事実，性加害を行なった少年にたいして最も確実な効果を上げるものとして，マルチシステミック・セラピー (MST) を用いたプログラムが挙げられている (Borduin et al., 2009; Letourneau et al., 2009)。MST は，肯定的な変化を促進するために，家族，学校，仲間集団など，若者自身が本来もっている環境のストレングス (強み) を活かし，家族やコミュニティに根ざした集中的な介入を行なうものである。

　第1章で概観したように，犯因性ニーズや欠点のみに注目するのではなく，ストレングスに基づいたアプローチは，再犯の低減に効果的であることが実証されている (Hoge et al., 1996; Page & Schaefer, 2011)。ストレングスに基づいたアプローチでは，少年が自分の目標を定め，それを達成するためのスキルやストレングスを伸ばして成長できるような，本人の積極的な関与や動機を高める協働的なスタイルがとられる。マーシャルら (Marshall et al., 2005) は，少年が自分の目標に向かって協働的に取り組むことは，本人が自らルールに従うことができ，介入の効果を最大限引き出すと主張している。

　このようなアプローチは，グッドライフ・モデル (GLM) に完全に集約されているといえる。グッドライフ・モデルは，リスク-ニーズ-反応性の原則，トラウマ，社会環境学的理論など，明確な根拠が示されている理論やモデル，方法を併せた，ストレングスに基づいたモデルである (第3章参照)。グッドライフ・

モデルは，健全で適応的な方法によって，満ち足りた人生を達成していくためストレングスとスキルに目を向けさせるものである。それによって，少年は自分のニーズを満たすために加害行為に頼らなくてもよくなる。グッドライフ・モデルのアプローチは，ただ単に，否定的な思考，感情，行動を抑制するのではなく，本人が自分のためになる有意義なことを見出して，それを獲得できる機会を提供するものである。グッドライフ・モデルは，とりわけ本人の動機づけを高め，処遇への関与の度合いを強めるうえできわめて有用であることが実証されており，さらに専門家によるニーズ評価や治療プランを立てるうえでも役立つ包括的な枠組みを提供するものである。グッドライフ・モデルは，ここのところ急速に，性加害を行なった成人と少年の両方に用いられるようになっている。米国とカナダの治療プログラムを調査したマグラスら (McGrath et al., 2010) は，調査対象となったプログラムの35%でグッドライフ・モデルが利用されていることを明らかにした。

　性加害を行なった若者についての知見や理解が深まるにつれ，若者ならではの特徴やニーズ，状況に合わせた介入を行なうべきであることが明らかにされつつある。性加害を行なった成人向けにつくられた理論，研究，介入プログラムを少年にたいして用いる際には，事前にその問題点を吟味し，慎重に検討すべきである。愛着，トラウマ，少年の性的ではない加害行動などの関連領域における実証データと実践のほうが，研究の蓄積が豊富で有用性が高い。グッドライフ・モデルは，実証的なモデルと理論を結びつけて用いることができ，少年特有のニーズに焦点を当てながら本人に働きかけるアプローチを支えるものといえる。ただ，これまでグッドライフ・モデルは性加害を行なった成人を対象に議論され，提供されてきたものであるため，本書の後半では，グッドライフ・モデルを少年に用いる場合にも優れた適合性や応用性を備えていることを示していく。

文　献

Abracen, J., and J. Looman. 2001. Issues in the treatment of sexual offenders: Recent developments and directions for future research. *Aggression and Violent Behavior* 1:1–19.

Andrews, D. A., J. Bonta, and R. D. Hoge. 1990. Classification for effective rehabilitation: Rediscovering psychology. *Criminal Justice and Behaviour* 17(1):19–52.

Andrews, D., J. Bonta, and J. Wormith. 2011. The Risk–Need–Responsivity model: Does the Good Lives model contribute to effective crime prevention? *Criminal Justice and Behavior* 38:735–55.

Andrews, D. A., and C. Dowden. 2005. Managing correctional treatment for reduced recidivism: A meta-analytic review of programme integrity. *Legal and Criminological Psychology* 10:173–87.

Barbaree, H. E., and W. L. Marshall. 2006. *The juvenile sex offender*, 2nd ed. New York: Guilford Press.

Borduin, C. M., and C. M. Schaeffer. 2002. Multisystemic treatment of juvenile sexual offenders: A progress report. *Journal of Psychology and Human Sexuality* 13:25–42.

Borduin, C. M., C. M. Schaeffer, and N. Heiblum. 2009. A randomized clinical trial of multisystemic therapy with juvenile sexual offenders: Effects on youth social ecology and criminal activity. *Journal of Consulting and Clinical Psychology* 77:26–37.

Bumby, K. M., and T. B. Talbot. 2007. Treating juveniles who commit sex offenses: Historical approaches, contemporary practices, and future directions. In M. C. Calder (ed.), *Working with children and youth who sexually abuse: Taking the field forward*, 245–61. Lyme Regis, UK: Russell House Publishing.

Burton, D. L. 2013. Adolescents who have sexually abused: Trauma and executive functioning. In R. E. Longo, D. S. Prescott, J. Bergman, and K. Creeden, *Current perspectives and applications in neurobiology: Working with young persons who are victims and perpetrators of sexual abuse*, 87–98. Holyoke, MA: NEARI Press.

Burton, D. L., A. A. Nesmith, and L. Badten. 1997. Clinician's views on sexually aggressive children and their families: A theoretical exploration. *Child Abuse and Neglect* 21(2):157–70.

Burton, J., L. A. Rasmussen, J. Bradshaw, B. J. Christopherson, and S. C. Huke. 1998. *Treating children with sexually abusive behavior problems: Guidelines for child and parent intervention*. Binghamton, NY: Haworth Press.

Burton, D., and J. Smith-Darden. 2001. *North American survey of sexual abuser treatment and models summary data*. Brandon, VT: Safer Society Foundation, Inc.

Caldwell, M. F. 2002. What we do not know about juvenile sexual reoffense risk. *Child Maltreatment* 7:291–302.

Caldwell, M. F. 2007. Sexual offense adjudication and recidivism among juvenile offenders. *Sexual Abuse: A Journal of Research and Treatment* 19:107–13.

Caldwell, M. F. 2009. Sex offender registration and recidivism risk in juvenile sexual offenders. *Behavioural Sciences and the Law* 27(6):941–56.

Carich, M. S., J. F. Newbauer, and M. H. Stone. 2001. Sexual offenders and contemporary treatments. *Journal of Individual Psychology* 57(1):4–17.

Chaffin, M., E. Letourneau, and J. Silovsky. 2002. Adults, adolescents, and children who sexually abuse children. In J. E. Meyers, L. Berliner, J. Briere, C. T. Hendrix, C. Jenny, and T. A. Reid (eds.), *The APSAC handbook on child maltreatment*, 2nd ed., 205–32. Thousand Oaks, CA: Sage Publications.

Creeden, K. 2004. The neuro-developmental impact of early trauma and insecure attachment: Re-thinking our understanding and treatment of sexual behavior problems. *Sexual Addiction and Compulsivity* 11:223–47.

CSOM (Center for Sex Offender Management). 2007. *The effective management of juvenile sex offenders in the community*. Retrieved January 15, 2013, from http://www.csom.org/train/juvenile/index.html.

Cumming, G., and R. J. McGrath. 2005. *Supervision of the sex offender: Community management, risk assessment, and treatment*. Brandon, VT: Safer Society Press.

Day, D. M., I. Bevc, F. Theodor, J. S. Rosenthal, and T. Duchesne. 2008. *Change and continuity in criminal offending: The criminal careers of the Toronto sample*. Toronto, Canada: Ministry of Children and Youth Services.

Dowden, C., and D. A. Andrews. 2004. The importance of staff practice in delivering effective correctional treatment: A meta-analytic review of core correctional practice. *International Journal of Offender Therapy and Comparative Criminology* 48:203–14.

Ellerby, L., J. Bedard, and S. Chartrand. 2000. Holism, wellness, and spirituality: Moving from relapse prevention to healing. In D. R. Laws, S. M. Hudson, and T. Ward (eds.), *Remaking Relapse Prevention with Sex Offenders: A Sourcebook,* 427–52. Thousand Oaks, CA: Sage Publications.

Fanniff, A., and J. Becker. 2006. Developmental considerations in working with juvenile sexual offenders. In R. E. Longo and D. S. Prescott (eds.), *Current perspectives: Working with sexually aggressive youth and youth with sexual behavior problems*, 119–41. Holyoke, MA: NEARI Press.

FBI. 2010. *Uniform crime reports*. Retrieved January 18, 2013, from Crime in the U.S.: http://www.fbi.gov/about-us/cjis/ucr/crime-in-the.u.s/2010/crime-in-the-u.s.-2010/tables/10tbl32.xls.

Finkelhor, D. 1984. *Child sexual abuse: New theory and research*. New York: Free Press.

Freeman-Longo, R. E., S. Bird, W. F. Stevenson, and J. A. Fiske. 1995. *1994 nationwide survey of treatment programs and models: Serving abuse reactive children and adolescent and adult sexual offenders*. Brandon, VT: Safer Society Press.

Gil, E., and T. Cavanagh-Johnson. 1993. *Sexualized children: Assessment and treatment of sexualized children and children who molest*. Rockville, MD: Launch Press.

Hanson, R. K. 2000. What is so special about relapse prevention? In D. R. Laws, S. M. Hudson, and T. Ward (eds.), *Remaking relapse prevention with sex offenders: A sourcebook*, 27–38. Thousand Oaks, CA: Sage Publications.

Hanson, R. K., G. Bourgon, L. Helmus, and S. Hodgson. 2009. The principles of effective correctional treatment also apply to sexual offenders: A meta-analysis. *Criminal Justice and Behavior* 36:865–91.

Harris, A. J., C. Lobanov-Rostovsky, and J. S. Levenson. 2010. Widening the net: The effects of transitioning to the Adam Walsh Act's federally mandated sex offender classification system. *Criminal Justice and Behavior* 37(5):503–19.

HM Ministry of Justice. 2013. *Ministry of Justice adult re-convictions: Results from the 2009 cohort, England and Wales*. Statistics bulletin. London: Department of Justice.

HM Ministry of Justice, Home Office, and the Office for National Statistics. 2013. *An overview of sexual offending in England and Wales*. Statistics bulletin. London: Department of Justice.

Hoge, R. D., D. A. Andrews, and A. W. Leschied. 1996. An investigation of risk and protective factors in a sample of youthful offenders. *Journal of Child Psychology and Psychiatry* 37:419–24.

Hunter, J. A., and J. V. Becker. 1994. The role of deviant sexual arousal in juvenile sexual offending. *Criminal Justice and Behavior* 21:132–49.

Hunter, J. A., and A. J. Figueredo. 2000. The influence of personality and history of sexual victimization in the prediction of juvenile perpetrated child molestation. *Behavior Modification* 29(2):259–81.

Hunter, J., and R. E. Longo. 2004. Relapse prevention with juvenile sexual abusers: A holistic/integrated approach. In G. O'Reilly, W. Marshall, A. Carr, and R. Beckett (eds.), *Handbook of clinical intervention with young people who sexually abuse*. Sussex, UK: Brunner-Routledge.

Jenkins, A. 1990. *Invitations to responsibility: The therapeutic engagement of men who are violent and abusive*. Adelaide, Australia: Dulwich Centre Publications.

Johnson, B. R. 2005. Comorbid diagnosis of sexually abusive youth. In R. E. Longo and D. S. Prescott (eds.), *Current perspectives: Working with sexually aggressive youth and youth with sexual behavior problems*. Holyoke, MA: NEARI Press.

Knopp, F. H., and W. F. Stevenson. 1989. *Nationwide survey of juvenile and adult sex-offender treatment programs and models*. Brandon, VT: Safer Society Press.

Laws, D. R., S. Hudson, and T. Ward. 2000. *Remaking relapse prevention with sex offenders: A sourcebook*. Thousand Oaks, CA: Sage Publications.

Letourneau, E. J., D. Bandyopadhyay, K. S. Armstrong, and D. Sinha. 2010. Do sex offender registration and notification requirements deter juvenile sex crimes? *Criminal Justice and Behavior* 37(5):537–52.

Letourneau, E., and M. Miner. 2005. Juvenile sex offenders: A case against the status quo. *Sexual Abuse: A Journal of Research and Treatment* 17:293–312.

Letourneau, E. J., S. W. Henggeler, C. M. Borduin, P. A. Schewe, M. R. McCart, J. E. Chapman, and L. Saldana. 2009. Multisystemic therapy for juvenile sexual offenders: 1 year results from a randomized effectiveness trial. *Journal of Family Psychology* 23(1):89–102.

Lobanov-Rostovsky, C. 2010. Juvenile justice, legislative and policy responses to juvenile sexual offences. In G. Ryan, T. F. Leversee, and S. Lane (eds.), *Juvenile sexual offending: Causes, consequences, and correction*, 3rd ed., 183–200. Hoboken, NJ: John Wiley and Sons.

Longo, R. E. 2003. Emerging issues, policy changes, and the future of treating children with sexual behavior problems. In R. A. Prentky, E. S. Janus, and M. C. Seto (eds.), Sexually coercive behavior: Understanding and management. *Annals of the New York Academy of Sciences* 989:502–14.

Longo, R. E., and D. S. Prescott. 2006. *Current perspectives in working with sexually aggressive youth and youth with sexual behavior problems*. Holyoke, MA: NEARI Press.

Longo, R. E., D. S. Prescott, J. Bergman, and K. Creeden, eds. 2013. *Current perspectives and applications in neurobiology: Working with young persons who are victims and perpetrators of sexual abuse*. Holyoke, MA: NEARI Press.

Lovell, E. 2002. *Children and young people who display sexually harmful behaviour*. London: NSPCC.

Marlatt, G. A. 1982. Relapse prevention: A self-control program for the treatment of addictive behaviors. In R. B. Stuart (ed.), *Adherence, compliance, and generalization in behavioral medicine*, 329–78, New York: Brunner/Mazel.

Marshall, W. L., T. Ward, R. E. Mann, H. Moulden, Y. M. Fernandez, G. Serran, and L. E. Marshall. 2005. Working positively with sexual offenders: Maximising the effectiveness of treatment. *Journal of Interpersonal Violence* 20:1096–114.

Martinez, G., C. E. Copen, and J. Abma. 2011. *Teenagers in the United States: Sexual activity, contraceptive use, and childbearing, 2006–2010*. Hyattsville, MD: US Department of Health and Human Services.

Medoff, D. 2004. Developmental considerations in the forensic assessment of adolescent sexual offenders: Victim selection, intervention, and offender recidivism rates. *Forensic Examiner*, 26–30.

McGrath, R. J., G. F. Cumming, B. L. Burchard, S. Zeoli, and L. Ellerby. 2010. *Current practices and emerging trends in sexual abuser management: The Safer Society 2009 North American Survey*. Brandon, VT: Safer Society Press.

Meiners-Levy, S. 2006. Challenging the prosecution of young sex offenders: How developmental psychology and the lessons of Roper should inform daily practice. *Temple Law Review* 79(499):504–05.

Miner, M. H. 2007. Reaction essay: The fallacy of juvenile sex offender risk. *Criminology and Public Policy* 6(3):565–72.

Miranda, A. O., and C. L. Corcoran. 2000. Comparison of perpetration characteristics between male juvenile and adult sexual offenders: Preliminary results. *Sexual Abuse: A Journal of Research and Treatment* 12:179–88.

National Center on Sexual Behavior of Youth. 2003. *What research shows about adolescent sex offenders*. NCSBY Factsheet no. 1 (July).

Naylor, B. 1989. Dealing with child sexual assault. *British Journal of Criminology* 29(4):395–407.

NCH (National Children's Homes). 1992. *The report of the committee and the Enquiry into Children and Young People*. London: NCH.

NHS Infomation Centre. 2011. *Health survey for England*. London: NHS Information Centre.

Nisbet, I. A., P. H. Wilson, and S. W. Smallbone. 2004. A prospective longitudinal study of sexual recidivism among adolescent sex offenders. *Sexual Abuse: A Journal of Research and Treatment* 16:223–34.

Page, J., and S. Schaefer. 2011. *From risks to assets: Toward a strengths-based approach to juvenile justice reentry into the community*. Minneapolis: Center for Urban and Regional Affairs.

Patton, G. C., C. Coffey, C. Cappa, D. Currie, L. Riley, F. Gore, L. Degenhardt, D. Richardson, N. Astone, A. O. Sangowawa, A. Mokdad, and J. Ferguson. 2012. Health of the world's adolescents: A synthesis of internationally comparable data. *The Lancet* 379(9826):1665–75.

Pithers, W. D., J. K. Marques, C. C. Gibat, and G. A. Marlatt. 1983. Relapse prevention: A self-control model of treatment and maintenance of change for sexual aggressives. In J. Greer and I. R. Stuart (eds.), *The sexual aggressor: Current perspective on treatment*, 214–39. New York: Van Nostrand Reinhold.

Prescott, D. S. 2001. *Emerging strategies in juvenile risk assessment: Controversies, developments, possibilities*. At 2nd Annual Reunion Conference on Collaborating in Treatment with Sexually Aggressive Youth and Their Families, Biddeford, ME, October 26.

Prescott, D. S. 2002. Collaborative treatment for sexual behavior problems in an adolescent residential center. *Journal of Psychology and Human Sexuality* 13(3–4):43–58.

Prescott, D. S. and R. E. Longo. 2006. Current perspectives: Working with young people who sexually abuse. In R. E. Longo and D. S. Prescott (eds.), *Current perspectives: Working with sexually aggressive youth and youth with sexual behavior problems*, 45–62. Holyoke, MA: NEARI Press.

Reitzel, L. R., and J. L. Carbonell. 2006. The effectiveness of sexual offender treatment for juveniles as measured by recidivism: A metaanalysis. *Sexual Abuse: A Journal of Research and Treatment* 18:401–21.

Rich, P. 2003. *Understanding, assessing, and rehabilitating juvenile sexual offenders*. Hoboken, NJ: John Wiley and Sons.

Rich, P. 2006. *Attachment and sexual offending: Understanding and applying attachment theory to the treatment of juvenile sexual offenders.* Hoboken, NJ: John Wiley and Sons.

Rich, P. 2011. *Understanding, assessing, and rehabilitating juvenile sexual offenders*, 2nd ed. Hoboken, NJ: John Wiley and Sons.

Righthand, S., and C. Welch, 2001. Juveniles who have sexually offended: A review of the literature. *Office of Juvenile Justice and Delinquency Prevention Report*. Washington, DC: Office of Juvenile Justice and Delinquency Prevention.

Ryan, G., and S. Lane. 1997. *Juvenile sexual offending: Cause, consequences and correction*. San Francisco: Jossey-Bass.

Ryan, G., S. Lane, J. Davis, and C. Isaacs. 1987. Juvenile sex offenders: Development and correction. *Child Abuse and Neglect* 11:385–95.

Saldana, L., C. C. Swenson, and E. Letourneau. 2006. Multisystemic therapy with juveniles who sexually abuse. In R. E. Longo and D. S. Prescott (eds.), *Current perspectives: Working with sexually aggressive youth and youth with sexual behavior problems*, 563–77. Holyoke, MA: NEARI Press.

Salter, A. C. 1988. *Treating child sex offenders and victims: A practical guide*. Thousand Oaks, CA: Sage Publications.

Schore, A. N. 2002. Dysregulation of the right brain: A fundamental mechanism of traumatic attachment and the psychopathogenesis of posttraumatic stress disorder. *Australian and New Zealand Journal of Psychiatry* 36:9–30.

Schram, D. D., C. C. Milloy, and W. E.Rowe. 1991. *Juvenile Sex Offenders: A Follow Up Study of Reoffense Behavior.* Olympia, WA: Washington State Institute for Public Policy, Urban Policy Research and Cambie Group International.

Seto, M. C., and M. L. Lalumière. 2006. Conduct problems and juvenile sexual offending. In H. E. Barbaree and W. L. Marshall (eds.), *The juvenile sex offender*, 2nd ed., 166–88. New York: Guilford Press.

Smallbone, S. W. 2006. Social and psychological factors in the development of delinquency and sexual deviance. In H. E. Barbaree and W. L. Marshall (eds.), *The juvenile sex offender*, 2nd ed., 105–27. New York: Guilford Press.

St. Amand, A., D. E. Bard, and J. F. Silovsky. 2008. Meta-analysis of treatment for child sexual behavior problems: Practice elements and outcomes. *Child Maltreatment* 13:145–66.

Teicher, M. H., S. L. Andersen, A. Polcari, C. M. Anderson, and C. P. Navalta. 2002. Developmental neurobiology of childhood stress and trauma. *Psychiatric Clinics of North America* 25(2):397–426.

Vandiver, D. 2006. A prospective analysis of juvenile male sex offenders: Characteristics and recidivism rates as adults. *Journal of Interpersonal Violence* 21(5):673–88.

Waite, D., A. Keller, E. McGarvey, E. Wieckowski, R. Pinkerton, and L. Brown. 2005. Juvenile sex offender re-arrest rates for sexual, violent non-sexual and property crimes: A ten-year follow-up. *Sexual Abuse: A Journal of Research and Treatment* 17(3):313–31.

Ward, T., and A. R. Beech. 2005. An integrated theory of sexual offending. *Aggression and Violent Behavior* 11:44–63.

Ward, T., and S. M. Hudson. 1998. The construction and development of theory in the sexual offending area: A meta-theoretical framework. *Sexual Abuse: A Journal of Research and Treatment* 10(1):47–63.

Ward, T., and S. M. Hudson. 2000. A Self Regulation model of relapse prevention. In D. R. Laws, S. M. Hudson, and T. Ward (eds.), *Remaking relapse prevention with sex offenders: A sourcebook*, 79–101. Thousand Oaks, CA: Sage Publications.

Ward, T., S. M. Hudson, and T. Keenan. 1998. A Self Regulation model of the sexual offence process. *Sexual Abuse: A Journal of Research and Treatment* 10:141–57.

Ward, T., D. Polaschek, and A. R. Beech. 2006. *Theories of sexual offending*. Chichester, UK: John Wiley and Sons.

Ward, T., and R. J. Siegert. 2002. Toward a comprehensive theory of child sexual abuse: A theory knitting perspective. *Psychology, Crime, and Law* 9:319–51.

Wolf, S. 1984. A multi-factor model of deviant sexuality. Paper presented at the International Conference on Victimology, Lisbon.

Worling, J. R., and T. Curwen. 2000. Adolescent sexual offender recidivism: Success of specialized treatment and implications for risk prediction. *Child Abuse and Neglect* 24:965–82.

Worling, J. R., and T. Curwen. 2001. Estimate of Risk of Adolescent Sexual Offense Recidivism (the ERASOR—Version 2.0). In M. Calder (ed.), *Juveniles and children who sexually abuse: Frameworks for assessment*, 372–97. Lyme Regis, UK: Russell House Publishing.

Worling, J. R., and N. Långström. 2006. Risk of sexual recidivism in adolescents who offend sexually: Correlates and assessment. In H. E. Barbaree and W. L. Marshall (eds.), *The juvenile sex offender*, 2nd ed., 219–47. New York: Guilford Press.

Yates, P. M., and T. Ward. 2007. Treatment of sexual offenders: Relapse prevention and beyond. In K. Witkiewitz and G. A. Marlatt (eds.), *Therapists' guide to evidence-based relapse prevention*, 215–34. Burlington, MA: Elsevier Press.

Zimring, F. E. 2004. *An American travesty: Legal responses to adolescent sexual offending*. Chicago: University of Chicago Press.

Zimring, F., W. G. Jennings, A. Piquero, and S. Hays. 2009. Investigating the continuity of sex offending: Evidence from the second Philadelphia birth cohort. *Justice Quarterly* 26:58–76.

第3章
旅路：Gマップによる
グッドライフ・モデルの修正

ヘレン・グリフィンとローラ・ワイリー
(Helen Griffin & Laura Wylie)

　グッドライフ・モデル (GLM) は，改善更生モデルのひとつとして多様な対象者に適用可能と考えられる (Laws & Ward, 2011; Sorbello et al., 2002)。英国においてグッドライフ・モデルは，一般に成人の性加害者の処遇に適用されてきた。オリジナル版のグッドライフ・モデルの言い回しや用語は，どちらかというと成人への適用を想定したものだが，その原理原則や根底にある理念は，より広い層に適用可能である。こうした潜在的な可能性に大いに刺激を受けたことから，Gマップの実践家たちは，このモデルを採用し，若者に合わせた修正を行なった。Gマップのスタッフは，ストレングス (強み) に基づく実践を積極的に支持しているので，グッドライフ・モデルの理念を自然に受け入れることができた。本章では，性加害行動のある少年のニーズに合った臨床的有用性をもつモデルを目指して，私たちがたどってきた道のりを詳しく述べたい。グッドライフ・モデルのより広い意味合いと，Gマップのプログラムにとっての意義についても考察しながら，作成した修正版グッドライフ・モデルとその理論的背景の説明を行なっていく。

　多くの専門家によるプログラム (Hanson, 2002) と同様に，Gマップは長年，リスク-ニーズ-反応性 (RNR) モデル (Andrews & Bonta, 2010; Andrews et al., 1990; Bonta & Andrews, 2007) と，再発防止モデル (Marlatt & Gordon, 1980; Pithers, 1990) を用いることに重点を置いてきた。そのモデルを適用する際は，個別性を重視し，創造性，柔軟性をもって，それぞれの少年に特有のニーズとストレングスに合わせて調整を行なった。その結果，多様な理論的モデルと手法が使用されるようになったため，包括的で首尾一貫した枠組みに欠けることになってしまった。さらに，若者にたいしてシステミック・アプローチをとることの重要性が認識されるようになってきた (Borduin et al., 1990)。すでにGマップでは，介

入の際，家族と専門家がともに携わるようになっていたが，そうしたさまざまな過程を支持するような一貫したモデルをもち合わせていなかった。

　ワードらが提唱したグッドライフ・モデルは，実践を導くような柔軟性の高い枠組みをもたらすもので，一貫した方法で若者のもつシステム自体を処遇に関与させることができる。グッドライフ・モデルでは，より全人的に若者をみて，どうすれば彼らが自分のニーズを最大限満たすことができるかを考える。これにより，犯因性ニーズや個人のスキル，認知だけに焦点を当てるのではなく，若者がもつネットワークやコミュニティのなかに存在する外的リソースをも併せて活用するところまで焦点を広げられるのである。つまり，若者だけが変化への責任を負うのではなく，彼ら一人ひとりを取り巻くシステムもまた，介入の進捗に一定の責任を負うということである。

　このように，グッドライフ・モデルはGマップの組織的目標と矛盾のない，概念的・実践的枠組みを提供してくれた。しかし，私たちは性加害行動のある若者への支援の豊富な経験をもつことから，若者によりふさわしいものにするために，グッドライフ・モデルのいくつかの点を改訂するほうがいいだろうと考えた。Gマップは小さな組織なので，グッドライフ・モデルを掘り下げて最終的な修正版を作成するために協力して取り組みやすいという利点があった。こうしたことから，実践家たちはエンパワーされ，修正版のモデルを自分たちの実践の中核的枠組みとすることができたのである。

ワードの主要価値リストの修正

　最初に行なったのは，ワードの主要価値リストが若者にも有用であるかどうかを検討することだった。そのために，ワードらがニーズのリストを完成させるまでにたどった道のりを振り返ってみることが有用であった。グッドライフ・モデルが生み出された初期の段階では，価値の明確な分類はあまり強調されていなかったようだ (Ward & Stewart, 2003)。当初，ワード (2002) は，身体，自己，社会生活に対応した3つの領域という主要価値を構想していた。これら3つの領域は，すべての個人は生来，自律性，関係性，能力を追求するものだというデシとライアンの欲求の自己決定理論 (Deci & Ryan, 2000) に影響を受けている。心理学，社会科学，実用倫理学，進化論，哲学的人類学を含むたくさんの学問分野にわたる文献をレビューしたのち，ワードらは，それぞれ関

連した構成要素のクラスターを表す9つの異なる主要価値が同定できるという見解に達した (Ward & Brown, 2004; Ward & Marshall, 2004)。この主要価値 (Ward & Marshall, 2004; Yates et al., 2008) については第1章で詳しく述べたが，Gマップが修正したモデルと比較するために，ここで再度取り上げよう。主要価値とは，以下のものである。

- **暮らし**（身体的機能，健康的な暮らし，性的満足など）
- **知識**（自己洞察，情報など）
- **仕事と遊びに熟達すること**（趣味，余暇活動，特技など）
- **主体的な熟達**（自律的決定をすること，自発的であることなど）
- **心の平穏**（感情の自己コントロール，情緒的安全感など）
- **人間関係とコミュニティ**（他者との近しい親密な関係性，社会的集団への所属感など）
- **精神性**（目的や意味を感じられることなど）
- **幸せ**（スポーツ，食べ物，セックスによって得られるような喜びや満足など）
- **創造性**（芸術的追求，新しい体験を求めることなど）

　グッドライフ・モデルにおける価値の概念化は今なお続いており，実践に基づく研究によって最近も改訂されたところである。例えば，パービス (Purvis, 2010) は，価値の分類の根拠となっている原因仮説の検討を試み，**遊びにおける熟達**と**仕事における熟達**を分けるのと同じように，**人間関係とコミュニティ**を分けることを提唱し，その結果，現在は11の主要価値に分類されている (Ward & Gannon, 2006; Ward et al., 2011 参照)。

　ワードらによって提唱された主要価値を原理として採用する一方で，Gマップは，既存のものに代わる，サービス対象者にとってより意味があり，より共感が得られるような価値の言いかえや分類を模索した。まず，Gマップによる修正として知られるようになった8つの価値または「ニーズ」が暫定的に立てられ，それは結果として，ワードとマーシャル (2004) の9つの主要価値と強い相関がみられた。8つの価値または「ニーズ」を下記に示す。

- **健康な暮らし**（身体的健康，精神的健康，性的満足など）
- **安全**（ルールやバウンダリーがあること，安定性，自己コントロール，自分と他者の安

全など)
- **知識**(創造性，好奇心など)
- **地位**(熟達，達成，能力，評判，承認，パワーなど)
- **独立と自己管理**(コントロール，自律性，自発性，セルフケアなど)
- **情緒的満足**(情緒的動揺やストレスからの解放，自己尊重，自尊心，自信，自己実現など)
- **人間関係**(親密な関係，性的関係，恋愛関係，家族関係，社会的関係また地域関係，被受容感など)
- **意味と目的**(精神性，充足感，希望，寛容さ，正直さ，公平さなど)

修正版グッドライフ・モデルの試行

　この第1段階に続いて，Gマップの内外の専門家からなるプロジェクトチームの立ち上げや，Gマップのサービスにアクセスしてきた若者からのフィードバックの収集を含む協議の過程が始まった。若者にたいしては，個別とグループワークの両方の場面でアプローチし，彼らのサポートネットワークからもフィードバックを得た。フィードバックに基づいて，上記のニーズのリストを検証し，一連の分類のキーワードの問題点を明らかにしていった。こうした修正に際しては，サービス利用者のニーズ，採用された言葉の理解しやすさ，臨床家の判断という点からみた実際の使用状況，そしてそれぞれのニーズが組み合わされた部分がどのように相互に結びついているかについて，サービス利用者の見解を反映させた。

　この段階では，こうしたグッドライフ・モデルの修正が，いかに既存の理論や枠組みを認識し，それらを反映しているかについても検討した。例えば，これらのニーズはマズローの欲求段階 (1969) に置き換えることも可能であったし，愛着理論やサーチ研究所の発達的資源の枠組み (Benson, 1997; Scales & Leffert, 2004) のような子どもや少年の発達に関するより広範囲の研究論文とも一貫性のあるものであった。さらに，英国においては，児童福祉は「エブリ・チャイルド・マターズ (どの子も重要である)」政策提言書 (HM Government, 2004) に照らして再編されているところであった。

　「エブリ・チャイルド・マターズ」は，子どもや若者向けのサービスが5つの主要な成果を確実に達成することを狙って計画されたものであり，2003年

に政府主導で始められた。その5つの成果とは，（1）**健康であること**(身体的，精神的，情緒的，性的健康など)，（2）**安全の確保**(虐待を受けないこと，犯罪，傷害，死，いじめ，差別からの安全確保など)，（3）**楽しみと達成**(学校や余暇に関わり，達成するよう励まされることなど)，（4）**肯定的な貢献をすること**(ルールを守ること，肯定的で尊重し合える関係性を築くこと，コミュニティや周囲を支えることなど)，（5）**経済的ウェルビーイングを達成すること**(高等教育を受けたり就労するよう励まされること，また適切な水準の居住設備や地域資源をもてることなど)である。

　性加害行動を示す若者にたいする多分野の取り組み(Erooga & Masson, 2006; Lobanov-Rostovsky, 2010)，とりわけ児童思春期精神保健，少年司法サービス，社会的ケアチームなどの知見を取り入れていくことは重要である。英国においては，グッドライフ・ニーズの分類が，「エブリ・チャイルド・マターズ」の方向性や用語と一致していることは有益であった。

　次の段階では，以下の6つの基本的ニーズが確立された。

- **健康であること**(身体的健康，情緒的健康，精神的ウェルビーイング，自尊心，性的満足，性的自信など)
- **楽しむことと達成すること**(地位，知識，評判，能力，スリルと興奮，遊び，創造性，新しいスキルを学ぶこと，充足感など)
- **自分自身であること**(自主性，生活スキル，自律性，自己コントロール，自己実現，エンパワメントなど)
- **目的をもち，よりよくなること**(慈善行為，寛容さ，社会のルールや規準に従うこと，他者を尊重すること，スピリチュアリティなど)
- **人と関わること**(親密さ，家族・仲間・コミュニティ・交際相手との関係，気持ちを分かち合える親友など)
- **安全であること**(自分の安全，他者の安全，リスク管理など)

このモデルは，Gマップでの実践に取り入れられ，2012年に改訂されるまで6年にわたって試行された。

　改訂の過程においては，臨床経験と半構造化面接から得られたサービス利用者のフィードバックを用いながら，外部の専門家やプログラムに参加した若者から意見を聞いた。こうした人たちを対象に，グッドライフ・モデルに関連した情報をより広く捉え，修正された基本的ニーズをより明確に捉えられるよう

にデザインされた評価尺度によって予備調査を行なった。Gマップがグッドライフ・アプローチを評価するために採用した尺度については，第10章で論じる。主な変更は，**安全である**，**健康である**，**楽しむ**，**達成する**というニーズに関連したものであり，最終的に，8つのニーズから構成されるモデルになった（表3-1参照）。

フィードバックの分析

試行過程からわかったことのひとつは，Gマップの外部専門家は，**安全である**というニーズの意味について混乱しているという点であった（つまり，少年自身が安全であることを意味するのか，それとも他者が安全であるという意味なのかが不明瞭であった）。**安全である**というニーズが元々意図していた意味は，若者自身が心理的ないし身体的な安全感を得ることであったのだが，外部専門家のなかには，それとは対照的に，若者が向社会的態度や被害者への共感を身につけたり，加害行動をしなくなったりすることだと捉える人がいた。さらに，若者自身についての安全に関していえば，試行過程に関わった専門家たちは，安全であることの本質は，情緒的安全感と併せて，ネグレクトや虐待がないことも含む**健康である**というニーズに含められるのが一般的だろうという点で意見が一致した。**安全である**ことのもう一方の側面，すなわち他者にたいする行動についての安全性は，元々は，修正版グッドライフ・モデルのなかに組み込まれていた。リスク管理が，基本的ニーズのなかできちんとおさえられていると明示するためであった。この点は，あからさまにリスクの強調をうながすような政治的，社会的期待を反映したものであった。しかし次第に，この観点は，人間の衝動や願望の感覚を具体的に表現したものでないということから，ほかのニーズとは本質的に幾分異なることが明らかになってきた。例えば，**関係性**，**能力**，そして**自律性**といったニーズは生来的な動機と考えられるが（Deci & Ryan, 2000），リスクの自己管理や他者にたいするリスクは，必ずしもそれほど直感的に認識されるものではないだろう。さらに，この修正されたグッドライフ・モデルを実践してみると，リスク管理と他者にたいする安全性は，それを通してあらゆるニーズや手段（つまり，どうやって自分のニーズを満たすか）を検討するべきレンズとして使うことがより有益であると考えられる。つまり，それらは別個のものではなく，元々のグッドライフ・モデルにつながるものである。結果

表 3-1　Ｇマップで現在用いている基本的ニーズの分類

基本的ニーズ	定義
楽しむ	**楽しむ**というニーズは，余暇活動や遊びをしたいという人間の衝動に関連するものである。若者が楽しみを得るために行なうあらゆる活動や営みを含む。また，間接的に，結果として楽しみが体験できるような機会も含む。以下のようなことが含まれる。 ● 遊び ● スリル ● 気晴らし ● 楽しみ ● 娯楽 ● 興奮 このニーズは，次のような方法で満たせる。 ● テーマパークに行く ● スポーツをする ● 劇場に行く ● 読書をする（若者が本を読もうとすることや，読書を体験することに，楽しみの感覚が内在している場合）
達成する	**達成する**というニーズは，熟達したいとか達成感を得たいという人間の欲求と関連するものである。若者が達成感を得られるようなあらゆる活動や営みを含む。以下のようなものが含まれる。 ● 知識 ● 学習 ● 才能 ● 成就 ● 能力 ● 地位 このニーズは，次のような方法で満たせる。 ● 試験に合格する ● バイクの乗り方を覚える ● 絵を描く ● スポーツチームの一員として受け入れられる ● 友人たちの中で人気を得る（若者が人気を得たいと思っていたり，人気が得られることに，達成感が内在している場合）

次頁に続く

表 3.1 続き

基本的ニーズ	定義
自分自身である	**自分自身である**というニーズは，自律的でありたい，また個人的な変化を成し遂げる主体でありたいという人間の欲求に関連するものである。若者が自分の自己感覚を表現し，独立して機能し，あるいは結果に影響を及ぼすようなあらゆる状況を含む。以下のようなことが含まれる。 ● 自立 ● 自発性 ● 意思決定 ● 自己信頼感 ● 自己同一性の表現 ● エンパワメント ● 生活スキル ● 内的統制力 ● 自己実現 このニーズは，次のような方法で満たせる。 ● 好みの服を着る ● セルフケアのスキル ● 将来の目標を決める ● 経済的自立
人と関わる	**人と関わる**というニーズは，ほかの人と関わりたい，何かに所属したい，近しくかつ親愛の情にあふれた他者とのつながりを形成したいという人間の欲求に関連するものである。若者が，所属感，社会的被受容感，親密さを得ることができるあらゆる関係性を含む。以下のようなことが含まれる。 ● 家族 ● 仲間 ● コミュニティ ● 恋愛関係や親密な関係 若者が親友を求めることも含まれる。 このニーズは，次のような方法で満たせる。 ● 友だちをつくる ● ユースクラブに参加する ● ボーイフレンドやガールフレンドを持つ ● 家族と過ごす ● 話ができるような信頼できる人を持つこと ここでは，表面的な関係性ではなく，若者が誰かと一緒に時間を過ごし，相手から支えられていると感じるような近しい人間関係を指す。

次頁に続く

表 3.1　続き

基本的ニーズ	定義
目的をもち，よりよくなる	**目的をもち，よりよくなる**というニーズは，個人であること以上に，より広い意味や重要性の感覚をもちたいという人間の欲求に関連するものである。人は個々ばらばらの存在であるという限界を越え，より大きなつながりのなかの一部として存在しているのだと感じることも含まれる。次のようなことが含まれる。 ● 肯定的な社会価値と行動規範に従うこと ● 社会的規範に従うこと ● 精神性 ● 肯定的な貢献をすること このニーズは，次のような方法で満たせる。 ● 慈善活動で寄付する ● 見返りを期待せずに他者のために行動する ● 他者を尊重する ● 法律を守る ● 自分以外の何かにたいして信念をもったり，真価を認めたりする
情緒的健康	**情緒的健康**のニーズは，内面的な平穏，情緒的な落ち着き，安全感，有能感という感覚を維持したいという人間の衝動に関連するものである。若者が自分をなぐさめたり，自分の気持ちを自覚したり，情緒的なレジリエンスといった資源をもっていることを含む。以下のようなものが含まれる。 ● 情緒的な安全感 ● 情緒的調整 ● 精神的健康 ● 幸福感 このニーズが達成される例としては，次のようなものがある。 ● 気持ちを鎮めるためにセルフトークを使う ● 他者に共感すること ● 葛藤のない環境で暮らす ● つらい感情を調整するのに役立つ方法を探す ● 運動やほかの活動を通して，ウェルビーイングの感覚を回復させる

次頁に続く

表 3.1 続き

基本的ニーズ	定義
性的健康	**性的健康**のニーズは，性的充足や喜びを得ようという生物学的衝動と関連するものである。性的能力や性的満足感を含み，以下のようなものが含まれると考えられる。 ● 性に関する知識 ● セクシュアリティ ● 性的発達 ● 性に関する自信 ● 性的な喜びや性的充実感 このニーズを実現させる方法の具体例には，次のようなものがある。 ● 学校での性教育の受講 ● 肯定的な性的自己同一性をもつこと ● 二次性徴をポジティブに体験すること ● 性に関する不安について，支持的な人に話すこと ● マスターベーションを活用する ● 性体験をもつ
身体的健康	**身体的健康**のニーズは，身体的健康を達成しようという人間の傾向と関連し，主として身体を大切にすることから派生するものである。以下のようなものが含まれる。 ● 睡眠 ● 健康的な食事 ● 運動 ● 衛生 ● 身体的な安全 ● 身体的な機能 このニーズは，次のような方法で満たせる。 ● 充分な休息をとる ● しっかり食べること ● 定期的に運動すること ● 定期的に入浴すること ● 身体的な危害を受けない

として，**安全であること**は基本的なニーズのリストから除外され，代わりにリスク管理という観点は，モデル全体のなかにより包括的に反映されることとなり，自分自身の安全は**健康である**というニーズに含められた。

健康であることというひとつのカテゴリーにまとめられる内容は，次第に過多となっていった。というのも，Gマップの実践家たちが，性加害行動の機能を理解し，改善更生に向けたアプローチをとる際に，情緒的健康，身体的健康，性的健康を徐々に区別するようになったためである。これらを別々のものとみなすことの妥当性は，対象となる若者が，情緒的健康にも性的健康にも問題を抱えていることが多く，そうした問題によってそれぞれの加害行動が引き起こされており，また，それぞれの若者が異なる介入を必要としていることがみられたことからも実証された。さらに，修正されたグッドライフ・モデルの試行の際に用いられた評価ツールによって，**健康であること**を別個の構成要素に分割することの論理的根拠が支持された (Griffin et al., 2012 参照)。例えば，**健康である**というニーズを包括的に捉えてしまうと，情緒的健康，性的健康，身体的健康のどれ，あるいはどの組み合わせが，若者の性加害行動の原因やその継続に関連しているのかということや，満たされた安全な生活を達成するためには，関連したニーズをいかに強調すべきかについての洞察が難しくなったのである。そのため，**健康であること**は，**身体的健康**，**情緒的健康**，**性的健康**の3つの基本的ニーズに分割された。

楽しむことと**達成すること**に関しては，創造性が，学校という教育場面とともに創造的な遊びを通しても経験されるように，これら2つの概念には共通項がある一方で，重要な違いもあるということが徐々に明らかにされてきた。実際，スリルと興奮（**楽しむ**）を得るための性加害行動は，地位と知識（**達成する**）を得ることを目的とした性加害行動とは異なっており，そのため介入の際の意味が異なる。さらに，これらのニーズに同時に焦点を当ててしまうと，例えば，大学でうまくやれていたりするといったような若者の**楽しむ**というニーズが見落とされる可能性があるし，逆の場合もありうる。こうした問題は，修正されたモデルには適切に反映されていなかったので，**楽しむ・達成する**というニーズにそれぞれ焦点を当てることができるようにカテゴリーが分割された。ワードらが，**遊びに秀でていること**と**仕事に秀でていること**という価値を分けるという，よく似た結論に達したことは注目に値する (Purvis, 2010)。

グッドライフ・アプローチの実践が進められる間，ニーズを概念化する方法

について，いくつかの微細な変更がなされた。例えば，若者が自分を取り巻く環境を過剰にコントロールしているような場合，**自分自身である**というニーズの範囲で解釈されるのが一般的だったが，しばらくして，脅威を感じているときに情緒的安全感を得る手段としてコントロールがなされる場合もよくあることがわかってきた。そのため，それに代わって**情緒的健康**のニーズに統合されることになった。この点を具体的に示すために，以下に，Gマップの修正したグッドライフ・モデルを実践する初期段階で取り上げられた問題の一部を例示する。

　　ピーターは，愛着の脆弱さと，性的・身体的虐待によって，肯定的な所属感を味わう経験がまったくないまま育った。その結果として，世の中は危険であるという体験をしたピーターは，自分のことを無力で弱いと感じているだろうという仮説が立てられた。彼は，コントロールへの願望を強めながら，「もし自分がもっと強ければ，虐待されることはなかったはずだ」という中核的信念を作り上げていった。ピーターは，他者をコントロールすることによってしか得られない心理的安全感を求めていたのだと考えられた。このことから，ピーターの基本的ニーズは，**人と関わること**，**情緒的健康**，**自立**だと考えられた。

　この例では，ピーターは自律性や自己感覚を探求する(**自立**)ための手段というよりは，自分自身が安全だと感じる(**情緒的健康**)ための手段として，コントロールを行使していたといえる。
　人と関わるというニーズに関連したさらなる概念上の問題は，愛着行動の一部として，重要な他者を安全基地にしようとして接近するのと同じように，若者が仲間関係を通して親密な感覚をはっきりと求めていることであった。この場合，後者は，社会的な関係に関するものだが，前者は**情緒的健康**と分かちがたく結びついている。というのも，苦痛を感じたり，脅威にさらされたりしたときに，(重要な他者に)接近することは，感情調節の手段になりうるからだ。**情緒的健康**と**人と関わること**の相互作用は，ピーターの課題を整理する際にも検討された。グッドライフの修正のなかで，Gマップは，両方の要素(つまり，他者とのつながりを通しての所属感と，重要な他者への接近を求めることによる所属感)を**人と関わる**というニーズに含めることにした。

どのようにニーズが解釈され，運用されるかについての合意に至るまでに重ねた議論の量こそが，グッドライフ・モデルが厳密な科学ではないということを証明していた。実のところ，そこにこそグッドライフ・モデルの主たる強み，つまり，過度に規定されていないという強みがあるのだ。この観点から，表3.1にまとめられているニーズの修正は，進展の過程を通して生まれたものであり，今後，知識と経験を増やしていくことでさらに改訂され続ける可能性もある。モデルの有用性は，日々の実践に応用できることと，新しい考えや情報にともなって生じる変化に合わせることができるという柔軟性にある。グッドライフ・モデルが，若者を行動に駆りたてるニーズの理解を助ける枠組みとして，測り知れないほど貴重であることは証明済みであるし，だからこそ本人がより適切にニーズを満たすことを支援するためには，どんな介入をすべきで，何を優先すべきかを示してくれるものなのである (Wylie & Griffin, 2012)。グッドライフ・モデルは，なぜ若者が向社会的な方法で自分のニーズを適切に満たそうとしないのかという点について，さらに深く説明する補足的な理論とモデルももち合わせているため，処遇ニーズを同定するうえでも役に立つ。例えば，グッドライフ・モデルは事例検討の一部ではあるが，なぜ，どのようにして問題行動が起こったのか，そしてなぜニーズがより適切な方法で満たされなかったのかについて，詳細を十分に示してくれるわけではない。また，取り組みを進める手順や介入を終える時期を示唆するものでもない。そのかわり，処遇を推し進め，方向づけるために不可欠な鍵となる構成要素である愛着やトラウマ反応といった個々人のモデルによる処遇を導く，何よりも重要な枠組みとして機能するのである。

　グッドライフ・モデルが日々の実践に，効果的に確実に使われるようになるためにきわめて重要なことは，用いられる言葉や用語が，専門家にとってもサービス利用者にとってもわかりやすいものであるということだ。Gマップのチームメンバーと外部の実践家を含めた協議の過程で，**主要価値**と**派生価値**という用語は，あまり役に立たないという指摘がなされ，そのため日々の専門的実践のなかではほとんど用いられていなかった。専門家はまた，若者がグッズ (価値：goods) という言葉から安易に「商品」を連想し，混乱を招く可能性があることも懸念された。結果的に，**主要価値**という用語は**基本的ニーズ** (もしくは単にニーズ) に変わり，**派生価値**という用語は**手段**となった。さらには，内的ないし外的状況や能力という用語に代わり，修正モデルでは，**内的資源**，**外的資源**

という用語が使われた。その他の点では，元々のモデルで用いられていた用語は，専門家グループからの反響は悪くなかったが，サービス利用者による意見では専門用語は全面的に改訂するほうがいいだろうということで一致した。こうした修正は，一連のプロジェクトチームによってサービス利用者と共同で行なった。若者に用いるために修正された用語は，表3.2のとおりである。このリストは，性加害行動のニーズに特化したものというよりは，グッドライフ・モデルに広く関連するものである。しかし，性加害行動を通して満たしているニーズに焦点を当てるには，専門家がかなり介入する必要がある。そこで，若者と専門家が議論を深められるようにするために，共通言語を確立するための検討が必要となった。この点は修正過程全体を通して重要なことであったが，詳細は第6章で検討する。第6章では，「グッドライフ・プラン」に関連させて，さらに具体的に示す。

表3.2　若者向けにGマップが修正した用語

元々のモデルで用いられていた用語	修正モデルで用いた用語
主要価値	自分のニーズ
派生価値	どのようにして自分のニーズを満たすか
すべてに先んずるニーズ	自分の最も重要なニーズ
内的条件（能力）	自分のニーズを満たすのに役立つストレングスとスキル
外的条件（能力）	自分のニーズを満たすために、まわりの人はどのように助けてくれるか
内的障害	ニーズを満たす妨げになる自分自身の問題
外的障害	ニーズを満たす妨げになる周囲の状況
葛藤	どのニーズがお互いにぶつかっているか
幅	どのニーズを無視しているか

　Gマップは，修正モデルにおいてグッドライフという言葉を残すことを意識的に決定したのは，記しておくべきことだろう。グッドライフという言葉は，包括の精神，変化の可能性への信頼を反映した言葉であるし，「エブリ・チャイルド・マターズ」（HM Government, 2004）に固有の用語やイデオロギーも反映している。しかし，このイデオロギーは，必ずしも広く社会的共感を得るとは限らない。というのも，性加害者に「グッドライフ」というと，決まって議論の的になるからだ。少年や成人の改善更生について考える際にこの言葉を用い

ることについては，明らかに気が進まない向きがあるようだ。従来，性加害者たちは，「同じ人間として認められず，あるいは福祉を考えてやる必要もない」ような「危険人物」であると，社会からみなされてきた (Ward, 2007, p.189)。ワード (2007)，ワードとコノリー (Ward & Connolly, 2008) は，「(例えば加害行為によって) 他者の人権を侵害することと，人としての権利をもつことは，互いに相容れないものではない。なぜならば，すべての個人は人類の一員として，生来的に人権があるからだ」と論じている。さらに彼らは，加害者を孤立させ，関係性の構築や情緒的な幸福のような人間としてのニーズを彼らが満たす機会を認めない社会は，効果的に向社会的な目標を追求する加害者の能力を妨げ，結果として再犯のリスクを高めることになるだろうと主張している。加害者の人権を認めることは，市民が安全な社会に住むという全体として優先されるべき権利を損なうことにはならない (Erooga, 2008)。ワードによる議論の信条は，加害者にとっての「グッドライフ」を擁護することは，加害をやめさせるという狙いをもってすれば，この目的はほぼ達成できるというものだ。英国の法律は性加害行動を行なった人たちの人権について斟酌はしているものの，注目を集めるような犯罪にたいするマスコミに扇動された反応が出やすい社会においては，加害者の起訴や処遇をめぐる一般大衆や政治家の意見が，より厳罰主義的な対応をする方向に揺れやすいとアロガ (Erooga, 2008) は警告している。この分野で仕事をしている専門家の役割のひとつは，社会をより安全にするという目的のために，最も倫理的かつ効率的なことは何かについてコンセンサスを得るために，性加害を行なった人たちの改善更生について，政治に関わる人たちや一般大衆に情報を与え，教育的関わりをすることである。グッドライフ・モデルは，改善更生のために，ストレングスに基づくアプローチを行なう。そして重要なことは，そこで使われる言葉は，加害者には「グッドライフ」を得る権利があるという考えが含まれており，改善更生という目標の到達を助けるものになるだろう。それによって，結果的に社会は守られるのである。

年齢と文化を考慮する

　グッドライフ・モデルとGマップの修正モデルの両方で用いられている基本的ニーズは，第一印象においてはかなり抽象的にみえるようだ。しかし，これらのモデルは，何にでも当てはまる答えとなることを意図したものではなく，

特定の個人の特性や状況に基づいた介入をしていくことを意図しているのだということを理解しておくことが重要だ。若者は，それぞれ独自の性格，特性，優先事項があるので，個々のニーズのうち重きを置いているものは人によって異なるだろう。さらに，一人ひとりが多様な人生経験をしているので，直面する障害も違えば，利用できる内的資源，外的資源も異なっている。そのうえ，一人ひとりの，ストレングス，関心，役割，また個人の自己同一性によって，どんな手段でニーズを満たすかについても個人的な好みがあるものだ。だから，すべての若者が有意義だと感じ，動機づけが高められると思うような，唯一の普遍的なプランを立てることなどできないのである。例えば，読書はある若者にとっては知識を獲得するものであり，**達成する**というニーズを満たすことかもしれないが，別の若者にとっては自分の問題から解放されて気晴らしができることから**情緒的健康**というニーズを満たすかもしれない。そしてまた別の若者にとっては，仲間との集団討議に加われる手段になるので，所属のニーズを満たすかもしれない。特定のニーズを満たすために実際に何をするかは個人によってかなり異なるため，実践家は自身の解釈，認知，価値観によって若者の介入プランを決めつけないように注意しなければならない。

　さらに，若者と関わる際には，若者が成人と比べて将来のプランを立てることをあまり好まず，満足を先延ばしするのを我慢しにくいことに留意すべきである (Reyna & Farley, 2006)。さらに，若者の暮らす社会を律する，その年齢と発達段階を反映したルールや限界設定のために，若者はより限定的な選択肢しかもてずにいる。このため，若者が自身のグッドライフ・ニーズを満たすために用いる方法は，年齢相応であり，現実的であり，また達成感とポジティブなフィードバックがすぐに得られるような小刻みで測定可能なステップを含んだものにならざるを得ないのである。そして，こうしたポジティブなフィードバックは，より長期的な目標を追求する際に動機を高める機能を果たす。クライエント集団のニーズに敏感で，かつまたそうしたニーズを反映したアセスメントと処遇に関する手法を生み出すことは，修正の道を歩み始める際，Gマップにとって最も中心的な動機になった。実際に，若者が自身のグッドライフ・ニーズを満たしうる方法としては，少しずつ負荷を高める，本人の動機に基づく，短期集中型のアプローチが最も効果的だと思われた。第6章と第7章では，臨床的実践において，こうした考慮すべき点をどのように効果的に取り入れたかを事例を通して紹介する。それぞれの人に合わせた現実的な方法に焦点

を当てることによって，グッドライフ・モデルは，概念的な枠組みから，改善更生のための具体的で達成可能なプランの立案まで広く用いることができる。

　さらに，介入プランを組み立てる際には，文化的な問題も考慮に入れる必要がある。自分自身の文化や，ニーズやそれを満たす手段についての文化的解釈を押し付けることは，それを受け取る側にとっては意味も感じにくく，動機づけも高まらない可能性があるため，改善更生には逆効果となる可能性がある。例えば，個人が**性的健康**に置いている重要性，そしてそれを達成するために用いる手段は，その人の宗教的，文化的所属集団内に存在する信念，規範，価値観に大きく影響を受ける可能性がある。これには，婚前交渉への態度，マスターベーションの許容度，一夫一婦制のような慣習などが含まれる。また同様に，個人主義よりも集団主義を強調する文化に属している場合には，集団の支配力や人間関係は，個人の支配力や自立性よりもずっと優先順位が高い。また，その人が，両親や拡大家族とは異なる地方文化のなかで育った場合には，ニーズが満たされる手段とともに，ニーズの優先順位についても葛藤が生じる可能性がある。一例を挙げると，自分自身は西洋文化のなかで育ったものの，両親はイスラエルのキブツに代表されるような共同体に基づく生活スタイルに従っている場合，その若者は，自分自身であるというニーズを両親以上に優先させるかもしれない。結果として，両親が異なるニーズを強調し，若者は，家庭内に不協和音を生んだり，人間関係や**自分自身である**というニーズを満たしたりする際に，潜在的な葛藤が生じることになるかもしれない。こうした例では，個人がそれぞれのニーズに置いている重要性を考慮することと，個人が向社会的にそのニーズを満たすためには何が最も適切で現実的な方法であるかということを，文化的背景を考慮しながら注意深く考えることが大切である。それゆえ，自己同一性，発達，性格，能力，学習，ストレングス，機会，困難，動機と同様に，文化という点でも，どのニーズを重要とし，どう追求するかは，個人によってさまざまだといえる (Langlands et al., 2009)。そして，グッドライフ・モデルそのものは「**主体者中心**」である。つまり，その個人が自分の目標選択やグッドライフ・プランの実行における中心となるのである。

　Gマップは，グッドライフ・モデルの修正に際し，回避焦点型の目標設定に対抗するようなアプローチに重きを置くことで，例えば治療という文脈に若者

のやる気をうまく向けられないというような，伝統的な再発防止アプローチの限界を超えようとした (Ward et al., 2007)。グッドライフ・モデルは本来，人生と関連のある価値を促進することを通して，動機づけを高めていくものである (Ward & Brown, 2004)。動機とは，マクニール (McNeil, 2009) の変化の前提条件の構成要素のひとつであり，その他のものとしては能力 (スキル) と機会が挙げられている。グッドライフ・モデルは，改善更生モデルとしてのモデル自体にこれらの要素すべてが含まれているため (Robinson, 2011)，性加害の再犯から離脱する条件を直観的に最大限活かすことができ，それ以外のポジティブな結果に至る見込みを増大させる (Griffin et al., 2012)。また同時に，犯罪につながるようなニーズ (すなわち，内的および外的障害; Purvis et al., 2011) にたいして注意を向けるようになることが見込まれる。性加害行動のある若者を調査対象に含めた青少年の再犯に関する調査では，若者を取り巻くシステムに介入することによって再犯リスクが低減し (Borduin et al., 2009; Scaeffer & Borduin, 2005)，より長期にわたる犯罪からの離脱につながる可能性があるという見解が支持されている。グッドライフの枠組みは，若者の家族やほかの主要なシステムを，変化の過程に関わらせるための体系的なアプローチをとることをうながす。その結果，より効率的にリスクに対処できるだけでなく，包摂やエンパワメントといった価値も生まれるのである。

　グッドライフ・モデルは，加害者の改善更生の分野に大きく貢献しうるものだが，独立したモデルではなく，その有効性を活かし，介入過程を進めていくためには，ほかの理論やアプローチを活用する必要があることを認識しておかなければならない。本質的に，グッドライフ・モデルは第一義的にこれらの要素を組み合わせ，すべてを包含した枠組みとして役立つものである。グッドライフ・モデルの可能性を十分に引き出して若者へ適用するためには修正を要するというのが，Gマップの見解であった。このため，若者がより使いやすいように，ワードの主要価値リストや元々の用語に修正を加えた。改訂の結果，8つのニーズからなる修正モデルができた。これ以降，そのモデルを修正版グッドライフ・モデルもしくは GLM-A と呼ぶ。以下の各章では，修正版グッドライフ・モデルによるアセスメント，プランニング，処遇，社会移行，評価を検討していく。

文　献

Andrews, D. A., and J. Bonta. 2010. *The psychology of criminal conduct, 5th ed.* New Providence, NJ: Lexis Matthew Bender.

Andrews, D. A., J. Bonta, and R. D. Hoge. 1990. Classification for effective rehabilitation: Rediscovering psychology. *Criminal Justice and Behaviour* 17(1):19-52.

Benson, P. 1997. *All kids are our kids: What communities must do to raise caring and responsible children and adolescents.* San Francisco: Jossey-Bass.

Bonta, J., and D. A. Andrews. 2007. Risk-Need-Responsivity model for offender assessment and treatment. *User Report* no. 2007-06. Ottawa, Ontario: Public Safety Canada.

Borduin, C. M., S. W. Henggeler, D. M. Blaske, and R. J. Stein. 1990. Multisystemic treatment of adolescent sexual offenders. *International Journal of Offender Therapy and Comparative Criminology* 34:105-13.

Borduin, C. M., C. M. Schaeffer, and N. Heiblum. 2009. A randomized clinical trial of multisystemic therapy with juvenile sexual offenders: Effects on youth social ecology and criminal activity. *Journal of Consulting and Clinical Psychology* 77(1):26-37.

Deci, E. L., and R. M. Ryan. 2000. The "what" and "why" of goal pursuits: Human needs and the self-determination of behavior. *Psychological Inquiry* 11:227-68.

Erooga, M. 2008. A human rights-based approach to sex offender management: The key to effective public protection? *Journal of Sexual Aggression* 14(3):171-83.

Erooga, M., and H. C. Masson. 2006. *Children and young people who sexually abuse others: Current developments and practice responses, 2nd ed.* New York: Routledge.

Griffin, H. I., J. A. Bickley, S. A. Price, and L. R. Hutton. 2012. *Development of a Good Lives Assessment Tool (GLAT) and preliminary findings on the primary and global needs of young people who have sexually harmed.* Manuscript submitted for publication.

Hanson, R. K. 2000. What is so special about relapse prevention? In D. R. Laws, S. M. Hudson, and T. Ward (eds.), *Remaking relapse prevention with sex offenders: A sourcebook,* 27-38. Thousand Oaks, CA: Sage Publications.

HM Government. 2004. *Every Child Matters: Change for children.* London: Department for Education and Skills.

Langlands, R. L., T. Ward, and E. Gilchrist. 2009. Applying the Good Lives model to male perpetrators of domestic violence. *Behaviour Change* 26(2):113-29.

Laws, D. R., and T. Ward. 2011. *Desistance and sexual offending: Alternatives to throwing away the keys.* New York: Guilford Press.

Lobanov-Rostovsky, C. 2010. Juvenile justice, legislative and policy responses to juvenile sexual offences. In G. Ryan, T. F. Leversee, and S. Lane (eds.), *Juvenile sexual offending: Causes, consequences, and correction, 3rd ed.,* 183-200. Hoboken, NJ: John Wiley and Sons.

Marlatt, G. A., and J. R. Gordon. 1980. Determinants of relapse: Implications for the maintenance of behavior change. In P. O. Davidson and S. M. Davidson (eds.), *Behavioral medicine: Changing health lifestyles,* 410-52. New York: Brunner/Mazel.

Maslow, A. H. 1969. The farther reaches of human nature. *Journal of Transpersonal Psychology*

McNeill, F. 2009. What works and what's just? *European Journal of Probation* 1(1):21–40.

Pithers, W. D. 1990. Relapse prevention with sexual aggressors: A method for maintaining therapeutic gain and enhancing external supervision. In W. L. Marshall, D. R. Laws, and H. E. Barbaree (eds.), *Handbook of Sexual Assault*, 343–61. New York: Plenum.

Purvis, M. 2010. *Seeking a good life: Human goods and sexual offending.* Germany: Lambert Academic Press. Published doctoral dissertation.

Purvis, M., T. Ward, and G. M. Willis. 2011. The Good Lives model in practice: Offence pathways and case management. *European Journal of Probation* 3(2):4–28.

Reyna, V. F., and F. Farley. 2006. Risk and rationality in adolescent decision-making: Implications for theory, practice and public policy. *Psychological Science in the Public Interest* 7(1):1–44.

Robinson, A. 2011. *Foundations for offender management: Theory, law, and policy for contemporary practice.* Bristol, UK: Policy Press.

Scales, P. C., and N. Leffert. 2004. *Developmental assets: A synthesis of the scientific research on adolescent development, 2nd ed.* Minneapolis: Search Institute.

Schaeffer, C. M., and C. M. Borduin. 2005. Long-term follow-up to a randomized clinical trial of multisystemic therapy with serious and violent juvenile offenders. *Journal of Consulting and Clinical Psychology* 73(3):445–53.

Sorbello, L., L. Eccleston, T. Ward, and R. Jones. 2002. Treatment needs of female offenders: A review. *Australian Psychologist* 37(3):198–205.

Ward, T. 2002. Good lives and the rehabilitation of offenders: Promises and problems. *Aggression and Violent Behaviour* 7:513–28.

Ward, T. 2007. On a clear day you can see forever: Integrating values and skills in sex offender treatment. *Journal of Sexual Aggression* 13(3):187–201.

Ward, T., and M. Brown. 2004. The Good Lives model and conceptual issues in offender rehabilitation. *Psychology, Crime, and Law* 10(3):243–57.

Ward, T., and M. Connolly. 2008. A human rights-based practice framework for sexual offenders. *Journal of Sexual Aggression* 14(2):87–98.

Ward, T., and T. A. Gannon. 2006. Rehabilitation, etiology, and self-regulation: The comprehensive Good Lives model of treatment for sexual offenders. *Aggression and Violent Behavior: A Review Journal* 11:77–94.

Ward, T., R. E. Mann, and T. A. Gannon. 2007. The Good Lives model of offender rehabilitation: Clinical implications. *Aggression and Violent Behavior* 12(1):87–107.

Ward, T., and W. L. Marshall. 2004. Good lives, aetiology and the rehabilitation of sex offenders: A bridging theory. *Journal of Sexual Aggression* 10:153–69.

Ward, T., and S. Maruna. 2007. *Rehabilitation: Beyond the risk assessment paradigm.* London: Routledge.

Ward, T., and C. A. Stewart. 2003. Criminogenic needs and human needs: A theoretical model. *Psychology, Crime, and Law* 9:125–43.

Ward, T., P. M. Yates, and G. M. Willis. 2011. The Good Lives model and the Risk Need Responsivity model: A critical response to Andrews, Bonta, and Wormith. *Criminal Justice and Behavior* 39(1):94–110.

Wylie, L. A., and H. L. Griffin. 2012. G-map's application of the Good Lives model to adolescent males who sexually harm: A case study. *Journal of Sexual Aggression*: Online Publication.

Yates, P. M., D. A. Kingston, and T. Ward. 2008. *The Self-Regulation model of the offence and re-offence process: A workbook for the assessment and treatment of sexual offenders.* Victoria, BC: Pacific Psychological Assessment Corporation.

第4章
若者の動機づけと積極的関与を高めるために

エレーン・オコティとポール・クエスト

(Elleen Okotie & Paul Quest)

　若者の変化への動機づけと介入への積極的関与は，治療目標を達成する重要な決定因となる。性加害行動を示す若者は，多様なニーズを抱えていることが典型的であり，逆境的な人生経験があることも多い。それをふまえると，処遇過程への効果的な関与を妨げる障壁となるものは非常に多岐にわたるであろう。障壁となるものには，トラウマや学習障害，愛着困難，恥などが挙げられる (Maruna & Mann, 2006; Lord & Wilmott, 2004)。ほかにも，介入に至るまでの手続き上の経路が障壁の要因となることもある。児童保護手続であれ刑事司法手続であれ，性加害行動が治療的に扱われるまでには事件後相当な時間を要することが多い。加えて，刑事司法制度で扱われる場合は，元々の犯罪が司法取引に利用され，最小化される可能性がある。本章では，処遇において本人の動機づけを高めて積極的な関与をうながすために，実践家が直面する困難に注目する。私たちは，グッドライフ・モデル (GLM) はこの動機づけと積極的な関与を促進するアプローチとして有効であると考えており，このモデルの実践例を提示したい。

　おそらく，性加害行動のある人のストレングス (強み) を伸ばすという点で，現在，最もよく知られたアプローチは，二度と再犯しないという動機を強化することである。例えば，フィッシャーとビーチ (Fisher & Beech, 2002) は，介入プログラムで学んだことを使おうという動機づけがなければ，新たに習得したスキルと知識を用いて自身の生活スタイルを変えることもなく，したがって再犯の可能性が下がることもないと指摘している。動機づけのレベルについて，性加害行動のある人は，自分の加害行動を変えることにたいして両価的な態度をもっていることがほとんどである。多くの人にとって，行動それ自体は楽しめるものであるが，自身にふりかかる否定的な顛末は楽しいものではない。人

生においてほかに楽しめることがほとんどないために，変わろうとしない人もいるだろう。自分には変われる力があるということが信じられず，また，変化がもたらすものを恐れ，変化への意欲がない人もいるだろう。変化は可能であること，加害行動に取って代わるものがあること，そして加害から離れた「よい人生」は他者を傷つけ続けるよりも最終的にはずっと満足感が得られるのだということを具体的に示すことによって，変化への動機づけを高められる。

処遇で用いられる言葉である「動機づけ（変化したいという願い）」と「積極的関与（変化の過程に積極的に関わること）」は，相互に関連する過程である。動機づけとは，プロチャスカとディクレメンテ (Prochaska & DiClemente, 1982) が変化の多理論統合モデル (TTM) で用いた言葉であり，多くの研究者によって検討されてきた（例えば，Kear-Colwell & Pollack, 1997; Miller & Rollnick, 2002）。動機づけは，問題をまったく認識していない段階から始まり，問題を認識するようになってから変化が起こり，そして介入によって生じた変化を維持する段階へと続く。取り組みのなかで本人が見せる意欲や協働の程度，そして反応性の度合いによって，本人がどれだけ関与しているかがわかる。

動機づけと関与の程度は，相互に影響し合うことが多い。例えば，実践家のことを信頼し，理解があって支持的であるとみなせば，「人は変化することができる」という専門家の見方をより受け入れやすくなり，変化の見通しはそれほど不安を引き起こさないだろう。あるいは，その人自身が「自分はどうしても変化を達成したいのだ」という気持ちが強ければ，手助けされたりサポートを受けたりすることを受け入れやすくなる。したがって，実践家にとって初期段階における任務とは，その人の動機づけと関与の程度に注目してアセスメントすることと，表出されたさまざまな抵抗を理解することである。

動機づけと積極的関与が低い要因

加害行動の否認は，動機づけと積極的関与における明らかな障壁だとみなされやすい。なかには否認が強いからという理由で，性問題行動のある人を介入プログラムから除外する例もみられる (Blagden et al., 2013; Schlank & Shaw, 1996, 1997)。しかし，否認の役割にたいする理解が深まり，否認と再犯との関係を示す実証データがないこと (Schneider & Wright, 2004; Worling, 2002) からも，このような思い込みは見直されつつある。否認についてよく検討して理解すると，

否認は自分の過ちに直面する際に誰もが起こす一般的な反応であり (Maruna & Mann, 2006)，一時的に否認が生じても，のちに修正されることが多いとわかる。

性加害行動のある若者の場合，大半は児童保護もしくは刑事司法手続きが関与している。これらの制度によって起こりうること (例えば，自宅から引き離されたり，自由を制限されたりする) への不安と，それによって生じるストレスや怒り，家族からの拒絶とが相まって，自分のした性加害行動の否認につながるかもしれない。フリーマン＝ロンゴとブランチャード (Freeman-Longo & Blanchard, 1998) は，性加害のケースは刑事司法制度で立証するのが難しいことを指摘している。検察が有罪判決を勝ち取るために，量刑を軽くしようとする当人の自白を受け入れるといった司法取引がなされることもある。このような状況のもと，実践家はその制度によって実際の行動よりも最小化した行動を主張し続ける若者に出会うこともある。

第2章で述べたとおり，性加害行動のある若者を対象としたアプローチは，元々，成人のためにデザインされたモデルが基盤となっていた。近年，大きな影響力のあるモデルは，リスク-ニーズ-反応性 (RNR) モデル (Andrews et al., 1990; Andrews & Bonta, 2010) である。このモデルは，介入への積極的関与を促進するために治療同盟や参加者の学習スタイルを重視するのに役立つ一方で，犯因性要因やリスクを取り除くことに重きを置き，主に回避指向の用語が使用されている点が批判されている (Ward & Maruna, 2007)。リスク-ニーズ-反応性モデルの欠点は，これからできることや今後の状況，そして将来の自分には目を向けずに，主にその人のネガティブな思考や感情，行動に焦点を当てることから，処遇的な取り組みへの若者の関与に大きな影響を及ぼしうる。若者は長期的な将来を見通すのが苦手であり，感情にふりまわされることも多いため，リスク-ニーズ-反応性用語だけで説明すると，若者は介入を難しくネガティブで懲罰的なものだとみなしてしまう。

上述のように，恥の感情は，否認，防衛，情緒的苦悩として現れることがある。ジェンキンズ (Jenkins, 1990) は，性加害をした少年は，非常に強い恥と後ろめたさを感じていると指摘している。否認はこれらの感情に根ざすものかもしれないし，自己イメージを守ろうとして働いた防衛機制による可能性もある。若者は，一般市民やメディアが「性犯罪者」をいかに危険で否定的なものと捉えているかをよく認識している。そのため，自分がこの先どんな目でみられるかと恐れ，自分がしたことをどう受け入れればよいかに悩まされる。自分

が「狂った人間か最低な人間」だと不安になる若者もおり，自身の行動と自己像とを結びつけるのに相当の葛藤を抱える。そのため若者への治療的介入においては，恥の感情の影響を扱うことが重要であるとの認識が高まっている (Marshall et al., 2009)。

性加害行動のある人への処遇で用いられてきた多種多様なアプローチは，どれも治療的な取り組みに積極的に関与するための動機づけには役立ってこなかった。それらのプログラムの多くは，マニュアル化された「誰にでも使える万能型」のグループワークである。こうしたアプローチでは，個人のニーズはほとんど注目されず (Scavo & Buchananan, 1989)，その結果，若者は「その処遇は自分とは無関係なもの」と感じやすく，処遇に自分がしっかり関わるのだという十分に参加するような動機づけをすることにもならなかった。

リスク-ニーズ-反応性は個人のニーズを考慮に入れ，そのニーズに取り組む適切な手法を発展させると同時に，第1に犯因性ニーズに取り組むことを処遇の中心に据えている。文化的ニーズといった大きな問題は，リスクの問題と直接的な関係がない限り，注目されたとしても軽視されがちである。しかし，文化に関する問題は，治療的な取り組みに積極的に関与しようとする動機づけに多大な影響を及ぼす。カウバーン (Cowburn, 2008) は，性について語ることへの文化的な制限や宗教的な信念の影響，そして自己同一性についての西欧的なモデルなどが，個人の積極的関与に影響することを指摘している。十分とはいえないわずかな研究ではあるものの，プログラム参加者と専門家の民族性を同じにするかどうか本人が選択できたほうがよいと提案している研究もある (Youth Justice Board, 2010)。カルバリーら (Calverley et al., 2004) は，保護観察中のクライアントを対象とした小規模研究から，クライアントの多くが自分と同じ民族的出身である保護観察官のほうが，自分のことや自分たちの文化を理解してくれると思っていることを明らかにした。

上述のとおり，個人の情緒的な脆弱性や自己不信は，処遇への積極的関与の妨げとなりうる。研究では，個人の情緒的ウェルビーイング（安全な内的枠組みと関連する）は，民族的自己同一性の肯定的な理解と関連することが示されている (Yasuda & Duan, 2002)。成人の民族的自己同一性はすでに確立されているため，民族的自己同一性との関連は成人よりも少年のほうが大きな問題になりうる (Smith & Silva, 2011)。したがって，若者にとって自分の自己同一性や文化，民族性に関する混乱は，犯因性としては実証されていないものの重要なニーズ

に含まれるものであり，積極的に専門家と関わることを妨げる可能性が高い。例えば，Gマップにつながったある若者は，複数の文化的ルーツを有し，これまでの人生の大半を白人の英国環境で過ごしてきたが，幼少期には頻繁に母親や年長のきょうだいから虐げられてきた。なぜなら，彼の父親が南アジア出身だったからだ。彼はまた，地域のなかでもひどい人種差別を受けていた。そのため，民族的自己同一性が混乱し，それによって生じた彼自身の自信や自尊心の欠如が介入に積極的に関与する動機づけに影響を及ぼした。彼が，自分の文化的ルーツや民族性について黒人の実践家と一緒に学んでいく機会は，彼の自信や自己肯定感を高めるのに役立ち，その結果，処遇において非常に有益な関与ができるようになった。

同様に，認知的かつ発達的な遅れがある少年にも，特別な配慮が必要である。こうした少年は，変化への動機づけが低いことが多く，変化に必要な能力にたいする自信も乏しい。これらの困難は，認知面における柔軟性のなさ，抽象概念の把握 (Dulaney & Ellis, 1997; Kounin, 1941; Lorsbach & Worman, 1988)，うまくやれるという期待がもちにくい (Cromwell, 1963; Morrison & Merith, 1997; Ollendick et al., 1971) といった彼が抱える問題から生じる。つまり，動機づけの言葉でいえば，変化の可能性と利益を認識しにくいということである。学習障害のある人々は，社会的強化への動機づけが高く (Balla & Zigler, 1979; Royal College of Nursing, 2010)，そのために人を喜ばせようと従順でやる気があるかのようにふるまうことがある。ランジュバン (Langevin, 2006) は，性加害行動と学習障害の両方がある人は，学習障害がない人よりも処遇プログラムへのやる気を見せ，積極的に参加することをアピールするものの，実際には行動がともなわないことが多いと指摘している。したがって，こうした若者たちが真に積極的に関与し動機づけを高めるためには，使用される言語やコミュニケーションのとり方，進行のペースに十分配慮することが重要である。それに加えて，ベケット (Beckett, 2002, p.177) は，「やりとりの流れやどんな対応が相手のやる気に影響するか，どれだけ本人が苦手とする領域を広く捉えられたか」といった点を考慮すべきであると提案している。

動機づけと関与度を高める

変化への動機づけを高めるために有効な方法として，グッドライフ・モデル

と併せて用いることができるのが動機づけ面接法である (Miller & Rollnick, 1991)。ミラーとロルニック (Miller & Rollnick, 2002) は，動機づけ面接法のモデルを「技法ではなくコミュニケーションのとり方」であると説明している。実践家と本人にとっての目的は，その人の過去，現在の問題，将来の目標に目を向けることで，一緒に変化を目指して取り組むことである。実践家は，非指示的でありながらも共感を示し，矛盾を明らかにし，抵抗と一緒に転がりながら，自己効力感を高めるのを支える。そうすることで，本人が変化しようという意思決定をし，本人の内からその動機が高められる。動機づけ面接法は，嗜癖行動のある人に向けた取り組みに端を発するものだが，臨床経験や研究結果からはその人間中心の哲学とアプローチが性加害をした人にも効果があることが強調されている (Mann & Rollnick, 1996; Prescott & Porter, 2011)。ランビーとマッカーシー (Lambie & McCarthy, 2004, p.121) は，「動機づけ面接法の技法を用いることは，少年たちが処遇に積極的に関与する動機づけを高め，それによって変化を持続させるために，実践家が体系的に取り組むための『道具』といえる」と述べている。

　デイビッドソンら (Davidson et al., 1991) は，動機づけは動的な環境的要因と状況要因の影響を受けるものであると指摘している。したがって，動機づけは本質的に，若者の生活状況と情緒的なウェルビーイングの変化に応じて変化する，潮の干満のように流動的な過程である。臨床家は，若者の動機づけが散漫になったり妨げられたりするようなできごとや体験にも注意を払い，そうした状態を適切に認識して対応しなければならない。例えば，Gマップでは，年上男性から性被害を受けたことで自分の性的自己同一性が混乱していると打ち明けた若い男性とともに，プログラムに取り組んだことがある。彼は，この問題に悩まされていたことで情緒的ウェルビーイングが大きく損なわれており，そのため治療的介入になかなか積極的に関与できなかった。そこで，彼は性加害行動にまつわる感情や反応に関する治療的介入を受けながら，若い男性向けのセクシュアリティのグループにも参加して支援を受けた。それによって，彼は当事者同士のグループという設定のなかで，安全かつ適切な方法で自分のセクシュアリティについて向き合うことができた。その結果，彼は自分の自己同一性に十分な自信をもてるようになり，それ以外の自分のニーズや治療の本質的な部分にも取り組むことができた。

　性加害を行なった人に効果的な関与をうながし，動機づけを高めるうえで何

よりも重要な要素のひとつは，ポジティブな治療関係を築くことである (Drapeau, 2005; Marshall et al., 2003)。リッチ (Rich, 2006, p.279) は，「セラピストの役割は，クライアントのなかに安定した愛着と個人の安全感を育んでいくような治療的環境をつくること，またはつくるようにすることである。セラピストとクライアントの関係のなかで，こうした治療的環境が形づくられていく」と述べている。

少年とのポジティブな治療関係は，少年を尊重し信用するオープンなやりとりや，少年の力量や意識，成長をふまえたやりとりを重ねることで築かれる。治療関係は，動的で柔軟であるべきであり，若者が取り組みをやめようしたり，倦怠感や感情調整困難を示したりするといったさまざまな状況において，治療者は若者と最適な方法で関わっていく必要がある (Holmqvist et al., 2007; Scholte & Van der Ploeg, 2000)。

不安定な愛着やトラウマ体験にさらされてきた若者は，信用や安全，他者とのつながりを感じにくいことが多い。若者の愛着スタイルを理解し，それを考慮しながら，介入によって受けるかもしれない感情的な影響を管理する内的スキルと能力が身につくように援助することが重要である。このような背景をもった若者と治療関係を形成することは複雑で難しいことが多く，彼らと治療同盟を築くためには，実践家はかなりの根気強さと共感，励ましを示すことが求められる。

スキルを強化し，向社会的態度を教え，自尊心を向上させるのに焦点を当てるポジティブアプローチは，介入による利益を最大限に引き出すことが見込まれる (Fernandez, 2006; Marshall et al., 2005; Ward & Stewart, 2003a, b, c)。マンら (Mann et al., 2004) の研究では，性加害をした成人を対象にしたグループでの処遇プログラムにおいて，実践家が (回避目標ではなく) ポジティブな目標指向のアプローチを採用した場合，介入の終盤には，参加メンバーは今後性加害行動をとらずに生きていくことを真に動機づけられたことが明らかにされた。

グッドライフ・モデルのポジティブな心理学的アプローチは，とりわけ積極的関与と動機づけを促進するのに有益である。処遇過程の早い段階で，若者とその家族にグッドライフ・モデルの考え方を紹介すると，その若者もみんなと同じように重要なニーズを満たすためのさまざま方法をもっているのだというメッセージを受け取ることができる。加害行動は，それらのニーズを満たすために不適切な方法を用いたものである。これらのニーズを特定し，そのニーズ

を満たすためのより健全な方法を身につけられるよう援助するのが，介入の目的である。このような説明の仕方は，若者と家族が自分たちを思いやり，恥を軽減させるものである。彼らは，自分が周囲と違う異質な存在ではなく，「狂った人間か最低な人間」ではなく，変化や理解が可能であると気づくことができるからである。このような導入は，若者に特有のニーズやストレングスにどんなものがあり，それらのニーズを満たすためにどんな方法が用いられるかについて，少年と家族が実践家とともに検討していくことにつながる。こうした方法をとるためには，「アセスメント」の過程に少年と家族が参加するというイメージが，少年と家族にとって協働的なもので，論理的であり，合理性があって，ポジティブなものと映らなければならない。

　さらに，グッドライフ・モデルが犯因性の要因だけに注目するのではなくニーズを満たすことを強調する視点は，不安定な愛着や過去のトラウマ体験の影響などによって積極的に関与できずにいる若者にも，治療的な焦点を当てることができる。グッドライフ・モデルは，その若者にとってのニーズと，そのニーズを満たすために適切な方法を用いる能力との間にある葛藤や幅の欠如にも焦点を当てる。例えば，ある人にとって**人と関わる**という基本的ニーズが重要なものであるにもかかわらず，情動調整ができないこと**(情緒的健康)**から他者との健全な関係性を築いたり維持したりできない場合，ニーズ同士の葛藤が生じる。若者がこうした過程を理解し，ネガティブな感情をうまく調整するスキルが身につけば問題は解決されるのだとわかれば，より啓発的で，自信を与え，動機づけを高めるものになる。同じく幅に注目する観点から，ワードとマルナ (Ward & Maruna, 2007) は，本人の性加害行動と直接的に関わりがあるものだけでなく，個人のさまざまな主要価値を考慮することの重要性に触れている。例えば，行動上の問題によって学校生活がうまくいっていない少年は，教育的なニーズが高い可能性がある。このことは，必ずしも性加害行動の理由としてみなされないかもしれないが，一方で，注目すべき主要な領域のニーズであることは間違いない。このような全体的なアプローチは，彼らがポジティブな生活スタイルを送るための将来的な機会を強化するという点で重要であるだけでなく，ともに取り組む実践家は自分のことを単に「性犯罪者」としてではなく，第1に「若者」としてみてくれるのだと少年らに認識させるものである。それによって，若者は自分に価値があると感じ始め，不安や恥などのネガティブな感情に圧倒されなくなり，処遇に積極的に関与するようになっていく。

第6章で述べているように，Gマップのプログラムに参加する若者たちには，介入の全期間を通して彼らをサポートするグッドライフ・チームがついている。介入中からフォローアップ期間まで若者を取り囲む強力な支援システムは，変化過程への有益な関与を強化するうえで重要な役割を果たし，再犯を減らすポジティブな要因として示されている (Borduin et al., 2009; Schaeffer & Borduin, 2005)。少年やその家族をはじめ，少年のグッドライフ・プランを進めたり再調整したりする立場の人たち全員がよくまとまっているチームは，若者に幅広い支援を提供できるだけではなく，少年の進展をみきわめ，少年が適切にコミュニティに参加できる機会を拡充させるのに最適な立場にある。これは多くの若者にとって，必要な監視のレベルが下がり，参加できる活動が増えることにつながる。そうした自立の範囲が広がることは，動機づけを高める強力な要因になる。若者の処遇においては，専門家がリスク回避アプローチばかりとらないことが重要である。どのようなアプローチをとるかを決める際には，注意深いリスクアセスメントに基づく必要があるが，若者が地域に再統合されるためのサポートがなされなければ，若者の自分にたいする自信や動機づけはかなり低下してしまうだろう。

　要約すると，若者の動機づけと処遇への関与に影響を及ぼしうる要因はさまざまである。そのなかで，グッドライフ・モデルはとりわけ有益な枠組みをもたらすものである。なぜなら，グッドライフ・モデルのアプローチそのものが，若者の意欲を高めるようにデザインされたモデルや方法を組み込んでいるからである。グッドライフ・モデルのアプローチは，若者が自分の加害行動について，スティグマによる影響をいくぶんなりとも低減させた流れで説明できるようにするものである。グッドライフ・モデル自体の簡潔さによって，若者やその家族，専門家たちは，問題の定式化や介入プラン作りにしっかり参加することができる。ニーズを見定め，ストレングスを強化することに焦点を当てるグッドライフ・モデルは，リスクに関連した弱点だけに取り組もうとする伝統的な方法よりも断然魅力的な提案であり，ポジティブな目標の達成に向けて介入プランを立てるほうが，ただ特定の考えや感情，行動を回避することのみに焦点を当てるよりも好ましいものといえる。

文　献

Andrews, D. A., and J. Bonta. 2010. Rehabilitating criminal justice policy and practice. *Psychology, Public Policy, and Law* 16(1): 39–55.

Andrews, D. A., J. Bonta, and R. D. Hoge. 1990. Classification for effective rehabilitation: Rediscovering psychology. *Criminal Justice and Behaviour* 17:19–52.

Balla, D., and E. Zigler. 1979. Personality development in retarded persons. In N. R. Ellis (ed.), *Handbook of mental deficiency, psychological theory and research*, 2nd ed., 143–168. Hillsdale, NJ: Lawrence Erlbaum.

Beckett, C. 2002. *Human growth and development*. London: Sage Publications.

Blagden, N., B. Winder, M. Gregson, and K. Thorne. 2013. Working with denial in convicted sexual offenders: A qualitative analysis of treatment professionals' views and experiences and their implications for practice. *International Journal of Offender Therapy and Comparative Criminology* 57(3):332–56.

Borduin, C. M., C. M. Schaeffer, and N. Heiblum. 2009. A randomized clinical trial of multisystemic therapy with juvenile sexual offenders: Effects on youth social ecology and criminal activity. *Journal of Consulting and Clinical Psychology* 77:26–37.

Calverly, A., B. Cole, G. Kaur, S. Lewis, P. Raynor, S. Sadeghi, D. Smith, M. Vanstone, and A. Wardack. 2004. *Black and Asian offenders on probation*. Home Office Research Study 277. London: Home Office.

Cowburn, M. 2008. *The BME male sex offender in prison: Overrepresentation and under-participation.* Paper presented to Challenging Boundaries: Social Policy Association Conference, Edinburgh, June 23–25.

Cromwell, R. L. 1963. A social learning approach to mental retardation. In N. R. Ellis (ed.), *Handbook of mental deficiency*, 41–91. New York: McGraw-Hill.

Davidson, R., S. Rollnick, and I. MacEwan. 1991. Counselling problem drinkers. In R. Miller and S. Rollnick (eds.), *Motivational interviewing: Preparing people to change addictive behaviour*. New York and London: Guilford Press.

Drapeau, M. 2005. Research on the processes involved in treating sexual offenders. *Sex Abuse* 17(2):117–25.

Dulaney, C., and N. Ellis. 1997. Rigidity in the behavior of mentally retarded persons. In W. E. MacLean (ed.), *Ellis' handbook of mental deficiency, psychological theory and research*, 175–95. Mahwah, NJ: Erlbaum.

Fernandez, Y. M. 2006. Focusing on the positive and avoiding negativity in sexual offender treatment. In W. L. Marshall, Y. M. Fernandez, L. E. Marshall, and G. E. Serran (eds.), *Sexual offender treatment: Controversial issues*, 187–97. Chichester, UK: John Wiley and Sons.

Fisher, D., and A. R. Beech. 2002. Treating the adult sex offender. In K. D. Browne, H. Hanks, P. Stratton, and C. Hamilton (eds.), *The prediction and prevention of child abuse: A handbook*. Chichester, UK: John Wiley and Sons.

Freeman-Longo, R. E., and G. T. Blanchard. 1998. *Sexual abuse in America: Epidemic of the 21st century*. Brandon, VT: Safer Society Press.

Holmqvist, R., T. Hill, and A. Lang. 2007. Treatment alliance in residential treatment of criminal adolescents. *Child Youth Care Forum* 36:163-78.

Jenkins, A. 1990. *Invitations to responsibility: The therapeutic engagement of men who are violent and abusive*. Adelaide, Australia: Dulwich Centre Publications.

Kear-Colwell, K., and P. Pollock. 1997. Motivation or confrontation: Which approach to use with child sex offenders? *Criminal Justice and Behavior* 24:20-33.

Kounin, J. S. 1941. Experimental studies of rigidity. *Character and Personality* 9:251-85.

Lambie, I., and J. McCarthy. 2004. Interviewing strategies with sexually abusive youth. In R. Geffner, K. Crumpton, T. Geffner, and R. Falconer (eds.), *Identifying and treating youth who sexually offend: Current approaches, techniques and research*, 107-23. New York, London, and Victoria, AU: Haworth Maltreatment and Trauma Press.

Langevin R. 2006. Acceptance and completion of treatment among sex offenders. *International Journal of Offender Therapy and Comparative Criminology* 50:402-17.

Lord, A., and P. Willmot. 2004. The process of overcoming denial in sexual offenders. *Journal of Sexual Aggression* 10:51-61.

Lorsbach, T. C., and L. J. Worman. 1988. Negative transfer effects in learning disabled children: Evidence for cognitive rigidity? *Contemporary Educational Psychology* 13(2):116-25.

Mann, R., and S. Rollnick. 1996. Motivational interviewing with a sex offender who believed he was innocent. *Behavioural and Cognitive Psychotherapy* 24:127-34.

Mann, R. E., S. D. Webster, C. Schofield, and W. L. Marshall. 2004. Approach versus avoidance goals with sexual offenders. *Sexual Abuse: A Journal of Research and Treatment* 16:65-75.

Marshall, W. L., L. E. Marshall, G. A. Serran, and M. D. O'Brien. 2009. Self esteem, shame, cognitive distortions and empathy in sexual offenders: Their integration and treatment implications. *Psychology, Crime, and Law* 15(2):217-34.

Marshall, W. L., G. A. Serran, Y. M. Fernadez, R. Mulloy, R. E. Mann., and D. Thornton. 2003. Therapist characteristics in the treatment of sexual offenders: Tentative data on their relationship with indices of behaviour change. *Journal of Sexual Aggression* 9(1):25-30.

Marshall, W. L., T. Ward, R. E. Mann, H. Moulden, Y. M. Fernandez, G. Serran, and L. E. Marshall. 2005. Working positively with sexual offenders: Maximising the effectiveness of treatment. *Journal of Interpersonal Violence* 20:1096-114.

Maruna, S., and R. E. Mann. 2006. A fundamental attribution error? Rethinking cognitive distortions. *Legal and Criminological Psychology* 11:155-77.

Miller, W. R., and S. Rollnick. 1991. *Motivational interviewing: Preparing people to change addictive behavior*. New York: Guilford Press.

Miller, W. R., and S. Rollnick. 2002. *Motivational interviewing: Preparing people for change*, 2nd ed. New York: Guilford Press.

Morrison, G. M., and A. C. Merith. 1997. Risk, resilience, and adjustment of individuals with learning disabilities. *Learning Disability Quarterly* 20(1):43-60.

Ollendick, T., D. Balla, and E. Zigler. 1971. Expectancy of success and the probability learning of retarded children. *Journal of Abnormal Psychology* 77:275-81.

Prescott, D. S., and J. Porter. 2011. Motivational interviewing in the treatment of sexual offenders. In D. P. Boer, R. Eher, L. A. Craig, M. H. Miner, and F. Pfäfflin (eds.), *International Perspectives on the Assessment and Treatment of Sexual Offenders: Theory, Practice, and*

Research, 373–96. Chichester, UK: John Wiley and Sons.

Prochaska, J. O., and C. C. DiClemente. 1982. Transtheoretical therapy: Toward a more integrative model of change. *Psychotherapy: Theory Research, and Practice* 19:276–88.

Rich., P. 2006. *Attachment and sexual offending: understanding and applying attachment theory to the treatment of sexual offenders*. Chichester, UK: John Wiley and Sons.

Royal College of Nursing. 2010. *Mental health nursing of adults with learning disabilities: RCN guidance*. London: Royal College of Nursing.

Scavo, R., and B. D. Buchanan. 1989. Group therapy for male adolescent sex offenders: A model for residential treatment. *Journal of the American Association of Children's Residential Centers* 7(2):59–74.

Schaeffer, C. M., and C. M. Borduin. 2005. Long-term follow-up to a randomized clinical trial of multisystemic therapy with serious and violent juvenile offenders. *Journal of Consulting and Clinical Psychology* 73:445–53.

Schlank, A. M., and T. Shaw. 1996. Treating sexual offenders who deny their guilt: A pilot study. *Sexual Abuse: A Journal of Research and Treatment* 8(1):17–23.

Schlank, A. M., and T. Shaw. 1997. Treating sexual offenders who deny: A review. In B. K. Schwartz and H. R. Cellini (eds.), *The sex offender: New insights, treatment innovations and legal developments*, vol. 2, 6.1–6.7. Kingston, NJ: Civic Research Institute.

Scholte, E. M., and J. D. Van Der Ploeg. 2000. Exploring factors governing successful residential treatment of youngsters with serious behavioural difficulties: Findings from a longitudinal study in Holland. *Childhood* 7:129–53.

Schneider, S. L., and R. C. Wright. 2004. Understanding denial in sex offenders: A review of cognitive and motivational processes to avoid responsibility. *Trauma, Violence, and Abuse* 5(1):3–20.

Smith, T. B., and L. Silva. 2011. Ethnic identity and personal well-being of people of colour: A meta-analysis. *Journal of Counselling Psychology* 58:42–60.

Ward, T., and S. Maruna. 2007. *Rehabilitation: Beyond the risk assessment paradigm*. London: Routledge.

Ward, T., and C. A. Stewart. 2003a. The treatment of sex offenders: Risk management and good lives. *Professional Psychology: Research and Practice* 34:353–60.

Ward, T., and C. A. Stewart. 2003b. Criminogenic needs and human needs: A theoretical model. *Psychology, Crime, and Law* 9:125–43.

Ward, T., and C. A. Stewart. 2003c. The relationship between human needs and crimogenic needs. *Psychology, Crime, and Law* 9:219–24.

Worling, J. R. 2002. Assessing risk of sexual assault recidivism with adolescent sexual offenders. In M. C. Calder (ed.), *Young people who sexually abuse: Building the evidence base for your practice*, 365–75, Lyme Regis, UK: Russell House Publishing.

Yasuda, T., and C. Duan. 2002. Ethnic identity, acculturation and emotional well-being among Asian Americans and Asian international students. *Asian Journal of Counselling* 9(1):1–26.

Youth Justice Board. 2010. *Exploring the needs of young black and minority ethnic offenders and the provision of targeted interventions*. London: Youth Justice Board for England and Wales.

第5章
アセスメント

ヘレン・グリフィンとローラ・ワイリー
(Helen Griffin & Laura Wylie)

アセスメントは，性加害行動のある若者にたいして情報に基づいた反応性のよいアプローチをとるうえで欠かせないものであり，その後の介入すべての土台を提供するものである。アセスメントは，介入後の結果や社会資源の有効な活用，緊急時の公的保護にも関係する。アセスメントは分離した過程ではなく，思春期の発達で求められる力を伸ばし，若者自身の成長にもつながる重要なものとして，若者への介入のあらゆる側面に関わる。少年を対象とする場合には，成人向けのアセスメントモデルをそのまま用いるのではなく，それをさらに発展させる必要がある (Miner, 2002; Rasmussen, 2004)。なぜなら，若者は家族やコミュニティのなかで大人とは異なる立場におり (Rich, 2003)，大人よりも顕著な発達的変化を経験し (Calder, 2001; Rich, 2003)，性的嗜好や態度，興味がまだ確立されていないことが多いからである (Bourgon et al., 2005; Seto et al., 2000; 2003)。専門家のアセスメントが提供できるのは，機関のニーズや若者が示している困難によって異なるが，通常，リスクや動機づけ，文脈，介入や処遇のニーズ，将来の再犯可能性についての評価を含んでいる (Grant, 2006; Will, 1999)。近年は，リスクを考慮するだけでなく，若者のストレングス（強み）を評価することの利点も認識されるようになってきた (Griffin et al., 2008; Griffin & Harkin, 2012)。ハケット (Hackett, 2006) は，アセスメントの枠組みとして「リスクを減らすこと」と「レジリエンスを伸ばすこと」を区別した。それによると，どちらの評価も再加害を防ぐという同じ目的を目指すものだが，「リスクを減らす」アプローチが若者の欠点に注目しがちで行動の回避や除去を求めるものであるのに比べると，「レジリエンス」に基づいたアセスメントは本人の能力に焦点を当てるものであり，こちらのほうが若者とその家族が自分たちの目標を立てる過程への積極的関与を促進しやすい。リッチ (Rich, 2011, p.439) は，「欠点を修正させようとする処遇や改善更生は，ストレングスに着目しそれを強化

しようとする処遇に比べると，うまくいかず支持されないだろう」と述べている。このように，効果が高く，再犯を防ぎ，社会を守れるような介入を行なうためには，リスクとレジリエンス，ストレングスを組み込んだアセスメントによって情報収集をすることが求められるようになっている。

　前章までで述べたように，包括的な枠組みとしてのグッドライフ・モデル (GLM) は，加害行為に関連すると思われる動機づけ要因を見据えながら，リスクとストレングスの両方に焦点を当てようとするものである。さらに，若者が経験した内的・外的な障害を考慮しながら犯因性ニーズを組み入れることで (Purvis et al., 2011)，グッドライフ・モデルは動的なリスクを測定できる。例えば，社会的孤立は，研究によって少年の性犯罪の累犯と関連することが明らかにされているが (Print et al., 2007)，それだけではなく**人と関わる**というニーズを満たそうとする際の妨げになりやすい。将来的なリスクに関する基本的な指標として，若者が自分の加害行為に関連するニーズを適切に満たせないままであれば，再犯の可能性は高くなるといえる。しかし，グッドライフ・モデルでは，構造的なリスクアセスメントや保険統計的アプローチは採用しておらず，どのように人が再犯をしたり，どんな被害者を狙ったりするのかについて洞察を深めるものでもない。また，はっきりと前提条件やトリガー，維持要因に注目することもない。したがって，グッドライフ・モデルはアセスメントの過程にポジティブに寄与するものの，性加害の経路やリスク，ニーズについて，より全人的で包括的なアセスメントをするためには，ほかのモデルを併用する必要がある。この章ではGマップによる修正版グッドライフ・モデル (GLM-A) に焦点を当てるが，必要に応じてアセスメントを補うほかのモデルを参照することもある。図 5.1 は，グッドライフ・モデルのアセスメント過程について，臨床的定式化を行なう際に有益な構成要素を図示したものである。

情報収集

　臨床的な面接や個人記録など，さまざまな情報源から，多様なアセスメント方法を用いて情報収集を行なうことで，アセスメント情報の妥当性と信頼性が高まる (Becket, 1997)。さまざまな情報提供者との面談によってその若者の「全体像」をつかむことは，事例の定式化やニーズのアセスメントに役立つ (Rich, 2003)。社会心理学的見地から考えると，若者の行動を引き起こすのは，行動

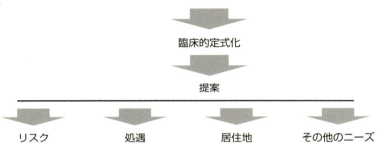

図5.1 アセスメントの過程

やできごと，体験にたいする彼ら自身の解釈によることから，アセスメントの過程に若者自身が関わることは非常に有意義だといえる (Taylor, 1998)。この見方は，グッドライフ・モデルの精神とも重なるものである。つまり，全人的改善更生アプローチ (Laws & Ward, 2011) によって彼らの行動を正確に把握しようとする「主体者中心」の見方であり，若者それぞれの価値基盤や自己同一性を考慮することの重要性を強調したものである。若者との臨床的な面接からは，動機づけの高さや関与の度合い，社会的能力，加害を支持する態度や信念，責任感のレベルなどに関する重要な情報を得ることができる (Beckett, 1994)。自己報告は，故意の改ざんや防衛によって情報が歪曲されうるという明らかな限界がある (Ward, 2003)。しかし，ウォーリング (Worling, 2012) は，性的な興味や興奮に関する情報を引き出すために性加害をした少年に自己報告式の方法を用

いることの妥当性を支持する，新たな見解を述べている。面接記録を有効に活用するには，事前にケース記録を参照したりして，面接で得られたデータをどのように文脈に組み込めばよいかを考えるとよい。ケース記録は，その時々の個人の境遇のスナップ写真を提供してくれるようなもので，豊かな情報源となる (Griffin & Vettor, 2012)。一方で，まさにその性質上，まちがいや欠落があったり，曖昧だったりすることもある (Cockburn, 2000; Rich, 2003)。また，専門家によって提供された情報には，偏りがあるものや主観的なものもあるかもしれない (Hayes & Devaney, 2004)。

　要約すると，多様な方法によってさまざまな情報源から情報を集めるのが堅実だと考えられる。アセスメントの過程に，家族 (Calder, 2001) や関連する他機関 (Vizard, 2002) にも関わってもらうことは，若者にとって大変望ましいことである。はっきりと修正版グッドライフ・モデルを用いるかどうかにかかわらず，本章で示していく過程は，前提条件や再犯リスクに関連するものに焦点を当てており，ケース記録の閲覧や専門家による検討会，専門家や養育者による観察，親や養育者からの聞き取り，若者本人への面接などを含む，多様な情報源に基づくものである。

臨床的定式化

　アセスメントの一連の過程から集められた情報は膨大で扱いにくいので，介入プランや他機関への説明のための資料を効率よくつくるには，それらの情報を慎重に整理してまとめなければならない。「事例定式化」とも呼ばれる臨床的定式化は，検証可能な仮説を進展させるような方法で重要な情報を統合するものである。どのように臨床的定式化をまとめ，どの情報を組み入れるかは，基盤となる心理学的モデルによって大部分が決まる。臨床的定式化は，理論に基づいたものであり，実証的な根拠によって支持されていなければならない (Eelles & Lombart, 2011)。一般的に臨床的定式化は，以下のような点で実践家にとって有用なものとなる。①問題が明確になる。②問題がどのようにして始まり，どう維持されているかがわかる。③個別の介入計画を策定することができる (Sturmey, 2010)。介入計画は，上述した重要な要素のすべてを統合するものであるとともに，個別のリスク要因とレジリエンス要因にも注意を払ったものであるべきである。また，問題行動につながっているかもしれない維持要因の

影響についても検討しなければならない。

性加害行動のある若者に関しては，その理論的モデルには，主に愛着，精神力動，認知，行動療法，人間中心主義，応用行動分析などが含まれている。グッドライフ・モデルもまた，事例定式化のための理論的基盤となるものであり，再発防止アプローチと比較すると，グッドライフ・モデルは「性犯罪者の処遇プログラムを統合させる強固な理論的基盤」を有している (Willis et al., 2012, p.2 参照)。

臨床的定式化は，しっかりとしたアセスメントに基づいたものであり，できれば若者自身や彼らを支えるネットワークと協働で行なわれることが望ましい。Gマップでは，主に問題の定式化，リスクアセスメント，心理測定アセスメントなどのたくさんの要素をふまえて臨床的定式化を行なっている。さらに，作業仮説である臨床的定式化は動的な性質をもつため，新たな情報に応じて修正することが求められる。

問題の定式化

問題の定式化は，臨床的定式化全体のなかで特に重要な部分である。問題の定式化では，性加害行動に至った道のりが検討され，グッドライフ・アセスメントが組み込まれる。そして，性加害の再犯に関するモデルを参照しながら，加害行動の経過が詳細に記述される。

性加害行動に至る道のり

誰もが認めるとおり，人間の行動はその複雑さゆえに多くの変数から影響を受けており，単一の要因だけで説明することはできない (Calder, 2001; Rich, 2003)。同様に，性加害行動についても，あらゆる人に当てはまるような普遍的な原因やニーズは存在しない。さらに，性加害をした大人の道のりを安易に若者に当てはめられないことも，すでに広く認識されている (第2章参照)。アセスメント過程における重要な要素は，性加害行動を生じさせるような環境的なトリガー (先行要因) と保護要因の双方に関連する前提条件や細かな前歴についての作業仮説を展開させることである。若者が性加害行動に至るまでの道のりを定式化するには，家族背景と家族の機能，愛着歴，性格傾向，発達歴 (社会的，情緒的，身体的，認知的，性的，行動面などの領域の発達)，教育歴，トラウマ

歴，精神科診断と心理学的診断などの情報を検討する必要がある。

上述のとおり，実践家は，事例定式化において幅広いモデルやアプローチを用いることができる (Flitcroft et al., 2007)。ビックリー (Bickley, 2012) は，性加害行動に至る道のりを検討する際に用いられるモデルを提案した。そのモデルでは，前提条件，誘発要因，維持要因，保護要因のそれぞれの役割と各要因の相互作用が説明されている (図5.2 参照)。

前提条件には，個人的なもの (生物的／発達的要因，心理的特性，行動上／対人関係上の困難さ) と，文脈的なもの (幼児期の親子関係に関する体験，家族の問題，ストレスへの曝露) がある。個人的な前提条件には，認知発達や気質といった若者の機能に影響を及ぼす内的な特徴が含まれる。文脈的な前提条件に関連するものには，安全な愛着や情緒的安全感，自己調整スキル，肯定的な社会的関係といった若者の能力の発達を阻害するような幼少期の体験が挙げられる。そのような体験の結果，脆弱で断片的な自己感覚，不適切な情緒的，行動的自己管理，社会的スキルの不足につながることがある。また，それらは加害行動を許容する思考，信念，関心を生じさせる可能性もある。つまり，これらの要因は人生の比較的早期のものであるにもかかわらず，その影響が現れてくるまでには何年もかかる。それに比べて，誘因要因は性加害行動のトリガーになったり，問題行動の直前にみられたりするものである。誘因要因とは，情緒的な苦痛 (孤独や拒絶など)，被害者への接近，薬物やアルコールの乱用，性的興奮状態などを引き起こすできごとをいう。前提条件と誘因要因が組み合わさることで，性加害行動への道のりに至る。しかし，このモデルによると，ひとたび加害行動が確立してしまうと，今ここでの要因は加害行動を維持したり軽減させたりするように作用することになる。維持要因とは性加害行動を強化するものであり，この要因にも個人的なもの (行動を許容する認知の歪みなど) と文脈的なもの (社会的な支援ネットワークの不足など) がある。同様に，保護要因とはリスクを弱める要因であり，この要因にも個人的なものと文脈的なものがある。例えば，個人的な保護要因には，年齢相応の性的知識や向社会的態度などが含まれ，文脈的な保護要因には，親友をもつことや十分な教育を受ける機会をもつことなどが挙げられる。

修正版グッドライフ・モデルを用いたアセスメント

性加害行動に関するモデルには，その若者が有する障害と資源を明らかにし

環境的前提条件

幼少期の親子関係の要因
- 愛着の問題／度重なる養育者の変更
- 権威的／寛容的な養育／ネグレクトの養育
- 一貫性のない養育／曖昧な境界線
- 幼少期の家族問題への暴露
- 両親の不和もしくは家族環境
- ストレスの高い家族環境
- 家族の反社会的行動への暴露

幼少期のストレス
- 児童虐待：性的／身体的／心理的／ネグレクト
- 不適切な性的行動への暴露
- 死別／喪失もしくは離別
- 社会的不利
- いじめ／仲間からの被害

個人的前提条件

生物学的／発達的要因
- ホルモンバランスの悪さ／神経学的な問題
- 認知能力の低さ／知的障害
- パーソナリティ（例えば、気難しい気質、ADHDの診断）
- 低い自尊心
- 衝動性／外的コントロールの所在

心理学的特性
- 行動面／対人関係の困難
- 幼少期からの深刻な問題行動
- 行為障害もしくは反社会的行動、不適切な性的行動、
- 対人攻撃、不適切な経歴
- 学校での問題
- 物質乱用

誘発要因
- 突然生じた生活ストレス
- ライフサイクルの変化
- 高リスクな思考／感情／状況
- 被害者に接近する機会／被害者への接近

個人的な保護要因

性加害行動の詳細
- 適切な性的関心／行動
- 性加害行動を許容しない態度（内的抑制ができるなど）
- 性加害行動のパターン／過程についての認識の向上
- 性加害行動の結果についての認識
- 自責の念／共感の表現

性的発達
- 正しい性的知識／態度／性的やりとり／性的関係性に関するスキル
- 自分の性的自己同一性に育つ肯定的
- 性的満足感を得るための適切な方法をもっている
- 自己概念と社会的機能
- 肯定的な自己イメージ／適切な関心
- 育てる将来の目標と関心
- 楽観的な帰属スタイル
- 向社会的な態度と行動
- 対人関係スキルを用いることができる
- 適切な人格発達／適応
- 自己管理のスキル
- 内的統制力
- 情動調整ができる
- 適切な行動コントロール力
- 良好な問題解決力や意思決定能力
- **介入システムに関する要因**
- 処遇への動機づけが高い
- 変化、健康上のニーズもしくは認知的な問題がない

個人的な維持要因

性加害行動の詳細
- 逸脱した性的関心／行動
- 強迫的な性的興味／行動
- 性加害行動を許容する態度
- 性加害行動のパターン／過程への認識の低さ
- 性加害行動の結果についての認識の低さ
- 性的知識の不足もしくは適切／不適切な性行動についての理解の欠如
- 性的なやりとり／性的関係に関するスキルのとしさ
- 自分の性的自己同一性に否定的
- 性的満足感を得るための適切な方法がない

自己概念と社会的機能
- 自己概念の低さ／自己効力感の低さ
- 機能不全的な帰属スタイル／悲観的な自動思考
- 反社会的な態度と行動
- 向社会的な対人関係スキルの乏しさ
- 人格発達に関する発達障害

自己管理のスキル
- 外的統制力
- 情動調整／興奮のコントロールが不十分
- 行動調整力の欠如／衝動性／多動性
- 問題解決力や意思決定能力の低さ
- 物質乱用／依存
- 認知面の障害もしくは精神健康上のニーズ

介入システムに関する要因
- 性加害行動への否認／両価的な態度
- 変化／自己開示の結果に恐れている恐れ
- 認知面の障害もしくは精神健康上のニーズ

環境的な維持要因

性加害行動の詳細
- 性加害行動にたいする家族／養育者の許容的な態度もしくは行動
- 被害者にたいする家族／養育者の認識
- 性加害行動を許容するメディア／社会／社会的影響への暴露
- 性加害行動をする機会がある

性的な態度や経験
- 家族／養育者の不適切な性行動について家族／養育者の知識が乏しい
- 年齢相応の性行動について家族／養育者の不適切な態度
- 性やセクシュアリティにたいする家族／養育者の不適切な態度
- 性的な事柄に関するコミュニケーションが乏しい

家族機能
- 家族／養育者がストレスの高い状況にある
- 被害者／養育者とのコミュニケーション不足
- 家族／養育者の関係性に問題がある
- 家族／養育者の支援／実際の関わりが少ない

環境にまつわる状況
- 社会的孤立／支援ネットワークの欠如
- 親密な仲間関係の欠如
- 適切な監督／モニタリングの欠如
- ネガティブな仲間集団関係とその影響
- 教育／雇用機会の乏しさ
- 社会的不利

介入システムに関する要因
- 肯定的な介入にたいする家族の否認／両価的態度
- 問題の定式化や介入プランにたいする家族の拒否
- 専門家間の見解のずれ
- 変化するのに安全ではない、もしくは支援が不足した環境

性加害行動
- 性問題行動の特徴
- 性問題行動の深刻さ
- 被害者の特徴
- 性問題行動が起きた状況
- 性問題行動の開始、持続期間、頻度
- ポジティブな仲間集団関係とその影響
- 性問題行動のパターン
- 性問題行動の深刻化

環境的な保護要因

性加害行動の詳細
- 性加害行動を変えさせようとするような家族／養育者の態度もしくは行動
- 家族／養育者の被害者の視点の認識
- 性犯罪を止めるようとするメディア／社会／社会的影響
- 性加害行動をする機会がない、あるいは少ない

性的な態度や経験
- 家族／養育者の適切な性的バウンダリー
- 年齢相応の性行動について家族／養育者が十分な知識をもっている
- 性やセクシュアリティにたいする家族／養育者の肯定的な態度
- 性的な事柄に関するコミュニケーションがとれている

家族機能
- 柔軟性のある家族のまとまり／わかりやすいコミュニケーション
- 親／養育者との肯定的な関係性
- 一貫した／効果的で適切な養育
- 家族／養育者の適切な支援／実際の関わり

環境にまつわる状況
- 良好な社会的支援ネットワーク
- 適切で親密な仲間関係
- 効果的な監督／モニタリング
- ポジティブな仲間集団関係とその影響
- 良好な教育／雇用機会
- 肯定的な方法で貢献している

介入システムに関する要因
- 問題解決にたいする家族の取り組みと関与
- 問題の定式化や介入プランにたいする家族の取り組みと関与
- 専門家間に良好な協力関係
- 変化するのに安全で支援が十分な環境

図5.2 性加害行動のある若者のための包括的アセスメントの枠組み (Bickley, 2012〈James A. Bickleyの許可を得て掲載〉)

ながら，近い要因から遠い要因まで複雑な要因を参照して説明しようとするものがある。グッドライフ・モデルと修正版グッドライフ・モデルは，モデル自体ではそうした要因間の相互作用を吟味するわけではないが，若者を性加害行動に駆りたてる根本的なニーズに焦点を当てることによって，性加害行動に至る道のりをアセスメントすることができる。さらにグッドライフ・モデルと修正版グッドライフ・モデルは，不適切あるいは加害的な性行動をした当時と現在の両方における障害と資源を検討することによって，それまでどうしてそのニーズが満たされなかったのかについての気づきを深めることができる。また，変化の過程がわかることも，グッドライフ・モデルと修正版グッドライフ・モデルの重要なところである。

若者が性加害行動によって満たしていたニーズについてグッドライフ・アセスメントを行なうためには，性加害行動のあった時期に特化した情報を集めることが必要である。そのためには，次のような内容を網羅しなければならない。ニーズの優先順位，自分のニーズを満たすのに用いた手段，それらの手段の適切さ，内的あるいは外的な障害と資源（ニーズを満たすことを可能にする要因およびそれを妨げる要因），葛藤（ニーズが相互に食い違うために複数のニーズが共存できないこと），そして幅の欠如（たくさんある重要な価値をほとんど追求していない，あるいは重要な価値を無視している。これは目標の間の葛藤にもつながる）である。わかりやすく示すために，表5.1では修正版グッドライフ・モデルのアセスメントに必要な情報収集用の半構造化面接を掲載している。イエイツら (Yates et al. 2009) もまた，元々のグッドライフ・モデルの「主要価値」についてアセスメントするための半構造化面接のフォーマットを勧めていることは注目に値する。

若者が自分自身について語れるようになり，自分のポジティブな特性を見出せるように支援するには，アセスメント評価者が若者のストレングスや関心を明確にするような補足情報を用いることが欠かせない。若者に機会が不足している点や資源が不十分な点ばかりを尋ねるような面接では，若者の不全感や失敗感を強めてしまいかねない。グッドライフ・モデルや修正版グッドライフ・モデルの半構造化面接では，ニーズ，手段，幅に関連する情報を引き出すべきであり，葛藤の問題ばかりに焦点を当てないようにする。しかし，アセスメント評価者は，収集した情報からニーズが葛藤状態にあるかどうかを推測する。半構造化面接という形式は，若者にとってはかなり面倒なものに感じられる。そのため，アセスメントに必要な情報を引き出すために，アセスメント評価者

表5.1 性加害行動をしていた時期に関して把握するためのGLM-Aの半構造化面接

ニーズ	定義	質問の例
楽しむ	**楽しむ**とは，遊び，スリル，気晴らし，喜び，娯楽，興奮によって定義される。このニーズは，次のような方法で満たせる。テーマパークに行く。スポーツをする。劇場に行く。読書をする。	当時，あなたは楽しむためにどんなことをしていましたか。 (反応を促すために次のように尋ねてもよい：スリルや興奮を味わうために何をしましたか。好きなゲーム／遊びは何ですか。何か新しいことをして楽しんでいましたか。もしあるなら，どんなことをしていたのですか) 楽しむことは，どの程度，簡単でしたか。(「何が助けになりましたか」) 楽しむことの妨げになったのはどんなことでしたか。(「何が障害になりましたか」「どうやってそれらの障害を乗り越えることができたのですか」) 楽しむのは，あなたにとって重要なことでしたか。「楽しむのがどれだけ重要なことだったか，1（まったく重要ではない）から5（非常に重要である）の中で得点をつけてください」 あなたが楽しむためにしていたことは，適切なものだったと思いますか。(応用例：「何が適切ではありませんでしたか。それはなぜですか」「それが適切ではなかったとき，別のことをするかやめようとしましたか。もしそうなら，何が役に立ったり妨げになったりしましたか」) あまりに楽しむことばかりに気を取られて，ほかのことができなくなっていませんでしたか。楽しむというニーズは，あなたの性加害行動と関連していたと思いますか。もしそうなら，どんなふうに関連していますか。

次頁に続く

表 5.1 続き

ニーズ	定義	質問の例
達成する	**達成する**とは，知識，学習，才能，成就，能力，地位によって定義される。このニーズは，次のような方法で満たせる。試験に合格する。バイクの乗り方を覚える。絵を描く。スポーツで得点を決める。友人たちの中で人気を得る。	あなたはどんなことを達成しましたか。(「何が得意ですか」「どんな才能がありますか」「人気者ですか」「周囲から尊敬を集めていますか」) 達成することは，どの程度，簡単でしたか。(「どんなスキル，才能，支援が助けになりましたか」) 達成の妨げになったのはどんなことでしたか。(「何が障害になりましたか」「どうやってそれらの障害を乗り越えることができたのですか」) 達成するのは，あなたにとって重要なことでしたか。「達成するのがどれだけ達成なことだったか，1（まったく重要ではない）から 5（非常に重要である）の中で得点をつけてください」 あなたが達成するためにしていたことは，適切なものだったと思いますか。(応用例：「何が適切ではありませんでしたか。それはなぜですか」「それが適切ではなかったとき，別のことをするかやめようとしましたか。もしそうなら，何が役に立ったり妨げになったりしましたか」) あまりに達成することばかりに気を取られて，ほかのことができなくなっていませんでしたか。 達成するというニーズは，あなたの性加害行動と関連していたと思いますか。もしそうなら，どんなふうに関連していますか。

次頁に続く

表 5.1 続き

ニーズ	定義	質問の例
自分自身である	**自分自身**であるとは，自立，自発性，意思決定，自己信頼感，自己同一性の表現，エンパワメント，生活スキル，内的統制力，自己実現によって定義される。このニーズは，次のような方法で満たせる。好みの服を着る。セルフケアのスキル。将来の目標を決める。不屈の精神。経済的な自立。	あなたは自分自身であるためにどんなことをしましたか（例えば，目標をもつ，自立するなど）。（「自分の人生で何を得たいと思っていましたか」「将来のためにどんな計画を立てていましたか」「目標に近づくために，どんなことをしましたか」「自分自身について，どの程度，自分で決断をすることができましたか」「自分の人生を，どの程度，自分でコントロールできましたか」「どの程度，自立していましたか」） 自分自身であることは，どの程度，簡単でしたか。（「例えば，目標を持つことや自立すること」） 自分自身であることの妨げになったのはどんなことでしたか。（「何が障害になりましたか」「どうやってそれらの障害を乗り越えることができたのですか」） 自分自身であることは，あなたにとって重要でしたか。「自分自身であることがどれだけ重要だったか，1（まったく重要でない）から5（非常に重要である）の中で得点をつけてください」 あなたが自分自身であるためにしていたこと（例えば，目標をもち，自己決定すること）は，適切なものだったと思いますか。（応用例：「何が適切ではありませんでしたか。それはなぜですか」「それが適切ではなかったとき，別のことをするかやめようとしましたか。その場合，何が役に立ったり妨げになったりしましたか」） あまりに自分自身であることばかりに気を取られて，ほかのことができなくなっていませんでしたか。 自分自身であるというニーズは，あなたの性加害行動と関連していたと思いますか。もしそうなら，どんなふうに関連していますか。

次頁に続く

表 5.1 続き

ニーズ	定義	質問の例
人と関わる	**人と関わる**とは，家族，仲間，コミュニティ，恋愛，親密な関係によって定義される。これは，親友を求める若者にも関係する内容である。このニーズは，次のような方法で満たせる。友だちを作る。ユースクラブに参加する。サッカーのチームに入る。ボーイフレンドやガールフレンドを持つ。家族と過ごす。信頼する友人に困っていることを話す。 ここでは，表面的な関係性ではなく，若者が誰かと一緒に時間を過ごし，相手から支えられていると感じるような近しい人間関係を指す。	当時，あなたはどのような人間関係をもっていましたか。（家族，友人，コミュニティ，恋人との関係について尋ねる） これらの人間関係があなたにとってどのようなものだったか，説明してください。（アセスメント評価者への注意書き：近しさ／親密さに関する情報を評価すること） 自分の気持ちについて話せたり，あなたの助けになってくれたりした人はいましたか。（「その人とは，いつでも会ったり連絡をとったりすることができましたか」） 人間関係を作ったり，維持したりすることは，どの程度，簡単でしたか。（「何が助けになりましたか」） 人と関わることの妨げになったのはどんなことでしたか。（「何が障害になりましたか」「どうやってそれらの障害を乗り越えることができたのですか」） 人と関わることは，あなたにとって重要でしたか。「人と関わることがどれだけ重要だったか，1（まったく重要でない）から5（非常に重要である）の中で得点をつけてください」 あなたがもっていたすべての人間関係は，適切なものだったと思いますか。（応用例：「何が適切ではありませんでしたか。それはなぜですか」「それが適切ではなかったとき，あなたは別のことをするかやめようとしましたか。その場合，何が役に立ったり妨げになったりしましたか」） あまりに人間関係ばかりに気を取られて，ほかのことができなくなっていませんでしたか。 人と関わるというニーズは，あなたの性加害行動と関連していたと思いますか。もしそうなら，どんなふうに関連していますか。

次頁に続く

表 5.1 続き

ニーズ	定義	質問の例
目的をもち，よりよくなる	**目的をもち，よりよくなる**とは，肯定的な社会価値と行動規則に基づくこと，社会規範に従うこと，精神性によって定義される。肯定的な貢献をすることも，このニーズを実現させる方法である。具体例として，次のようなものが挙げられる。チャリティーでお金を寄付する。見返りを期待せずに他者のために行動する。他者を尊敬する。法律を守る。自分自身にたいして信念をもったり，何かほかのものの真価を認めたりする。	当時，目的をもち，よりよくなるためにどんなことをしましたか。(「人の役に立ち，寛大で，敬意を示すようなことをしましたか」「どのようにして規則に従うことができたのですか」「精神性や信仰心をもっていましたか」「自分の人生に意義をもたらすような信念をもっていましたか」) 目的をもち，よりよくなることは，どの程度，簡単でしたか。(「人の役に立つこと，寛大であること，敬意を示すこと，精神性をもつこと，信仰心をもつことは，簡単でしたか」)(「何が助けになりましたか」) 目的をもち，よりよくなることの妨げになったのはどんなことでしたか。(「何が障害になりましたか」「どうやってそれらの障害を乗り越えることができたのですか」) 目的をもち，よりよくなることは，あなたにとって重要でしたか。「目的をもち，よりよくなることがどれだけ重要だったか，1（まったく重要でない）から5（非常に重要である）の中で得点をつけてください」 あなたが目的をもち，よりよくなるためにしていたことは，適切なものだったと思いますか。(応用例：「何が適切ではありませんでしたか。それはなぜですか」「それが適切ではなかったとき，別のことをするかやめようとしましたか。その場合，何が役に立ったり妨げになったりしましたか」) あまりに他者を助けることや規則に従うこと，精神性や信仰心をもつことばかりに気を取られて，ほかのことができなくなっていませんでしたか。 目的をもち，よりよくなるというニーズは，あなたの性加害行動と関連していたと思いますか。もしそうなら，どんなふうに関連していますか。

次頁に続く

表 5.1 続き

ニーズ	定義	質問の例
健康	（アセスメント評価者への注意書き：若者の衛生状態，身体的外見，これまでに受けた性教育の内容，正式な診断名等に関して，本人以外からの情報も考慮すること）	自分に関することで，ニーズを満たす際の妨げになっているのはどんなことですか。
情緒的健康	**情緒的健康**には，情緒的安全感，感情調整，精神的健康，ウェルビーイングが含まれる。このニーズは，次のような方法で満たせる。気持ちを鎮めるためにセルフトークを使う。他者に共感する。葛藤のない環境で暮らす。つらい感情を調整するのに役立つ方法を探す。運動してウェルビーイングの感覚を回復させる。	あなたは情緒的健康を得るためにどんなことをしましたか。（例えば，感情管理，安全だと感じる，心の健康を保つ） 安全だと感じ，健康な精神を保ち，自分の感情を管理することは，どの程度，簡単でしたか。 安全だと感じ，健全な気分を保ち，自分の感情を管理することの妨げになったのはどんなことでしたか。（「何が障害になりましたか」「どうやってそれらの障害を乗り越えることができたのですか」） 安全であると感じ，困難に対処できることは，あなたにとって重要でしたか。「精神的健康がどれだけ重要だったか，1（まったく重要でない）から5（非常に重要である）の中で得点をつけてください」 あなたが情緒的健康を得るためにあなたがしていたことは，適切なものだったと思いますか。（応用例：「何が適切ではありませんでしたか。それはなぜですか」「それが適切ではなかったとき，別のことをするかやめようとしましたか。その場合，何が役に立ったり妨げになったりしましたか」） あまりに精神的健康ばかりに気を取られて，ほかのことができなくなっていませんでしたか。 精神的健康のニーズは，あなたの性加害行動と関連していたと思いますか。もしそうなら，どんなふうに関連していますか。

次頁に続く

表 5.1　続き

ニーズ	定義	質問の例
性的健康	**性的健康**には，性的な能力や性的満足感が含まれる。また，性に関する知識，セクシュアリティ，性的発達，性に関する自信，性的な歓びや性的充実感も含まれる。このニーズを実現させる方法の具体例として，次のようなものが挙げられる。学校での性教育の授業。肯定的な性的自己同一性を持つ。二次性徴をポジティブに体験する。性に関する不安について，支援的な人と話す。マスターベーションをする。性体験をもつ。	当時，あなたは性的健康のニーズを満たすためにどんなことをしましたか。(「どの程度，性に関する知識をもっていましたか」「どんな性的体験をしましたか」「性的な体験と性的自己同一性について，あなたはどのレベル自信がありましたか」「どんなふうに二次性徴を体験しましたか」「自分の性体験について，どのレベル満足していましたか」) 性的健康のニーズを満たすことは，どの程度，簡単でしたか。(「何が助けになりましたか」) 性的健康のニーズを満たすことの妨げになったのはどんなことでしたか。(「何が障害になりましたか」「どうやってそれらの障害を乗り越えることができたのですか」) 性的健康のニーズを満たすことは，あなたにとって重要でしたか。「性的健康がどれだけ重要だったか，1 (まったく重要でない) から 5 (非常に重要である) の中で得点をつけてください」 性的健康のニーズを満たすためにしていたことは，適切なものだったと思いますか。(応用例：「何が適切ではありませんでしたか。それはなぜですか」「それが適切ではなかったとき，別のことをするかやめようとしましたか。その場合，何が役に立ったり妨げになったりしましたか」) あまりに性的健康のニーズに気を取られて，ほかのことができなくなっていませんでしたか。 性的健康のニーズは，あなたの性加害行動と関連していたと思いますか。もしそうなら，どのように関連していますか。

次頁に続く

表 5.1 続き

ニーズ	定義	質問の例
身体的健康	**身体的健康**には，睡眠，健康的な食事，運動，衛生，身体的な安全，身体的な機能が含まれる。このニーズは，次のような方法で満たせる。十分な休息をとる。果物と野菜を食べる。ジムに行く。定期的に入浴する。身体的な危害を受けない。	当時，あなたは身体的健康のニーズを満たすためにどんなことをしましたか。（例えば，体によい食事をとる，顔色がよい，健康を保つ，よい睡眠パターンをつくる，病気や身体的障害を管理する，身体的危害を受けずに安全でいられる） 身体的健康のニーズを満たすことは，どの程度，簡単でしたか。（「何が助けになりましたか」） 身体的健康のニーズを満たすことの妨げになったのはどんなことでしたか。（「何が障害になりましたか」「どうやってそれらの障害を乗り越えることができたのですか」） 身体的健康のニーズを満たすことは，あなたにとって重要でしたか。「身体的健康がどれだけ重要だったか，1（まったく重要でない）から 5（非常に重要である）の中で得点をつけてください」 身体的健康のニーズを満たすためにしていたことは，適切なものだったと思いますか。（応用例：「何が適切ではありませんでしたか。それはなぜですか」「それが適切ではなかったとき，別のことをするかやめようとしましたか。その場合，何が役に立ったり妨げになったりしましたか」） あまりに身体的健康のニーズに気を取られて，ほかのことができなくなっていませんでしたか。 「身体的健康」のニーズは，あなたの性加害行動と関連していたと思いますか。もしそうなら，どのように関連していますか。

はより創造的な方法を用いることもできる。情報収集のための別の方法としては，写真，イメージ，描画，絵コンテ，年表づくり，漫画などの活用が挙げられる。こうした方法は，知的障害がある若者に役立つだけでなく，視覚的な学習を好む若者から豊かな反応を得るためにも有益である。さらに，アセスメント評価者が修正版グッドライフ・モデルのさまざまな要素になじんでくると，若者や彼らのネットワークとの日常的な会話ややりとりといった非公式な方法でも情報を集められるようになる。また，このあとで紹介する「古い生活／新しい生活」といったワークを通して情報を得ることもできる。前述したように，修正版グッドライフ・モデルのアセスメントでは，若者自身が話した内容も重要であるが，ケース記録や家族からの話，養育者による観察といった別の資源からの情報も考慮しなければならない。

　ひとつあるいは複数のニーズを直接的に満たす方法として性加害行動をとった若者もいるだろうし，異なる別のニーズ満たすための間接的方法をとった結果，それが性加害行動だったという若者もいる（図5.3参照）。性加害行動につながりうるこの2つの経路は，実証的にも検証されている（Purvis, 2010参照）。一例として，**人と関わる**というニーズに関連する直接経路としては，親密さの感覚を得ようとして性加害行動を用いることが挙げられる。同じく**人と関わる**というニーズに関連した間接経路としては，親から拒否され続けてきた若者が，親からの承認や愛情を求めるといった例が挙げられる。この若者は親友もおらず，拒絶されたという感覚や支援がないという思いをコントロールしようとして薬物を使用するようになる。薬物を使い始めたことで彼の感情状態や人間関係はますます悪化していき，行動への歯止めも効かなくなっていく。その連鎖によって，彼のつらさはどんどんひどくなっていく。こうした悪循環の結果，気分の停滞や孤立感，抑制の利かなさが生じるようになり，性加害行動が起こる。このように間接経路では，加害行動は**人と関わる**というニーズを直接的に満たすための手段ではない。

　図5.3は，性加害行動を支えるニーズが行動の維持や強化の役割をもっていることを，さらに詳しく説明した図表である。性加害行動を通して**親密さ**のニーズを満たそうとしている若者を例に挙げれば，**人と関わる**というニーズは性加害の開始と維持の両方に関連するかもしれない。この場合，性加害行動が若者に親密感をもたらすという事実が，性加害行動自体を強化する。そのため，若者が孤独や孤立を感じたときには，今後もまた性加害行動が繰り返される可

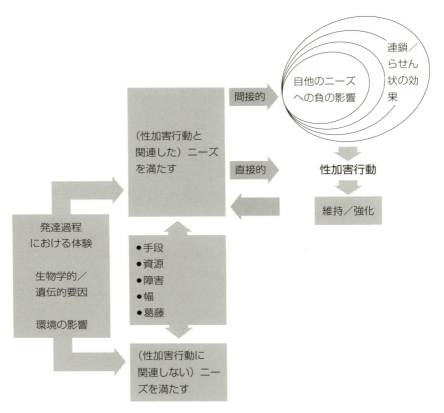

図 5.3　GLM-A で用いられている性加害行動への道のり
(Purvis et al., 2011 による価値原因論の適用)

能性が高い。さらに，性加害行動を用いて親密さのニーズを満たすうちに，性的な満足感も味わうようになる。すると，元々，性的な満足感は性加害を引き起こす要因ではなかったにもかかわらず，性加害行動が続くのに不可欠な要因になってしまうのである。

　アセスメントにおいて重要なのは，性加害行動と関連した若者のニーズを理解することに加え，直接的であれ間接的であれ，彼らが現在どのような手段で，どの程度，ニーズを満たしているのかについての状態像を把握することである。さらに，彼らが性加害行動を開始した時期とアセスメントの時期は間隔が長く空いていることが多く，その間に彼らの関心がほかへ移っていたり，ニ

ーズの優先順位が変わっていたりすることもある。また，ニーズを満たすためにもっていた資源や直面していた障害も，時間の経過とともに変化している。もし，現在の環境についてのアセスメントから，若者が明確な方法でニーズを満たし続けるのは難しいということが明らかにされたなら，今後も不適切で加害的な行動をとるかもしれない。ニーズを満たすうえでの難しさとしては，次のようなことが挙げられる。幅の欠如，ニーズ間の葛藤，適切にニーズを満たすための内的および外的能力の不足，とりわけ重要なニーズを適切に満たすことを妨げるような内的障害と外的障害などである。慣れてくれば，表5.1の半構造化面接で，性加害行動が続いていたときの詳細だけでなく，アセスメントの時点での若者の情報を聞くこともできる。

　若者が性加害行動によって満たしていたニーズについて最初に立てた仮説を，アセスメント実施者が検証するのに有益な方法のひとつが，「古い生活／新しい生活」といったワークを行なうことである。このワークでは，若者のニーズ，手段，資源，障害，幅，葛藤について過去および現在の優先順位を確かめることもできる。「古い生活／新しい生活」のワークは，ハーヴェン（Haaven, 1990）によって開発された「古い自分／新しい自分」というストレングスを基にしたモデルをGマップが改変したものである。これは性加害行動のある健常者と同様に知的障害のある者にも広く用いられており，効果も示されている（例えば，Mann et al., 2004参照）。元々のモデルは，加害行動をしていた当時，どのようにして性加害をしたのか，それにまつわる思考や感情，行動から考えていくものである。そして，自分がどんな人になりたいのか，自分が価値を置いているニーズは何かといった「人を傷つけない」自分と比較しながら考えるワークである。それぞれの若者が，自分が思い描く「グッドライフ」を実現させる手段として，「新しい自分」を価値に設定する。Gマップでは，家族やほかの重要な人たちも若者の成長に関して重要な役割を担っていることを示し，そしてより体系的なアプローチをとるために，「古い自分／新しい自分」という個人を中心に置く概念から，「古い生活／新しい生活」というより広い概念へ変えることにした。Gマップの「古い生活／新しい生活」は，若者が性加害を起こした当時あるいはそれ以前の「古い生活」から，まさに彼らがこうありたいと望む「新しい生活」へと向かう旅路を表現したものである。元のモデルをさらに発展させ，図5.4のように，変化のための道のりを表現している。Gマップがこのモデルを広く用いるようになった詳細については，オキャラハン

図5.4 「古い生活／新しい生活」の基本的図示

(O'Callaghan, 2004) が説明している。

　こうしたワークをどのように修正版グッドライフ・モデルにつなげるのか，具体的に述べよう。「古い生活」には，性加害行動を起こした当時あるいはそれ以前の生活における，若者の手段や資源，障害が記入される。それにより，彼らの動機や願望を探りながら，ニーズの優先順位を明らかにしていくことができる。一方，「新しい生活」は若者にとってのグッドライフの価値を象徴するものであり，それらが基本的ニーズとどのように関連しているのかを検討することができる。「新しい生活」のなかで最も重視されているニーズは，それまで性加害行動によって満たしてきた基本的ニーズを反映したものだと考えられる。「新しい生活」の目標には，加害行動とは関連していないと考えられる別のニーズが含まれていることもあるが，これまでのGマップの臨床実践からは，加害行動と関連するニーズと「新しい生活」においてさまざまな手段を用いて満たそうとしている中心的なニーズとの間には，強い相関があることが示されている。性加害行動に関連したニーズとしてみなされたものは，一般的に，誰もが求めるようなニーズを反映していることが多いのだと説明すると，セラピストと会うことに関心を寄せるようになる。

　このワークを若者と行なう際は，若者に「新しい生活」の目標として考えたもののうち，自分にとって最も重要な目標について考えさせる。例えば，先に挙げた例でいうと，「もし，あなたにたくさんのガールフレンドがいたとしたら，それはあなたにとってどんな意味がありますか？」と尋ねた場合，若者の答えは，人気があるということ（**達成する**という基本的ニーズ）かもしれないし，親密さを感じられる人がいること（**人と関わること**），あるいはセックスできること（**性的健康**）であるかもしれない。同様に，「自分の家族をもつこと」は，所属のニーズ（**人と関わること**）と関連しているかもしれない。このように，グッドラ

イフ・ニーズという文脈のなかで「新しい生活」への願望を位置づけ，物質的な目標ではなく，表現されたニーズについて話し合いを焦点化することができる。

「ぬかるみの環状交差点」という概念は，「新しい生活」（ないしグッドライフ）に向かう旅路を続けるために克服しなければならない2つのことを表すのに用いられる。ひとつは性加害行動がもたらした結果であり，もうひとつは最近直面した障害である。「ぬかるみ」とは，家庭から離れて暮らすこと，学校からの排除，自由の制限などが含まれる。「新しい生活」に続く道は目下「工事中」とみなされ，その道の完成は，ブロックを積み重ねていくような若者自身の取り組みにかかっている。「古い生活／新しい生活」のワークを行なうことで，障害や資源不足によって重要なニーズが満たされなかったり，あるいはニーズを不適切な方法で満たしていたりしたことは，「古い生活」のどのような部分によるものだったのか，そしてそれがどんなふうに性加害行動につながったのかについて，若者に説明することができる。このようにして，若者自身が仮説を検証する過程に関わり，協働しながら介入を行なっている。さらに，若者に介入の理論的根拠を説明することも有益である。つまり，性加害行動をやめてウェルビーイングを高めるには，「新しい生活」で自分のニーズを満たすための別の適切な方法を身につけることが必要であり，そのためには資源を増強させていかなければならないことを伝えるのである。また，「古い生活／新しい生活」のモデルでは，グッドライフの仮説を検証してその意味を伝えるだけでなく，モデルの「工事中」の部分について，グッドライフ・プランの草案をつくったり，自身の成長の過程を振り返る手段として用いたりすることもできる。

最初の仮説を検証するための方法としては，ほかに次のようなものがある。若者にとって最も重要なニーズに焦点を当てた質のよい観察記録を集めること，「古い生活」において最も一般的であったニーズを理解するために「命綱のワーク」を行ない，なぜ性加害行動が許されると思ったのかを理解するために，加害をしていた当時の若者の思考や感情，行動が適切であったかどうかを検討する，といったことである。

性加害行動の過程を理解する

若者が性加害行動に至った道のり（前提条件，誘因，維持要因など）や彼らのグッドライフ・ニーズ（資源や障害など）を理解するとともに，彼らが「どうやって」

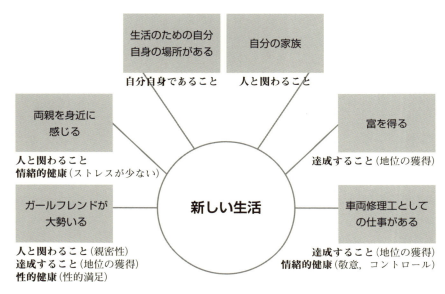

図 5.5　若者が書いた「新しい生活」の目標とニーズの例

性加害行動をしたのかという過程を理解することも重要である (Bickley, 2008)。実践家は，絵コンテのような創造的な手法を用いながら，若者から情報を引き出したり，性加害行動に関する一連のできごとについて話してもらったりする。フィンケラー (Finkelhor, 1984) による性的虐待の 4 つの前提条件モデルでは，性的加害行動に至る 4 つの条件を仮定している。それは，性加害への動機，内的バリアを乗り越えること，外的バリアを乗り越えること，相手の子どもの抵抗を抑圧することである。このモデルは，より複雑なモデルにとって代わられていったものの，平易な表現や視覚的で具体的な表現に替えるといった小さな修正が追加され，若者への処遇においてはこのモデルの明快さゆえに有益なものとなっている。このモデルは，危険な状況や考え，感情を認識することによって，自分の加害行動についての洞察を深めることができ，将来的な自己管理力を身につけるための方策を立てるうえでの基盤をもたらす。しかし，はっきりと性加害行動に焦点を当てるため，自分の性加害行動にたいして強い羞恥心を抱いている若者にとっては，このモデルはやや否定的なものと感じられやすい。実践家が若者と取り組む際には，加害行動についての理解をうながすために，この行動過程モデルを使うのがよいかどうか，また使うタイミング

についても判断する必要がある。

アセスメントすべきほかの領域

心理測定アセスメント

　心理テストは，情報収集やアセスメントの手法として確立したものである (Hammond, 2006)。性加害行動のある若者には，次に挙げる領域について心理アセスメントを行なうことが役に立つ。社会的適性，統制の所在（ローカス・オブ・コントロール），コーピング，情緒的反応性，トラウマ，性的な態度や関心，性的知識，家族力動，実行機能，行動機能，ストレングス，レジリエンスの領域である。心理アセスメントは，多くの対照群と比べることによって，その人の特性や態度が正常範囲と比べてどのあたりかを示すものである。複数の心理アセスメント尺度を組み合わせたものを介入の前後に実施することで，介入による心理的な進展を測ったり (Beckett, 1994)，さらにグッドライフ・アプローチがどのように有効な変化をうながしているかを評価したりするのに用いることができる。ほかにも心理アセスメントの利点として，本人や支援者などの重要な人たちが実験研究によって実証する過程に関わることができ，臨床的判断を下す際に情報を提供したり，情報を補ったり，修正したりできることが挙げられる。このことは，本人の認識や解釈，優先順位を明らかにするための援助をするというグッドライフ・モデルの考え方とも重なる。一方，心理テストの明らかな欠点は，心理テストが自己報告によるものであるために，本人の印象操作や自己洞察の不足によって結果の歪みが生じかねないことである (Medoff, 2003; Paulhus, 1999)。さらに，心理テストの有効性は，個人の理解力のレベルによって異なることがある。このことは，知的障害のある若者のアセスメントにおいて深く関わる点である (Clare, 1993)。不適切な性行動や性加害行動のある若者のなかには，知的障害のある者も少なくない (Griffin & Vettor, 2012)。加えて，知的障害のある若者は，自己報告が難しく (Keeling et al., 2007)，性的な思考や感情を思い出したり (Gilby et al., 1989)，大人しく従うだけの反応をしてしまったりすることもある (Clare & Gudjonsson, 1993)。

リスクアセスメント

　修正版グッドライフ・モデルにおける「リスク」は，現在の若者の状況にお

いて適切な方法でニーズが満たされているか，あるいは不適切な方法や性加害行動によってニーズを満たそうとしているかという観点から判断される。しかし，このリスクは数値で示せるものではないため，性加害の再犯を防ぎ，一般市民を守るために必要な監督や介入のレベルごとに，少年を明確に区分することもできない。そのため，ここではワードとスチュワート (Ward & Stewart, 2003) が「リスク管理」モデルと呼んでいるリスクの管理と犯罪の軽減に着目する。リスク-ニーズ-反応性 (RNR) モデル (Andrews & Bonta, 2010; Andrews et al., 1990; Bonta & Andrews, 2007) は，リスク管理モデルのひとつであり，詳細は下記で述べる。また，それとは別の改善更生アプローチは，個人のウェルビーイングと能力を強化し，それによってリスクを下げるという考えである。グッドライフ・モデルは，ワードとスチュワート (2003) が「強化モデル」と呼んだもののひとつである。ワードとスチュワート (2003) は，RNR モデルとグッドライフ・モデルは一緒に用いることが可能であると述べており，ウィルソンとイエイツ (Wilson & Yates, 2009) は，これらの複数のモデルを統合することによって，最も有効に改善更生が達成できると主張している。

「リスク」とは，RNR モデルにおける第 1 の原理であり，性加害の再犯可能性に見合った介入を行なうことである。リスクが低い人にたいする介入は，かえって逆効果になりうることが示された研究もある (Andrews & Dowden, 2006)。そのため，刑事司法制度の費用対効果の観点から，リスクが低いとみなされた人には最小限の介入にとどめ，リスクが高いとみなされた人には集中的な介入を行なうことが定められている。RNR モデルの第 2 の原理は，「ニーズ」（犯因性ニーズ）である。これは，性加害行動と直接的に関連する可変的なリスク要因に働きかけるものである。グッドライフ・モデルは，犯因性ニーズにも注意を払っており (Purvis et al., 2011)，基本的ニーズを満たすうえでの障害を検討する。しかし，従来どおりの統計学に基づくアセスメント項目や，経験的に導かれた項目をチェックするだけで，リスク要因の詳細を調べなければ，ほとんど実用性のないアセスメントになってしまうだろう。構造化されていない臨床的判断だけを用いたのでは，予測された再犯可能性はまったく当てにならないことが早期の研究から指摘されてきた (Andrews, 1996)。このことから，経験的根拠に裏付けられた，より正確で，客観的で，構造的なリスク予測を行なうための臨床的な判断と，保険統計的リスクアセスメントや研究によって開発されたリスクアセスメント尺度の両方が重要だといえる。保険統計的リスクアセスメ

ント尺度は，性加害行動のある成人向けのものが多く，現在のところ妥当性の確認された若者用のモデルはない (Print et al., 2010)。リスクアセスメントとして，Gマップでは，初期のアセスメントモデルであるAIM2を用いている (Print et al., 2007)。アセスメントの第3の原理は，「反応性」(学習スタイルや文化，動機づけ，パーソナリティ，能力やストレングスといった若者の個人的な特性に合わせた介入をすること) である。AIM2のアセスメントモデルでは，この反応性について明確には言及されていないものの，AIM2は修正版グッドライフ・モデルでも採用されており，Gマップにおけるさまざまな実践で用いられている。

　AIM2は再犯性をアセスメントするためのモデルであり，経験による臨床的判断からつくられたものである。近年，知的障害のある少年にたいして能力に合わせたサポートがなされつつあるが，当初，性加害の再犯性の予測では，標準的な学力をもつ少年が対象として想定されていた (Griffin & Vettor, 2012)。AIM2には，4領域75項目のアセスメント項目が含まれている。4領域とは，性加害行動と性的ではない加害行動，発達，家族，環境である。また，固定リスクと可変リスクの両方に「不安要因」と「ストレングス」が含まれている。さらに，実践家は，若者の欠点や病理だけでなく，レジリエンスや保護的な資源にも着目する。リスク要因と保護要因は，さまざまな形で相互作用し続けるものだと考えられている (Bremer, 2006)。ビーチとワード (2004) の性加害行動の原因論を適用したグリフィンら (2008) は，まず「特性的な心理的問題」を軽減させ (例えば，情緒的な親友がいて当てにできることは，性加害行動のような不適切な方法を用いて自分を落ち着かせようとする傾向を軽減させる)，次に直接的なトリガーとなる要因を減少させる (例えば，前向きで向社会的な活動を促進させることは，若者が性に没頭し続ける可能性を軽減させる) というふうに，若者のストレングスを保護要因として機能させることを述べている。こうした原因論モデルでは，性加害行動のある若者のアセスメントにおいて，リスク要因と保護要因の両方を検討することの重要性が強調されており，原因論モデルを修正版グッドライフ・モデルに付加することでさらに有効性が高まると考えられている。

　AIM2には，過去に性的ではない攻撃性があったかどうかの要因も含まれている。こうした要因は，性的な再犯性とは必ずしも強い直接的なつながりはないが，可能性のある関連要因といえる。このように，アセスメントにおいてはより包括的なアプローチが用いられるわけだが，一方で，そうした直接的なつながりのない要因の比重が増え，実証性を重視すればするほど，ハイスコアが

出やすくなるという問題も生じる。それぞれのアセスメント項目には，若者の不安要因とストレングスが反映され，そのスコアから「高い」「低い」あるいは「中程度」に分類される。さらに，「監督を要するレベル」の尺度の得点は，外部のリスク管理がどれだけ必要かを決定する際の情報となる。この尺度は，わずかなサンプル数での回顧的な実証的研究によって，性的な再犯性がある者とない者で違いがみられた要因から作成されたものである (Griffin et al., 2008 参照)。加えて，AIM2 アセスメントモデルは，まだ本格的な科学的妥当性の検証は行なわれていないが，臨床家が若者の「リスク」と「ニーズ」を判断する際に用いられている。

　ほかに，若者の再犯性を測るためのアセスメントとしては，思春期性犯罪者アセスメントプロトコル (JSOAP-II; Prentky et al., 2000; Prentky & Righthand, 2003) や若年者の性犯罪再犯リスク予測第 2 版 (ERASOR 2.0; Worling & Curwen, 2001) がある。JSOAP-II は，静的リスクの 2 領域 (固定的な衝動性や没頭，衝動性や反社会的行動) と，動的リスクの 2 領域 (介入，コミュニティでの生活の安定性や適切さ) という 4 つの下位尺度が含まれた 28 項目のチェックリストである。このうち動的リスクは，介入の効果としての変化を述べる際にも用いられる。JSOAP-II は，法的な処遇の有無に限らず，性加害行動をした 12 歳から 18 歳の男子を対象として開発されたものである。ERASOR 2.0 は，臨床的経験に基づいて作成されたアセスメント尺度であり，性加害行動のある同年齢の少年の短期的な再犯性をアセスメントするという特別な機能を有する。JSOAP-II と同じく，性的リスクの静的な面と動的な面の両方を反映させた 25 項目が組み込まれている。リスク要因は，①性的な関心，態度，行動，②これまでの性加害行動歴，③心理社会的機能，④家族や環境の機能，⑤処遇の 5 つのカテゴリーに分かれている。アセスメントの結果から，「高リスク」「中リスク」「低リスク」が判定される。

　臨床経験によるリスクアセスメントや保険統計的なリスクアセスメントは，性加害行動の再犯可能性を評価するものだが，リッチ (2009) は「再発はあるかもしれないし，ないかもしれない」と述べ，再犯は予測できないものだとしている。

- なぜ，その行動が起こるのか
- いつ，その行動は起こりやすいか

- どんな行動が起こりやすいか
- どこで，その行動は起こりやすいか
- 誰が被害に遭いやすいか
- その行動は，どのように露呈するか

　こうしたことを検討するのは，リスクにつながる状況を考えることになり，適切な介入を行ない，さらなる被害を防ぐ手立てを講じるうえで，包括的リスクアセスメントの重要な部分となる。上述した「なぜ」「いつ」という問いかけは，性加害行動に至るまでの道のりの検討や修正版グッドライフ・モデルでの取り組みのなかで以前から用いられてきたものである。リスクアセスメントにおける「どんな」「どこで」「誰が」「どのように」という問いかけは，性加害行動の再犯が起こりやすい状況を解明する手がかりになり，本人にとっても具体的に役立つものになる。ほかに，考慮しなければならない全体的な問題として，性行動の種類（例えば，レイプ，性器露出，幼児に加害をするイメージなど），性行動やわいせつ行為の侵襲性，性加害行動が起こるのは公的な場所か私的な空間か，関心が向いているのは年少児か同世代か成人か，被害者は家族か家族以外か，その行動は計画的か偶発的か，ドラッグやアルコールの影響を受けていたか，またゲームや試し行動の流れから生じたのか，暴力や強制あるいは操作によって被害者を従わせたのかといったことも確認する。ここに挙げた項目は，すべてを網羅したものではないが，アセスメント評価者が対象に合わせた実際的なリスクの定式化を行なう際に考慮したい点である。

　対象者に合ったリスクアセスメントを行なうことで，臨床家はウェルビーイングを強化し，リスクを軽減させる機会を提供する際，より対象者に配慮した判断を下せるようになる。それによって，どれも同じで過度に制限的なリスク管理のアプローチをとらずにすむうえ，臨床家は安全で説明可能な決定を下せるようになる。例えば，同世代の子どもにたいするリスクについて気になる指標や根拠がみられなければ，その若者が所属感を得たり，自分のスキルを高めたりするためにユースクラブに入ることは，適切で安全だといえるかもしれない。しかし，再犯を予測するのは非常に複雑で，さまざまな影響を受けやすいため，多くの落とし穴があることも強調しておきたい。上述したような問いかけは，それぞれの対象者のリスク管理や介入のアプローチに役立つものではあるが，それに過度に頼るべきではない。例えば，それまで幼児だけに性加害行

動をしていた場合でも，今後，同年代や成人にたいしても性加害行動を起こすかもしれないという可能性は排除できない。このように，過去の行動パターンからは想定できないこともあるため，繰り返しアセスメントして調査を続けながら，できるだけ客観的な情報を数多く集め，それを相互に参照しながらニーズを明らかにすべきである。性加害行動をした成人に関する研究を行なったキャンら (Cann et al., 2007) は，研究対象者の4分の1は，被害者の年齢や性別，被害者との関係性に一貫性がみられなかったことを明らかにした。アセスメントの過程においては，人間の行動は力動的な性質があり，リスクは固定的なものではないことを忘れてはならない (Craig et al., 2004)。このことは，少年においてはとりわけ重要な観点である。つまり，変化と変動こそが，思春期の発達段階の特徴であるからだ。

事　例

　ここで，事例を紹介する。事例を示すことで，グッドライフ・アプローチがどのように定式化やリスクアセスメントを行ない，それを介入計画に役立てているか，そして，どうやってほかのモデルやアセスメント尺度を併用すればよいかが，わかるだろう。事例の流れをわかりやすくするために，事例Aでは包括的な全体像を示した。実際には，アセスメントの時点でこのような詳細な情報が得られる場合は少ないため，継続的なアセスメントによってニーズの評価を続けていく。事例Bと事例Cでは，過程の理解を深めるために細かな描写は省いた。

　ここに挙げた3事例は，Gマップが対応している事例の多様性，つまり性差や民族性，年齢，認知機能レベル，リスク要因とレジリエンス要因などがさまざまであることを反映している。また，Gマップサービスの利用者によくみられる性加害行動に関連した具体的ニーズも反映させている。

　流れをわかりやすくするために，第5章から第8章までを通して同じ事例を取り上げ，治療過程における若者の旅路の様相を示したい。

事例A：ジョー

■ 背景

年齢：16歳
民族性：英国系白人
認知機能：知的障害

性加害の概要：ジョーが15歳のとき，自宅で11歳の弟にたいして肛門性交によるレイプをした。この行為は7カ月間で数回に及んだ。弟が友達の親に被害を打ち明け，そこからジョーの両親に話が伝わったことで事態が発覚した。警察に通報され，ジョーは2年間の保護観察を受けた。調査時点で，ジョーは家庭から離され，地元の児童施設に入所していた。

背景情報の要約：ジョーの母親は，うつ病などの精神疾患を有していた。また，両親の関係は暴力的で不安定だったため，一時的な別居が繰り返されていた。そのため，ジョーはさまざまな親戚宅を転々とさせられた。ジョーは10歳までに何度も転居し，そのたびに小学校を転校しなければならなかった。

　ジョーが7歳のときに両親が離婚した。両親が離婚した頃，しばらくの間，ジョーに自傷行為がみられた。ジョーは自分の感情を調整する方法をいくつか身につけていたものの，大きなストレスへのコーピングスキルが欠けていた。

　ジョーの母親は，夫と離婚してからというもの，複数の男性と交際しては別れての繰り返しだった。9歳のとき，ジョーは母親の当時の交際相手から身体的虐待を受けた。

　15歳になったジョーは，実の父親だと思っていた男性がそうではなかったことを知った。その男性は，ジョーの弟の実父だったのである。その事実は，ジョーを追いつめ，動揺させた。

　ジョーの愛着スタイルは，不安定（両価型）であった。一貫性のある養育を受けてこなかったジョーは，家庭内のバウンダリーも曖昧だった。弟との関係性もこじれていた。

　ジョーは軽度の知的障害（総合的IQ68）を有していたものの，16歳になるまで診断を受けていなかった。身体的な魅力を備えた少年であるにもかかわらず，彼の自尊心は低かった。中学校ではずっといじめられており，同世代の仲間関係をつくったり，続けたりしていくことがほとんどできなかった。そし

て，15歳のときに，ジョーは友達であった仲間から性暴力を受けた。

ジョーの行動は全般的に向社会的であり，内的統制感もあった。音楽やコンピューターゲーム，フットボール観戦といった健全な趣味ももっていた。

思春期を迎えるジョーの体験は全般的にポジティブなものであり，養護教諭から性教育を受けて，性に関する正しい情報も得ていた。彼の性的な知識は，発達的にみて適切なものだった。

■ 性加害を起こした時点でのグッドライフ情報のまとめ

下記は，性加害を行なっていたときのジョーに関して，修正版グッドライフ・モデル半構造化面接（詳細は表5.1）で得られた情報である。

楽しむこと

ジョーは，弟とコンピューターゲームやボードゲームで遊ぶのが好きで，家族との休暇も楽しんでいた。また，キーボードを演奏したり，自分で作曲したりするのも好きだった。しかし，家庭外で楽しむ機会はほとんどなかった。なぜなら，両親が余暇活動にお金をかけたり，積極的に連れ出そうとしたりすることがなく，さらに，ジョー自身も一緒に活動を楽しめるような友達や仲間集団がいなかったからである。しかし，弟とは仲がよく，趣味も合うのだと彼は話しており，それで彼自身は楽しめていると思っていた。楽しむというニーズを満たすために，彼がとろうとした行動は適切なものであろう。つまり，ジョーは楽しむことについて適度な優先順位をつけており，それを重視するあまりそのほかのニーズを排除するほどではなかったといえる。

達成すること

ジョーは，何かを達成したという経験が乏しく，いつも自分は他人よりも立場が下だと感じていた。しかし，ジョーは清潔に気を配り，付き添いなしでひとりで通学するなど，わずかではあるがセルフケアができ，自立の課題もこなせているという有能さも感じていた。また，ジョーは兄としての役割を果たすことで達成感を得ていたようで，弟の登下校に付き添ったり，自宅のパソコンの使い方を教えたりして，積極的に弟を手助けしようとしていた。新しいことをやってみたり，やろうとしてみ

る意欲は、ジョーにとってきわめて重要なストレングスであるといえる。だが、長年診断されなかった知的障害が、彼が達成感を得るうえでの妨げになっており、それによってジョーは学校にいるとき、自分は周囲から取り残された存在で、能力も低いと感じていた。ジョーにとって、自分の立場は重要ではなかったものの、彼は日常生活で何かを達成したいと強く望んでおり、そのことは彼にとって比較的重要なものだった。弟への性加害を「罰せられることなく」「捕まらずに」するという体験は、何かに成功したという感覚をもたらし、いい気分やうまくやれた感覚が得られるものだったという。この達成感が、ほかのニーズを損なっていることについて、ジョーは気づいていなかった。

自分自身であること

上記のように、ジョーがひとりで通学したり、セルフケアに気を配ったりする活動は、彼にある程度の自立心をもたらしていた。さらに、新しいゲームや家族へのプレゼントを買うために、お金を貯めて計画的に使おうともしていた。また、自分の人生で起こるできごとは自分に責任があるという、内的統制感ももっていた。しかし、ジョーは自尊心が低く、日常生活のちょっとした決断でも他者に従う傾向があったため、自己の感覚が乏しく、常に大人からの承認を求めていた。全体として、ジョーは**自分自身である**というニーズへの優先順位は低く、そのニーズを満たそうとして不適切な方法を用いたり、過度にそればかりにとらわれたりする様子も見受けられなかった。

人と関わること

ジョーには、同世代の仲間との関わりが不足しており、彼は家族と過ごすことでのみ、このニーズを満たそうとしていた。ジョーの両親は、別のことに気をとられてばかりで、ジョーにとって情緒面での拠り所にはならなかった。母親は、たまにジョーに強い関心を向けてべったりしてくるものの、そのあとは決まってうつ状態になり、彼への関心は失われ、恋人との関係を優先させたという。弟との関係は、いつでもジョーに温かさや心地よさ、心強さをもたらしてくれるものだった。ジョーは、父親だと思っていた男性が実父ではなかったという事実を聞かされたこ

とで，拒否された感覚が一気に強まったと述べた。彼の目には，「父親」が自分への接し方を変え，弟ばかりかわいがるようになったと映り，次第に，彼は家庭内での居場所を失っていった。ジョーには，誰かから愛されることやほめられることへの強い欲求があり，周囲から求められたくて，しょっちゅう他人を楽しませようとしていた。ジョーが15歳のときに「親友」ができたものの，その男子はそのうちにジョーに性加害を行なってきた。ジョーは，大人の気を引いたり，助けを求めたりしようとして，嘘の申し立てをしたり，事実と異なることを言ったりするような不適切な行動をとって，ニーズを満たそうとすることがあった。彼が自分から話していたように，店やバスで出会った見知らぬ大人に話しかけるといった愛想のよさや，弟との関係を通して得られる安心感やサポートもあるなど，限られてはいたもののジョーは人と関わるというニーズを満たす力を有していた。このニーズを満たす際の妨げになっていたのは，幼少期の頻繁な転居や転校，対人スキルの乏しさ，長期に及んだいじめられ体験，そして注目を引こうとする行動をとりやすい傾向などが挙げられる。ジョーは，人とつながることに高い優先順位をつけており，自分がそれにとらわれていたことに気づいた。それでも，彼はそのニーズが自分の性加害行動につながっているとは思ってもいなかった。

目的をもち，よりよくなること

全体的にみて，ジョーはこのニーズを満たすうえでの手段や資源をあまりもっていなかった。彼は信仰もなく，現実を超えた世界にはほとんど関心を示していなかった。学校で行なわれたチャリティマラソンに参加したのは，家族にしょっちゅうプレゼントを贈るのと同じように，誰かを喜ばしたいという気前のよさだと本人は考えていた。また，ジョーは基本的に向社会的な態度をもち，ルールを守ることを好んでいた。このニーズを満たす妨げになったのは，社会意識の低さであり，そのために視野が狭くなりがちであった。他者を喜ばせることにほどほどの重要性を置いていたものの，ジョーにとってこのニーズの優先順位は低いものだった。目的をもち，よりよくなるというニーズを，不適切な方法で満たそうとしたり，過度にそれにとらわれていたりするといった行動はみられなかった。

情緒的健康
　情緒的健康のニーズを満たすためにジョーが利用できる力は，他者の援助を引き出そうとする彼の気持ち，自分を落ち着かせるために音楽を聴くこと，気晴らしとしてパソコンを使うことだった。親友と呼べる存在がいないなかで，ジョーが自分の感情を落ち着かせるすべは，弟と話すことのみであった。ちょっとした問題であれば，彼は自分で情緒的健康をよい状態に保つことができていた。だが，両親の離婚といったもっと大きな苦痛に直面すると，彼は軽い自傷行為をするといった不適切でよくない方法に頼りがちであった。弟にたいして性加害をふるった直前は，同級生からの長期にわたるいじめのストレスが高まっており，彼自身が性被害を受けたり，継父が実の親ではなかったことを知ったりして，自分が拒絶された感じを強く抱いていた状況であったことが詳しく話された。ジョーは，情緒的健康は非常に大切だと考えていたものの，それに過度にとらわれてはいなかった。

性的健康
　性被害に遭うまで，ジョーは健全な性的同一性をもっていると感じていた。ジョーは問題なく思春期を迎え，ガールフレンドをつくることに憧れ，自分はやがて結婚して子どもをもつ異性愛者なのだと考えていた。彼の性的な知識は，年齢相応のものであり，母親のファッション雑誌や家事雑誌をイメージしながらマスターベーションをしていた。また，公私のバウンダリーやふるまい方についても，よく理解できていた。このニーズが十分に満たせずにいたのは，年齢相応の女性との関係性を築く機会がなかったためである。自分が受けた性被害について，自分が求めていた親密さや信頼感をもたらしてくれた友達に性暴力をふるわれたという事実が受け入れがたかったとも述べた。ジョーは，そのできごとについて詳しく話したがらなかった。しかし，弟にたいする性行動が不適切なものであったことは認識していた。ジョーは，ほかのニーズを阻害するほど性的健康を重視しているとは思っておらず，性的健康のニーズには中程度の重要性を置いていた。

身体的健康
　ジョーは，あまり運動はしていないことを自覚していたものの，身体的健康はいたって良好であった。比較的健康に気を配った食生活を送り，身ぎれいにしていた。元々は睡眠もよくとれていたが，性被害の影響によって，最近はよく眠れずにいたようであった。ジョーは，自分の身体的な魅力もひとつのもち味だとは考えていなかった。身体的健康を満たす妨げになっていたのは，両親から運動や健康的な食生活を勧められたことがなく，両親も体を動かしたり，栄養バランスのよい食事をつくったりしなかったことである。また，ジョーは身体的健康のために何かするという意欲がなく，このニーズにたいする優先順位も低かった。わずかではあったものの，このニーズを満たすために彼がとっていた方法は適切なものだった。

ニーズ間の葛藤
　これらの情報から，ジョーの情緒的健康に関するニーズが，人と関わるというニーズとぶつかる可能性があることが示唆された。例えば，ジョーは不安や拒絶，孤独を感じると，人の気を引くことでかまってもらおうとして，他者のことや自分のことで嘘をつくという注意を引く行動をとることがあった。しかし，そうした行動は周囲からの無視や拒否をもたらすだけで，結局，ジョーの孤独感を一層高めるだけであった。

幅
　ジョーの基本的なニーズは限られたものしかなく，**人と関わる**というニーズだけに重きを置いており，一方で**身体的健康・自分自身であること・目的をもち，よりよくなること**のニーズは無視していた。さらに，弟との関係だけで対人的なニーズを満たそうとしていたため，弟への性暴力が発覚して兄弟関係がバラバラになり，所属のニーズを満たすすべも失ってしまうと，結果的に孤立感がより深まることになってしまった。

■ **問題の定式化**
　ここで述べる定式化は，ジョーのグッドライフ・アセスメントと性加害行動

に至った経過に関するさまざまな資料をもとにまとめたものである。

　ジョーは，両親との愛着が十分ではなく，喪失や拒絶を経験するなどの劣悪な愛着歴があり，それが所属に関する感覚（**人と関わること**）に悪影響を及ぼしていた。主たる養育者との関わりのなかでジョーが経験した不安定さや非一貫性は，安全ではないという感覚を高めた。それによって，葛藤のある愛着行動として過度な接近行動や強い承認欲求が生じたのである。学校や地域でひどいいじめや疎外を受け続けたことによって，彼の所属感はますます損なわれていった。こうした状況は，社会参加の体験の乏しさと関連する対人スキルのつたなさによって，さらにひどくなっていった。両親や同級生から親密さや愛情を味わうことはできないとわかったジョーは，親和欲求を満たすために弟に依存するようになり，その結果，弟を性暴力に巻き込んでしまったのである。このようなパターンは，地域に転居してきたばかりの同世代の男子との関わりをもつようになり，その相手に気持ちを寄せ始めていた頃は，一時中断されていた。しかし，その相手がジョーにつけこみ，性暴力をふるってきたことで，ジョーは自分が拒否されたという感覚を増幅させた。家庭では，ジョーが自分の父親だと思っていた男性が実父ではなかったと知り，自暴自棄な思いに突き落とされた。このことは，家庭のなかで自分の居場所を失ってしまったのだというジョーの信念を強めることになった。「父親」との関わりや，弟との間に無理やり築いた親密な関係をすべて失ってしまうと思い込んだのである。こうしたできごとの影響は，ジョーが所属感や他者とのつながりをもつことが「重要なニーズ」であり（すなわち，それこそがジョーにとって何より重要なものであり，彼自身の自己同一性に関わるものであった），そのニーズが最も強く彼の行動を誘発させるものだったために，より深刻なものになってしまった。ジョーの性加害は，弟との親密感を改めて築こうとしてやったようにもみえるし，より一般的な所属のニーズを満たそうとするためだったとも考えられる。

　粉々になったジョーの所属感と孤立感は，彼の情緒面にも弊害をもたらした。彼自身が性被害を受けたというトラウマと，「父親」にたいする喪失感の両方が混じり合って，ジョーは情緒的に混乱してしまったのである。それまで最も信頼を置いていた弟にも，兄弟関係と親子関係の両方にたいして喪失感や見捨てられ感を抱いていることは話せずにいた。また，弟や父親に代わる資源をもち合わせていないことについても話せないと思い，ジョーは自分の感情をうまく調整できずにいた。ジョーは，過度な接近行動をとったり，強いストレ

スを解消する手段として不適切なコーピングを用いたりする傾向があり，それが自分の気持ちを落ち着かせるための手段としての性加害につながったのだった。

同級生から肛門性交をされたという性被害は，ジョーが親しくて信用できると思っていた関係性のなかで起きた。この経験は，セックスや親密さに関するジョーの認知を歪め，これらについての考え方を不明瞭でねじれたものにしたと考えられる。知的障害の影響から具体的思考をしやすいジョーは，「自分の性加害によって悪影響を受ける仲間はいないのだから，自分がした性加害はたいしたことではない」と考えていた。こうした要因が重なって，ジョーは自分のニーズを満たすために性加害をするようになっていったのである。

ここまでの話を要約すると，ジョーの性加害行動は，彼の所属感や情緒的健康のニーズを満たすための手段になっていたといえる。これらのニーズに関連する資源が活用できなかったり，資源が不足していたりしたことが，直接的にジョーの性加害行動につながった。また，性的接触は親密さの感覚を強めると同時に，自分の気持ちを落ち着かせるためのはけ口にもなっており，どちらも自己強化的なものになっていた。彼にとってそうした利点があったために，所属感や情緒的健康のニーズが性加害につながり続けてしまったのである。また，日常生活ではほとんど達成感を得られなかったジョーにとって，弟への性加害を人にみられずに「逃げきる」ことは，達成感が得られるものでもあった。これも，ジョーが性加害行動を続ける大きな動機づけ要因となっていた。

■ 現在の状況についてのグッドライフ情報のまとめ

ここでは，アセスメント時のジョーの状況について，養育者の観察によって得られた情報のほか，修正版グッドライフ・モデル半構造化面接（表5.1参照）によって明らかにされた内容から，簡潔にみていきたい。

楽しむこと

性加害をしていたときのジョーの状態について，楽しむことに関する情報は，ジョーが述べた内容と一致していた。ジョーが，**楽しむ**というニーズに関連するほかの活動をしなかった理由には，専門家によるリスクアセスメントがすむまで，施設職員が新たな活動を紹介しなかったためでもある。

達成すること

アセスメントの前から、ジョーには学習に関する特別なニーズがあることがわかっていた。彼は、達成感を得られるようにさまざまな機会を提供してくれる施設で教育を受けていた。そして、施設職員から、自立するための取り組みやセルフケアができるようにうながされていた。幅や優先順位、葛藤に関しては、ほとんど変化はみられなかった。

自分自身であること

性加害をしていたときに比べると、ジョーにはセルフケアや自立の課題をこなすための機会が多くあり、また励ましてくれる人もいたが、地域内での自由は以前よりも制限されていた。また、彼の内的統制感や他人任せな意思決定、無視しているニーズ、葛藤、優先順位といった観点からみると、これに関するジョーのニーズの満たし方は、性加害をしていたときと変わりがなかった。

人と関わること

アセスメント前から実施中にかけて、ジョーの両親は、交通費の問題や弟の世話を頼める人が見つからないといった理由で、ほとんどジョーの面会に来なかった。ジョーは、毎週両親に電話をかけてもよいことになっていたが、両親はたまにしか電話に出なかったため、むらのあるやりとりだった。この時期、ジョーは弟に会えず、両親以外の家族との接触も禁じられていた。家族とのやりとりが制限されていたことは、その頃のジョーにとって大きなストレスの原因になっており、自分は家族から拒否されていて、「よそ者」のようだと思うことがよくあると述べていた。ジョーは、「自分さえいなければ、弟の人生はうまくいく」と思っており、きょうだいとの関わりがもてないことについて、とりわけ強い喪失感を口にしていた。施設職員は、ジョーが同じ施設内の子どもたちと関われるようにしたものの、リスクアセスメントが終了していなかったため、コミュニティでの活動や旅行には参加させてもらえず、そのことからジョーは自分が排除されているとか「のけ者にされている」と感じることがあった。施設に入所してから、ジョーは同世代の子どもたちから

軽いいじめを受けていた。ジョーはそれを職員に訴えて介入してもらえたため，いじめはある程度改善された。ジョーはまた，15歳の入所児童と友達になったものの，表面的な関係にとどまり，必ずしも相互関係と呼べるものにはならなかった。ジョーはもっと友達がほしいと思い，ガールフレンドさえできれば仲間に「なじめる」と思い込んでいた。依然として，ジョーは**人と関わる**というニーズに高い重要性を置いており，こればかりにとらわれていた。

目的をもち，よりよくなること
性加害をした時点でのこのニーズに関する情報は，ジョーが述べたものと一致していた。

情緒的健康
ジョーの情緒面の不安定さはなかなか改善されず，気持ちを落ち着かせるためにごく限られた手段に頼り続けていた。彼は，次第に新しい環境に適応し，担当のケースワーカーともうまくやれるようになり，ジョーはその職員を心の通い合った友人のように思い始めた。しかし，彼が安心できるのは，このケースワーカーが勤務中の時間だけだった。ジョーは，家族と会う前や同級生からちょっとしたいじめを受けたときなど，周期的に強い不安やストレスを感じることがあった。施設に入所してからの1週間，ジョーは腕の皮膚をひっかく自傷行為をしていたが，その後はやらなくなった。ジョーは，**情緒的健康**のニーズの重要性が高く，施設への入所後はさらにこのニーズを重視するようになった。

性的健康
性加害をした時点でのこのニーズに関する情報は，ジョーが述べたものと一致していた。

身体的健康
ジョーは，在宅中は健康的な食事指導に参加し，入所後は施設内のジムを利用するなど，施設入所時も**身体的健康**のニーズを満たすことに前向きに取り組んでいた。アセスメント中は，リスクアセスメントが終了

するまで,職員によって身体接触があるスポーツや施設外での活動が制限されていた。施設入所後,ジョーはよく眠れないと述べており,彼はその原因について,家族にほとんど会えなくて「家族のことが気がかり」であるためだと考えていた。まとめると,アセスメント時のジョーは,**身体的健康**のニーズに中程度の重要性を置いていたといえる。

■ ほかのアセスメント結果の概要

表 5.2 は,ジョーのアセスメント結果の概要をまとめたものである。

表 5.2 事例 A：ジョーのアセスメント結果のまとめ

性加害行動に関連する グッドライフ・ニーズ	心理アセスメント	リスクアセスメントの結果
● 情緒的健康 ● 人と関わること ● 達成すること*	● レジリエンスの低さ ● 正しい性的知識 ● 内的統制感 ● 自尊感情の低さ ● 強い情緒的反応 ● 高い孤立感 ● 認知の歪み ● 一般的な家族機能の問題	● 中レベルの懸念／低レベルのストレングス ● 中レベルの監督の必要性 ● 男児にたいする高いリスク ● 見知らぬ人,友人,成人にたいするリスクは不明 ● 性加害は私的な空間で行なわれていた ● 深刻な性加害行動のリスクがある

＊もっぱら維持的なものに限る

■ 総合的にみた臨床的定式化と提案

ジョーの治療的アセスメント報告に書かれていた,総合的な臨床的定式化と提案の概要について述べる。

愛着関係を含む社会的・情緒的発達に関して,ジョーは,DV や一貫しない養育,喪失や拒絶の体験,社会的機会の乏しさ,いじめや性被害などの要因によって,悪影響を受けてきた。知的障害があったことも,こうした困難をいっそう大変なものにしたと思われ,16 歳になるまできちんとした診断を受けられなかったことも,逆境による影響への脆弱性をさらに高めてしまったと考えられる。こうした要因が合わさり,ジョーは内的および外的な支障をきたしやすかっただけでなく,自分の基本的ニーズを満たすための内的・外的資源が不

足していたのである．アセスメントでは，ジョーは自分の**情緒的健康**と**人と関わること**のニーズを満たすために，性加害行動をしていたことが示された．**達成する**というニーズとともに，これらのニーズも，ジョーが性加害を続けた要因として不可欠なものであった．

リスクアセスメントの結果，ジョーは中レベルの不安要因と低レベルのストレングスを有すると判断された．再発を予防するためには，中レベルの監督が必要である．リスクアセスメントや心理テストによって明らかになった重大な不安要因としては，ジョーが男児へ性加害をしたこと，その行為は挿入をともなうものであったこと，感情調整が難しいこと，「自分の行動はいけないことだったけれど，弟を傷つけたわけじゃない」というような加害につながる認知の歪みがたくさんあることが挙げられる．ジョーのストレングスは限られたものではあるものの，年齢相応の性知識をもっており，音楽などポジティブな関心も有していた．ジョーのリスクアセスメントは，完全に監督された施設への入所中に実施されたものであることを特記しておく必要があろう．つまり，もし，ジョーが十分な介入を受けないうちに両親のもとに帰ったならば，不安要因のレベルは高まり，ストレングスは低下すると判断される．アセスメント評価者によると，アセスメントの情報からは，ジョーは四六時中，個別の監督が必要ではないものの，自分よりも脆弱な人と一緒にいるときは高リスク状態であるため，現在は終日の監督が必要であるとのことだった．脆弱な人とは，年少児や彼がよく知っている同級生も含まれる．ジョーは，孤独感やストレス，拒絶されたと感じたときに性加害行動に至りやすく，それはかなり深刻で侵襲的ものになりえる．

ジョーが感情の調整が不得手で，所属のニーズを満たすことができないというアセスメント結果は，性加害の再犯を予防するためには適切な監督と介入が必要であることを表している．一方，現在のジョーが適切な方法で達成感を得られる機会が増えているのは好ましいことである．彼が介入プログラムの影響を受け，自分の行動を肯定的に管理できるようになってきたら，外的なリスクにたいする監督も減らしていけるだろう．監督のレベルを低くする際は，性加害行動に関連する要因のリスクのアセスメントと進展に関する情報をふまえて慎重に判断すべきである．

これまでのアセスメントに基づくと，ジョーは自分の性加害行動に取り組むための治療的なプログラムを受けるべきであると，暫定的に提案することがで

きる。プログラムには以下のような要素を含む必要があるが，ここに挙げたものがすべてを網羅しているわけではない。

- 情緒的安全感とストレスコーピングを高めるために，感情調整とストレス耐性に関するワークを行なう。
- 愛着：調和のワークなど，他者とより機能的に関わることができるようになるために，ジョーの養育環境に働きかける。
- 対人関係：仲間と適切に交流できるスキルを伸ばすために，ジョーを支援する。
- ジョーが自分自身の被害体験を整理し，将来の安全を保つために，被害に焦点を当てたワークを行なう。
- ジョーが性加害に至った道のりを理解し，自己管理スキルを高め，自分の認知の歪みを修正できるように支援する。
- ジョーの自己肯定感を高めるために，自己同一性や自分への労りのワークを行なう。
- 特に社会的場面における問題解決法を身につける。
- 家族に関するワークは，どの治療プログラムにおいても重要な要素となる。アセスメントで得られた情報からは，ジョーに影響を与え，肯定的で適切な方法で所属感や親密感のニーズを満たすことを阻害していた家族機能の問題に注目するのがとりわけ重要であることが示されている。

治療的介入の特別なプログラムに加えて，ジョーの安全管理や社会的・情緒的発達を持続させるための基盤として，以下のような介入が暫定的に必要だと考えられた。

- リスクアセスメントによって示されたレベルの監督を実行する。
- ジョーが，生活の場で安全感を得られるように，一貫して見通しのもてる構造化や限界設定，決められた課題や時間割を設ける。
- 適応的な愛着行動のモデリングのためだけでなく，その時々の環境において情緒的なサポートが得られるように，適切な情緒的交流のある友人をもてるようにする。
- 情緒的なウェルビーイングを高めるような活動に取り組む。

- 友人関係を深めるような年齢相応の社会的活動に取り組む。
- 家族の面会や電話への期待について話し合い，あまりがっかりしないですむように，ジョーが両親に会える機会をもち続けられるようにし，家族との接点をよりよいものにする。
- 弟の希望や感情に配慮しながら，ジョーと弟との修復的司法の実現可能性を探る。

これまでに述べてきたように，ジョーが再び性加害をするリスクを効果的に軽減させるためには，監督プログラムでリスクを管理し，治療的な介入を支援するのに適切な場をつくるよう施設に求めていくことが必要だというのが私たちの見解である。ジョーの**人と関わる**というニーズと**情緒的健康**のニーズが葛藤することがある点に，注意しておかなければならない。例えば，情緒的な自己調整力の乏しさによって，仲間から拒絶されやすくなったり，また逆に，仲間からの拒絶によって自己調整力が低下することになる。こうした状況については，ジョーがその葛藤に対処するのに必要な内的な力が育つまでは，仲間との活動に参加するよりもまず，自分の気分の状態に気づけるようになったり，適切な外部のサポートを活用したりするといった段階をふんでいくことで改善されるだろう。ジョーの学習ニーズからみると，学習したことを日々の生活につなげるためには，養育環境のなかで，ワークの重要なところを繰り返し強化していくことが重要である。現在のジョーの生活環境は，彼のニーズを満たし，必要な監督を行なうことが可能だと思われる。もし，ジョーが別の場所に移らなければならなくなったら，移行はトリガーとなりうることに留意しなければならない。移行によって，彼の孤立感が高まり，よくない心理状態になるかもしれないからである。こうした心理状態は，以前，性加害や自傷行為につながっていたものである。

事例B：ウェイン

■ 背景

年齢：14歳
民族性：英国系白人
認知機能：平均の上

性加害の概要：ウェインは，学校や家庭で隠れてポルノサイトを閲覧するようになった。その後，窓辺で通りを見下ろしながらマスターベーションをするようになり，ついには地元の公園で性器露出を始めた。彼が言うには，警察に逮捕されたのは，4回目の露出をしたときだった。刑事事件として扱われることはなかったが，在宅のまま，アセスメントを受けるためにリファーされてきた。

背景情報の要約：ウェインは両親と暮らしており，ひとりっ子であった。父親は教師で，母親は同じ学校の清掃員としてパートで働いていた。両親ともに，ウェインには安定した安全で養育にふさわしい家庭環境を与えており，子どもを育てるのに力を注いでいた。ひとりっ子だったこともあり，ウェインの両親は彼を溺愛し，彼の欲求や要求にはすぐに応える傾向があった。ウェインは，発達段階からすると，かなり頑固で自己中心的だった。さらに，退屈さにたいする耐性が低く，退屈になると他者のバウンダリーを侵害したり，周囲を困らせたりすることがあった。

ウェインは，破壊的で挑戦的な行動傾向のせいで，学校でもうまくいっていなかった。平均以上の知能があったために，主要科目はつまらなくて，退屈をもて余してしまうこともあった。そうしたとき，彼は仲間や教師に悪ふざけをして，スリルや興奮を味わおうとした。学校の外では，友達と一緒に地元の店に行き，ちょっとしたものを万引きするようになり，回を重ねるごとにその手口は大胆になっていった。ついには，友達がとめるのも聞かず，彼はこんなふうな危険を冒して「スリル」を感じるのが楽しいんだと言いはった。

思春期が始まった頃，ウェインは学校の仲間内で回し読みされていたポルノ雑誌を目にした。友人たちは面白半分に見ていただけだったが，ウェインは強い関心を示し，ひとりで学校や家庭のパソコンを使ってポルノサイトを見るようになった。そして，隠れてポルノの検索にふけるようになった。次第に，彼はポルノサイトを見ることにのめりこむようになり，成人向けのさまざまな性的倒錯の特殊な専門サイトまで見るようになっていった。この頃，ウェインは自室でマスターベーションをしながら，通りを見下ろせる窓辺に立ってみることを思いついた。誰かに見られているかもしれないということに非常に強い興奮を感じた彼は，それを繰り返すようになった。ウェインの行動はエスカレートしていき，地元の公園を歩いている女性や同年代の女子に，ペニスを見せるようになった。最初の3回は身元がばれずにすんだものの，その次は知り合い

の女性にたいして露出をしたために，警察に逮捕された。ウェインは，刑事事件としての制裁は受けなかったが，在宅のまま，その性加害行動に関するアセスメントを受けるためにリファーされてきた。

■ グッドライフ・アセスメントと定式化

簡単な面接内容と背景情報に基づき，ウェインのグッドライフの定式化について述べていく。

ウェインの主要なニーズは，**楽しむこと，性的健康**そして**情緒的健康**であろう。彼が幼い頃は，怒りや悲しみ，不安といった感情を調整することができていたのに，両親が刺激を与えてくれるのに頼りきっていたため，退屈に耐える力を身につけられなかった。年齢が上がるにつれ，彼は**楽しむ**というニーズにおいて，スリルや興奮を味わえる活動によって退屈を紛らわそうとするようになった。この興奮の高まりはウェインを惹きつけ，スリルや興奮は彼にとって欠かせないものになった。そして，必ずしも退屈していないときでさえ，それらを求めるようになっていった。彼は，スリルや興奮を味わうために，万引きなどの不適切で違法な行動も頻繁にするようになった。思春期の始まりとともに，ウェインはスリルや興奮を感じるという自分のニーズを満たす手段として，性的な行動もするようになった。これらの行動は，**性的健康**のニーズである性的な満足感も同時に得られるものだった。彼は退屈さへの閾値が低かったため，行動をどんどんエスカレートさせてしまった（例えば，自室から公然とマスターベーションを見せることから，公園での性器露出へと変化したことなど）。

ウェインは，**楽しむ**というニーズにばかり重きを置いており，それによって達成するというニーズを無視することがよく見られた。また，彼の反社会的行動をとめてくれた仲間関係からも外されてしまった。ほかにも，**目的をもち，よりよくなる**というニーズも無視していた。さらに，退屈すると周囲を困らせようとする彼の傾向は，周囲から拒否されることにつながり，それによって**情緒的健康や人と関わること**のニーズの間で葛藤が生じた。

アセスメント時点でのウェインの状況は，夕方や週末にひとりで外出しないということを除いて，性加害をしたときと変わっていなかった。

■ 総合的にみた臨床的定式化と提案

ウェインの総合的な臨床的定式化と提案の概要について述べる。介入プラン

については，彼のグッドライフ・プランが書かれた第6章でさらに詳しく紹介する。

　リスクアセスメントからは，介入を行なわなければ，ウェインの性加害の再犯リスクは高いことが示された。しかし，性行動の結果として加害が起こる可能性は，低～中レベルと評価された。ウェインと家族は，リスクを管理し軽減させることができる高いストレングスを有していると評価された。ストレングスには，ウェインの知的能力，自尊心の高さ，ポジティブな将来の目標，スキルと才能，そして治療的介入を支援したり，コミュニティのなかでウェインを監督したり，ウェインがほかの向社会的な手段で自分のニーズが満たせるポジティブな機会を増やしてくれる両親の積極的な姿勢が挙げられた。ウェインが興奮の感覚を得ようとして加害行動をエスカレートさせてきたことからみて，彼が退屈を感じたときに最もリスクが高まる点も評価された。しかし，退屈さは，性加害行動が起こるうえでの必要条件ではない。なぜなら，彼は楽しみを探すために，不適切な行為をすることもあったためである。性的没頭もまた，ウェインのリスクを予測し，リスクを高める要因といえる。性加害の再犯を防ぐためには，より包括的なアセスメントを受けるまで，男性だけの活動や男性集団のなかにいるときを除いて，広域にわたる範囲において十分な監督を受ける必要がある。

　暫定的な提案として，ウェインは自分のした性加害行動に取り組むために，短期間の治療的プログラムを受けることが挙げられる。プログラムでは，スリルや興奮，性的満足のニーズや，退屈なときの情緒的な調整に焦点を当てる。ウェインへの個別プログラムと同時に，ウェインの両親もリスクの問題について理解し，子どもをどんなふうに監督したらよいかが学べるように，家族ワークを行なうことが推奨される。

事例C：リアン

■ 背景
年齢：12歳
民族性：混血（英国系白人／カリブ系黒人）
認知機能：平均
性加害の概要：10歳のとき，リアンは弟たちへの性加害を始めた。弟たちの

性器を触ったり，自分の膣を触らせたり舐めさせたりしたのである。また，下の弟の肛門に小さなおもちゃを挿入することもあった。休日に家族からのけ者にされたと感じたリアンは，見知らぬ4歳の男児に性加害行動をした。その男児の両親がリアンの性加害の全容を明らかにする調査を求め，そのアセスメントの期間中，リアンは里親のもとに預けられた。

<u>背景情報の要約</u>：リアンは，混沌とした家庭環境で生まれた。母親はヘロイン常習者で，両親の関係は暴力的で不安定なものだった。リアンの父親は嫉妬深く支配的で，突然激しい暴力をふるうことが多く，その暴力はしばしばリアンの母親にも向けられた。リアンが1歳になる前に両親は離婚し，それ以来，父親の行方はわかっていない。リアンは，英国人の白人である母親とジャマイカ人の黒人である父親の両方の血を受け継いでいたが，父親が行方不明になり，父方の親族との関係も途絶えたため，自分の民族性や文化的な伝統についてまったく知らずに育ってきた。

　母親の薬物乱用のせいで，リアンは幼少期に時折，母方のおば宅に預けられており，それによって母親との愛着は不十分なものになってしまった。リアンが父親に似ていたために，母親がリアンにたいして敵意を向けたことも事態を悪化させた。おば宅で暮らしていた間，リアンはおばのパートナー（現在はすでに離別）から性被害を受けた。リアンは，保育所で自分の性器を他児に見せたり，自分のプライベートパーツを触ったりするといった，性被害による影響と考えられる性的行動を示していたものの，当時，彼女が性被害を受けていたことに気づいてくれる人はいなかった。母親が薬物をやめたため，5歳になったリアンは母親のもとで暮らすことになった。しかし，すぐに弟が生まれたため，自分だけがかまってもらえた期間はほんのわずかであった。その弟は，現在7歳になっている。この頃，母親は安定した同棲関係を送っており，同じ男性との間に，現在6歳になる2番目の弟をもうけた。弟たちは年齢が近いこともあって，いつも一緒に遊んで仲よくしていた。リアンは，自分だけ家族から外されているように感じ，弟たちの仲のよさや，弟たちと父親の関係がよいことにひどく腹を立てていた。リアンが母親に実父のことを尋ねるたびに，リアンは母親に怒られた。リアンの幼少期と比べると，家庭は幾分安定していたとはいえ，母親が今の夫にべったりで，子どもたちの情緒的なニーズは無視されてしまい，しょっちゅう放任状態になっていた。両親は，長女であるリアンに弟たちの面倒をみさせようとした。成長にともない，リアンはそのせいで自分

が友達と遊べないことに強い不満を感じるようになった。リアンはまた，自分だけが両親に責められ，自分と比べて弟たちばかりが気に入られ，両親から求められているのではないかと感じるようになった。

　リアンはときどき，弟たちに暴力をふるうようになった。特に，怒りを感じたり苦しい気持ちになったりしたときに，弟たちを殴った。彼女が10歳になると，自分の怒りや弟たちへの恨みを表す手段として，性加害をするようになった。それは，2年間続いた。彼女は，性加害のほうが，身体的暴力をふるうよりも弟たちを深く傷つけることができ，そのうえ自分が捕まりにくく罰を受けなくてすむと捉えていた。弟たちの性器を触ったり，弟たちに自分の膣を触らせたり舐めさせたりする性加害を行なっていた。また，下の弟の肛門に小さなおもちゃを挿入した。リアンはばれないように，弟たちを暴力で脅して口どめをした。

　その後，家族の休暇の間，リアンは見知らぬ4歳の男児にも性加害を行なった。両親がリアンをトレーラーハウスに残し，弟たちだけを連れて遊園地に行ってしまい，リアンがとても苦しい気持ちになっていたときのことだった。リアンがキャンプ場をうろうろしていると，トレーラーハウスの外でひとりで遊んでいた4歳児を見つけた。リアンはその男児の手を引いて近くの公衆トイレに連れて行き，そこで男児の性器を触ったり，自分の性器を触らせたりした。その男児の両親が周囲に注意を呼びかけ，調査が行なわれることになった。それによって，リアンのさまざまな性行動が明らかになった。彼女は，アセスメントが終わるまで，里親のもとに預けられることになった。

■ グッドライフ・アセスメントと定式化

　リアンの主要なニーズは，**情緒的健康**と**人と関わること**だと思われた。これらのニーズに関連する資源の障害や不足が，リアンの性加害に直接的につながっていた。彼女は孤独感を抱いており，原家族からのけ者にされていると感じていたものの，所属のニーズを満たすためのほかの手段をもち合わせていなかった。自分は他者と違うという感覚は，実父について何も教えてもらえなかったことによる民族性の混乱ともつながっていた。また，弟たちとの年齢差があったことも，疎外感や孤独感をもたらした。こうした感情は，彼女が自分は両親からスケープゴートにされているという認識や，自分は弟たちの面倒をみる責任を負わされているといった認識とも関連していた。弟の面倒をみなければ

ならないために遊びや友人関係に費やせる時間が限られていたことも，怒りや恨みの気持ちにつながっていた。彼女は，自分の立ち位置を変えたり，自ら受け入れてもらえるようにしたり，適切に感情をコントロールするための力がなかったために，**情緒的健康**や**人と関わること**のニーズを満たそうとしてまず身体的な攻撃から始め，そのうちに性加害も行なうようになっていったのである。

　アセスメント時は，リアンが一時的に預けられていた里親との関係がまだ築かれておらず，また弟が被害を打ち明けたことによって自分が自宅から出されたことについても，拒絶感や恨みの感情を高めていた。このことからも，リアンが**情緒的健康**や**所属**に関するニーズを満たす力や機会がほとんどなかったことがわかる。また，彼女は母親代わりのおばとの関わりを続けていたが，リアンの両親はおばにたいして拒否的で，リアンがおばに連絡をとるのをよしとしなかった。リアンは，ほかのニーズに比べると情緒的健康にはほとんど目を向けておらず，自分のニーズについて狭い視点でしか捉えられていなかった。**情緒的健康**と**人と関わること**のニーズは，彼女が情緒的な安全感をもっていないために，新たな養育者を拒んでしまうという葛藤を生じさせていた。

■ 総合的な臨床的定式化と提案

　リアンのグッドライフ・プランの詳細は，第6章で詳しく述べる。

　リアンは，性加害の再犯リスクが高いと評価された。彼女がこれまでにとってきた性行動をみると，幼い男児にたいするリスクが高く，性的に高圧的で攻撃的であることがわかる。また，怒りや不満の感情が，彼女の加害行為の重要なトリガーとなっていると考えられた。リアンは，他児をどこかに連れ込むといったことから挿入をともなう性行動まで，幅広い性行動があるために，より深刻な加害を起こす可能性があるといえる。

　また，リアンは自立的なスキルや芸術にたいして強い関心をもっていたが，現実的な将来の見通しや自分にたいする信頼感がなく，ストレングスは低いと評価された。さらに，大人からのソーシャルサポートも仲間からのソーシャルサポートもどちらも不足しており，自分のニーズを満たすためのコミュニケーション力も身についていなかった。

　暫定的な提案として，リアンは自分のした性加害行動に取り組むための治療的介入を受けることが推奨された。介入では，情動調整と人間関係に焦点を当

てたワークをするとよい。加えて，リアンは自宅ではなく専門里親のもとで生活するのが望ましく，里親となる養育者は，リアンへの接し方について実践家から心理療法的なコンサルテーションとサポートを受けるべきだとされた。

文　献

Andrews, D. A. 1996. Recidivism is predictable and can be influenced: An update. *Forum on Corrections Research* 8(3):42–44.

Andrews, D. A., and J. Bonta. 2010. *The psychology of criminal conduct*, 5th ed. New Providence, NJ: Lexis Matthew Bender.

Andrews, D. A., J. Bonta, and R. D. Hoge. 1990. Classification for effective rehabilitation: Rediscovering psychology. *Criminal Justice and Behaviour* 17(1):19–52.

Andrews, D. A., and C. Dowden. 2006. Risk principle of case classification in correctional treatment. *International Journal of Offender Therapy and Comparative Criminology* 50(1):88–100.

Beckett, R. 1994. Assessment of sex offenders. In T. Morrison, M. Erooga, and R. Beckett (eds.), *Sexual offending against children*, 55–79. London: Routledge.

Beech, A. R., and T. Ward, 2004. The integration of etiology and risk in sex offenders: A theoretical model. *Aggression and Violent Behavior* 10:31–63.

Bickley, J. A. 2008. Outline of comprehensive assessment and intervention with young people who sexually abuse. Unpublished personal communication, October 5, 2012.

Bickley, J. A. 2012. Comprehensive assessment framework for young people who sexually abuse. Unpublished personal communication, October 5, 2012.

Bonta, J., and D. A. Andrews. 2007. *Risk–Need–Responsivity model for offender assessment and treatment*. User Report No. 2007-06. Ottawa, Ontario: Public Safety Canada.

Bourgon, G., K. E. Morton-Bourgon, and G. Madrigrano. 2005. Multisite investigation of treatment for sexually abusive juveniles. In B. K. Schwartz (ed.), *The sex offender: Issues in assessment, treatment, and supervision of adult and juvenile populations, vol. 5*, 15-1 to 15-17. Kingston, NJ: Civic Research Institute.

Bremer, J. 2006. Building resilience: An ally in assessment and treatment. In D. Prescott (ed.), *Risk assessment of youth who have sexually abused: Theory, controversy and strategies*. Oklahoma City: Wood 'N' Barnes Publishing.

Calder, M. 2001. *Juveniles and children who sexually abuse: Frameworks for assessment*, 2nd ed. Dorset, UK: Russell House Publishing.

Cann, J., C. Friendship, and L. Gozna. 2007. Assessing crossover in a sample of sexual offenders with multiple victims. *Legal and Criminological Psychology* 12(1):149–163.

Clare, I. C. H. 1993. Issues in the assessment and treatment of male sex offenders with mild learning disabilities. *Sexual and Marital Therapy* 8:167–80.

Clare, I. C., and G. H. Gudjonsson. 1993. Interrogative suggestibility, confabulation, and acquiescence in people with mild learning disabilities: Implications for reliability during police interrogation. *British Journal of Clinical Psychology* 32(3):295–301.

Cockburn, T. 2000. Case studying organisations: The use of quantitative approaches. In B.

Humphries (ed.), *Research in social care and social work*, 59–68. London: Jessica Kingsley Publishers.

Craig, L. A., K. D. Browne, and I. Stringer. 2004. Comparing sex offender risk assessment measures on a UK sample. *International Journal of Offender Therapy and Comparative Criminology* 48(1):7–27.

Eells, T. D., and K. G. Lombart. 2011. Theoretical and evidence-based approaches to case formulation, in forensic case formulation. In P. Sturmey and M. McMurran (eds.), *Forensic case formulation*, 1–32. Chichester, UK: John Wiley and Sons.

Finkelhor, D. 1984. *Child sexual abuse: New theory and research*. New York: Free Press.

Flitcroft, A., I. James, M. Freeston, and A. Wood-Mitchell. 2007. Determining what is good in a good formulation. *Behavioural and Cognitive Psychotherapy* 35(3):352–64.

Gilby, R., L. Wolf, and B. Goldberg. 1989. Mentally retarded adolescent sex offenders: A survey and pilot study. *Canadian Journal of Psychiatry* 34(6):542–48.

Grant, H. 2006. Assessment issues in relation to young people who have sexually abusive behaviour. In M. Erooga and H. Masson (eds.), *Children and young people who sexually abuse others: Current developments and practice responses*, 2nd ed., 67–76. New York: Routledge.

Griffin, H. L., A. R. Beech, B. Print, H. Bradshaw, and J. Quayle. 2008. The development and initial testing of the AIM2 framework to assess risk and strengths in young people who sexually offend. *Journal of Sexual Aggression* 14(3):211–25.

Griffin, H. L., and L. Harkin. 2012. *Youth offending: Resilience and protective factors*. Birmingham, UK: University of Birmingham.

Griffin, H. L., and S. A. Price. 2009. *Evaluation of the Good Lives approach: Additional considerations for scoring*. Sale, UK: G-map Services.

Griffin, H. L., and S. Vettor. 2012. Predicting sexual re-offending in a UK sample of learning disabled adolescents. *Journal of Sexual Aggression* 18:64–80.

Haaven, J. L., R. Little, and D. Petre-Miller. 1990. *Treating intellectually disabled sex offenders: A model residential program*. Orwell, VT: Safer Society.

Hackett, S. 2006. Towards a resilience-based intervention model for young people with harmful sexual behaviours. In M. Erooga and H. Masson (eds.), *Children and young people who sexually abuse others: Current developments and practical responses*, 2nd ed., 103–14. London: Routledge.

Hammond, S. 2006. Using psychometric tests. In G. M. Breakwell, S. Hammond, C. Fife–Schaw, and J. A. Smith (eds.), *Research methods in psychology*, 3rd ed., 182–209. London: Sage Publications.

Hayes, D., and J. Devaney 2004. Accessing social work case files for research purposes: Some issues and problems. *Qualitative Social Work* 3:313–33.

Keeling, J. A., A. R. Beech, and J. L. Rose. 2007. Assessment of intellectually disabled sexual offenders: The current position. *Journal of Aggression and Violent Behavior* 12(2):229–41.

Laws, D. R., and T. Ward. 2011. *Desistance and sexual offending: Alternatives to throwing away the keys*. New York: Guilford Press.

Mann, R., S. Webster, C. Schofield, and W. Mashall. 2004. Approach versus avoidance goals in relapse prevention with sexual offenders. *Sexual Abuse: A Journal of Research and Treatment* 16:65–76.

Medoff, D. 2003. The scientific basis of psychological testing: Considerations following Daubert,

Kumho, and Joiner. *Family Court Review* 41(2):199–213.

Miner, M. H. 2002. Factors associated with recidivism in juveniles: An analysis of serious juvenile sex offenders. *Journal of Research in Crime and Delinquency* 39:421–36.

O'Callaghan, D. 2004. Adolescents with intellectual disabilities who sexually harm: Intervention design and implementation. In G. O'Reilly, W. L. Marshall, A. Carr, and R. C. Beckett (eds.), *The handbook of clinical intervention with young people who sexualy abuse*, 345–68. Hove, East Sussex, UK: Brunner-Routledge.

Paulhus, D. L. 1999. *Paulhus Deception Scales*. New York: Multi-Health Systems.

Prentky, R., B. Harris, K. Frizzell, and S. Righthand. 2000. An actuarial procedure for assessing risk in juvenile sex offenders. *Sexual Abuse: A Journal of Research and Treatment* 12:71–93.

Prentky, R., and S. Righthand 2003. *The Juvenile Sex Offender Protocol-II (J-SOAP-II)*. Retrieved from http://www.csom.org/pubs/JSOAP.pdf.

Print, B., H. Bradshaw, J. Bickley, and M. Erooga. 2010. Assessing the needs and risk of re-offending of young people who sexually abuse. In J. Horwath (ed.), *The child's world: The comprehensive guide to assessing children in need*, 2nd ed., 260–79. London: Jessica Kingsley Publishers.

Print, B., H. Griffin, A. R. Beech, J. Quayle, H. Bradshaw, J. Henniker, and T. Morrison. 2007. *AIM2: An initial assessment model for young people who display sexually harmful behaviour*. Manchester, UK: AIM Project.

Purvis, M. 2010. *Seeking a good life: Human goods and sexual offending*. Germany: Lambert Academic Press. Published doctoral dissertation.

Purvis, M., T. Ward, and G. M. Willis. 2011. The Good Lives model in practice: Offence pathways and case management. *European Journal of Probation* 3(2):4–28.

Rasmussen, L. A. 2004. Assessing sexually abusive youth. In R. Geffner, K. Crumpton Franey, T. Geffner Arnold, and R. Faconer (eds.), *Identifying and treating youth who sexually offend: Current approaches, techniques and research*, 57–82. New York: Haworth Maltreatment and Trauma Press.

Rich, P. 2003. *Understanding juvenile sexual offenders: Assessment, treatment, and rehabilitation*. New York: John Wiley and Sons.

Rich, P. 2009. *Juvenile Sexual Offenders: A Comprehensive Guide to Risk Evaluation*. Hoboken, NJ: John Wiley and Sons.

Rich, P. 2011. *Understanding, assessing, and rehabilitating juvenile sexual offenders*, 2nd ed. Hoboken, NJ: John Wiley and Sons.

Seto, M. C., M. L. Lalumière, and R. Blanchard. 2000. The discriminative validity of a phallometric test for pedophilic interests among adolescent sex offenders against children. *Psychological Assessment* 12:319–27.

Seto, M. C., W. D. Murphy, J. Page, and L. Ennis. 2003. Detecting anomalous sexual interests among juvenile sex offenders. *Annals of the New York Academey of Sciences* 989:118–30.

Sturmey, P. 2010. Case formulation in forensic psychology. In M. Daffern, L. Jones, and J. Shine (eds.), *Offence paralleling behaviour: A case formulation approach to offender assessment and intervention*, 25–51. Chichester, UK: John Wiley and Sons.

Taylor, S. E. 1998. The social being in social psychology. In D. T. Gilbert, S. T. Fiske, and G. Lindzey (eds.), *The handbook of social psychology, vol. 1,* 4th ed., 56–96. Boston: McGraw-Hill.

Vizard, E. 2002. The assessment of young sexual abusers. In M. C. Calder (ed.), *Young people who* sexually abuse: Building the evidence base for your practice, 176–95. Lyme Regis, UK: Russell House Publishing.

Ward, T. 2003. The explanation, assessment, and treatment of child sexual abuse. *International Journal of Forensic Psychology* 1(1):10–25.

Ward, T., and C. A. Stewart. 2003. Criminogenic needs and human needs: A theoretical model. *Psychology, Crime, and Law* 9:125–43.

Will, D. 1999. Assessment issues. In M. Erooga and H. Masson (eds.), *Children and young people who sexually abuse others: Challenges and responses*, 86–103. London: Routledge.

Willis, G. W., P. M. Yates, T. A. Gannon, and T. Ward. 2013. How to integrate the Good Lives model into treatment programs for sexual offending: An introduction and overview. *Sexual Abuse: A Journal of Research and Treatment* 25(2):123–42.

Wilson, R. J., and P. M. Yates. 2009. Effective interventions and the Good Lives model. *Aggression and Violent Behavior* 14(3):157–61.

Worling, J. R. 2012. The assessment and treatment of deviant sexual arousal with adolescents who have offended sexually. *Journal of Sexual Aggression* 18(1):36–63.

Worling, J. R., and T. Curwen. 2001. Estimate of Risk of Adolescent Sexual Offense Recidivism (the ERASOR, Version 2.0). In M. Calder (ed.), *Juveniles and children who sexually abuse: Frameworks for assessment*, 372–97. Lyme Regis, UK: Russell House Publishing.

Yates, P. M., D. A. Kingston, and T. Ward. 2009. *The Self-Regulation model of the offence and re-offence process, vol. 3: A guide to assessment and treatment planning using the integrated Good Lives/Self-Regulation model of sexual offending*. Victoria, BC: Pacific Psychological Assessment Corporation.

第6章
グッドライフ・プラン

ローラ・ワイリーとヘレン・グリフィン
(Laura Wylie & Helen Griffin)

　グッドライフ・モデルでは,「求める人生を獲得するための重要な目標や活動が記載され, どんな人になりたいかを映し出す」グッドライフ・プランをつくることが, 重要な眼目のひとつである (Langlands et al., 2009, p.119)。加えて, Gマップでは, グッドライフ・プランはリスク低減のための道具としても使われ, 少年一人ひとりにつくられる。少年によって優先されるニーズは異なるし, 性加害行動によって満たそうとするニーズはさまざまであるし, 一人ひとり異なる関心, ストレングス(強み), 資源, 野心をもっていて, ぶつかる障害や困難もさまざまであるからである。イエイツら (Yates et al., 2010, p.248) は,「プランは, 一人ひとりのクライエントごとに個別化されていることが不可欠である」と述べている。

グッドライフ・チーム

　グッドライフ・モデルは, 人は誰でも, いくつかの主要なニーズを満たすことが大切であるとはっきり述べている。そうしないと,「人生のつまづき, 心理的問題, 社会的不適応」が生じるかもしれない (Ward & Stewart, 2003a, p.33)。少年がこれらのニーズを満たす力を伸ばすことは, 全人的アプローチと一致しており, 彼らが「グッドライフ」を獲得する能力と機会をもつことを保証する。したがって, 理想的には, 性加害行動をもつ少年たちと関わる実践家たちは, 彼らの性加害行動に直接関係するニーズとしないニーズの両方を促進するであろう。多職種協働チームにおいては, さまざまな専門家が, それぞれの経験と専門的技術によって, 少年の内的能力を開発し, 外的支援体制を強化し, より包括的にグッドライフ・ニーズを充足させることができる。家族, よい仲間とのつながり, 少年のためのワーカー, 精神保健・社会的養護・教育・少年司法

の専門家など，多くの人々やグループがこの過程で役割を果たすことができる。例えば，保健師は，少年の**情緒的健康**ニーズを支えるのに中心的役割を果たしうるし，社会的養護の専門家は，家族を支えて，家族が健康ニーズに応えることや肯定的所属感を強めることができる。少年の関わり感は，肯定的な仲間とのつながりによってさらに強められる。仲間とのつながりは，少年のアイデンティティを支える。達成と楽しむことのニーズは，教育や少年たちのワークといった活動で促進されうる。少年司法の専門家は，賠償や修復的司法の過程で，その少年が目的と社会貢献の感覚をもつことを助けることができるだろう。その人の幅広いニーズを充足させる力を支えようとするこうした努力は，あいまって，自尊心や自分と社会への投資によい影響を与える可能性が高い。

グッドライフ・プランを作成するために，アセスメントが終わるとミーティングが行なわれる。少年，その保護者，治療スタッフ，介入過程で直接その少年に関わるであろう関係者が参加する。このグループは，その少年のグッドライフ・チームと呼ばれ，時を経て交代することはあるものの，支援するのに必要な人々で構成されており，チームの目的は，その少年が定められたニーズを，肯定的で社会的に適切な方法で充足するのを支援することである。チームで関わることは，変化の過程についてよく知っていて，課題遂行を積極的に支援できる人々のネットワークがあることを意味する。また，少年本人とその家族をチームメンバーとすることは，彼らの変化の過程への関与と参加を促進する。

性加害行動に関わるニーズに限らず，少年がさまざまなニーズを効果的に満たすことが望ましいが，これはひとつの機関だけでは十分な資源をもちえないことは明白である。例えば，専門家組織ではあるが，Gマップが少年の主たるニーズのすべてを直接扱う資源をもつとは限らない。しかし，多職種チームとして関わることによって，グッドライフ・チームのほかのメンバー，すなわち家族，養育者，ソーシャルワーカー，保健師，少年司法専門職などによって，ほかのニーズが促進され，扱われうることを意味する。繰り返しになるが，犯罪原因ではないニーズもその少年の課題として残され，グッドライフ・プランの最後の部分に，その少年の性加害行動には直接結びついていないニーズとそれにたいして周囲が行なうべきことを記載する。このことは，更生に関わるさまざまな側面がいかに全体としてつながるのか，また彼らがグッドライフを達成するのを周囲がどのように支援できるかを示すために，犯罪原因ではないニ

ーズも含めるべきだというウィリスら (Willis et al., 2013) の推奨と一致している。少年が，すべてではなくとも，ほとんどの主たるニーズをある程度充足しようとすることが望ましいが，少年が重要と感じていない，つまり努力する動機を欠いているようなプランをつくってもほとんど価値はない (Yates et al., 2010)。

少年が専門家の意見に圧倒される感じをもたず，プラン作成に積極的に関われるというミーティングの雰囲気をつくり，少年の貢献をできるだけ大きくすることが重要である。したがって，グッドライフ・チーム会議への参加は，プランされた作業を遂行し，支援するのに積極的役割を果たす人に限定されるべきである。ほかの専門家とのグッドライフ・プランに関する情報の共有は，議事録や電話，あるいは別の会議でなされうる。チームの最初のミーティングに先立ち，少年と養育者は，修正版グッドライフ・モデル (GLM-A) について教えられる。そのモデルの理論的背景，各ニーズは何を含んでいるかといったことを理解することによって，彼らは自信をもってプランを立てられる。例えば，協働作業や目標設定に関わることによって，サービスを受ける人の自律性を促進しエンパワーすることは，グッドライフ・モデルの目指すところと一致しており (Willis et al., 2013)，介入の長期的成功につながる (Walters et al., 2007)。

グッドライフ・プランの内容

最初の段階では，グッドライフ・プランは頼りないものにみえるかもしれないが，その少年が治療作業により関与し，グッドライフ・チームが検討し続けるにしたがって，より包括的になるだろう。グッドライフ・プランの中核は，行動プランの作成である。行動プランには，少年，家族，養育者，専門家が行なうべき課題が含まれ，治療作業の焦点を組み込む。変化する道具として，グッドライフ・プランは，介入を通して，3カ月ごとに改訂され改善される。

グッドライフ・モデルでは，アセスメントと更生プランには，能力，障害，手段，葛藤，そして幅を入れるべきと考えている (Ward & Stewart, 2003b)。そのためには，グッドライフ・プランは，ニーズが満たされる方法を詳細に明らかにし，少年のストレングス，資源，そして困難に合わせて，現実的で達成可能である必要がある。プランは，あらゆる起こりうる欠点に敏感でなければならない。すなわちニーズを満たす際の障害，少年によって無視される，あるいは

注目されすぎるニーズ，そして同時に満たすことが難しい葛藤するニーズである。ワードら (Ward et al., 2007) は，葛藤の例として，パートナーを支配することで自律性のニーズを満たそうとすれば，親密性のニーズを満たすことは難しいかもしれないということを挙げている。手段が適切であることも重要である。ニーズを満たすために，不適切で有害な手段を使うことはグッドライフ・モデルの弱点となるからであり (Willis et al., 2013)，ストレングスを肯定的・否定的両方の結果のために使う可能性があるからである (Linley & Harrington, 2006)。したがって臨床家は，その人が肯定的な目標を達成するために内的資源を使うように励まさなければならない。

少年が理解できるよう，プランでは簡単な言葉を使うべきである。例えば，プランの見出しは以下のようなものにする。

- 僕にはどんなストレングスがあるか？（内的能力／資源）
- 僕の周りで助けてくれるのは誰？　どんなこと？（外的能力／資源）
- 性加害行動を管理できるようになるには，僕の何を変える必要がある？（内的障害）
- 性加害行動を管理できるようになるには，周りは何を変える必要がある？（外的障害）
- 最も重要なニーズを，今，どうやって満たせばいい？　そのニーズを満たす別の方法は？（手段）
- 互いにぶつかり合うニーズは何？（葛藤）
- 僕が無視しているニーズは何？（幅）

少年が理解できる言葉を使うことによって，グッドライフ・プランは，彼らにプラン作成や介入過程に積極的に参加できる手段を提供する。Gマップのグッドライフ・プランは，少年やグッドライフ・チームが，リスクを理解し，それを軽減させ，内的・外的資源を増やし，障害を減らし，少年がニーズを見つけて人生を豊かにするのを手伝うことに協働して取り組む基盤を提供する。加えて，プランは以下の項目を含む。

- 問題の成り立ちがまとめられる（見出し：「僕の性加害行動に関連しているかもしれない以前の生活についてわかっていることは？」）。

- 性加害行動に関連する主なニーズが挙げられる（見出し：「性加害行動は僕のどんなニーズを満たしていたか？」）。
- 優先されるニーズが認識される（見出し：「ニーズのなかで最も重要なものは何？」）。
- リスク・アセスメント結果で明らかになった情報が提供される（見出し：「僕とほかの人たちの安全を保つ」）。
- 治療プランのまとめ（見出し：「僕が治療で行なう必要があることは何？」）。
- 短期的行動プランを詳しく記載する（見出し：「次のプランミーティングまでに，僕とほかの人がする必要があること」）。

さまざまなニーズを満たす手段が，あまりにも限られたものであったり，狭いものであったりしないことが重要である。例えば，グッドライフ・プランが，すべてのニーズを恋人との関係だけで満たしたり，あるいは恋人から受け入れられることだけに偏っていると，恋人との関係が終わると，あるいは恋人から受け入れられないと，うまくいかなくなる。この危険性は，各々の主要なニーズを満たすためにグッドライフ・プランにいくつかの手段を盛り込むことによって回避できる。グッドライフの幅や手段が限られていると，幸福やニーズの充足は一時的なものになってしまう。それどころか，長期的には，寂しさとか情緒不安定といった要因が生じてリスクを高めることになってしまいかねない。プランには，動的リスク要因も入れるべきである。動的リスク要因は，加害に関係するニーズの充足の障害となるものであり，かつ変えられるからである。

　グッドライフ・プランを立案するとき，グッドライフ・チームは少年がそのプランがどのくらい現実的で達成可能なものであるかをよく考えるように導き，支援するべきである。目標設定の際には，個人の環境，発達，能力，支援ネットワークを考慮するべきである。例えば，地域に住んでいる少年よりも収容されている少年のほうが，より多くの環境的障壁にさらされている可能性が高いし，収容状況で達成可能な目標を考える際は，グッドライフ・チームは，より創造的に，広い視野で考える必要がある。重要なのは，少年がニーズを満たそうとするときに出会うかもしれない障害に気づくことができるように励ますことであり，それを考えることによって，どんな弱点がどのように影響するか，それを避けるにはどうするかを少年が理解するのを助けることである。そ

うした過程が，少年がリスクを知り，問題解決方法を使うよう手助けすることになる。

グッドライフ・プランの修正

　グッドライフ・プランは，継続的，動的過程として，また新しい情報が入手されるごとに修正されるべきである。少年とそのネットワークがプランをどのくらい実行できているかに応じても，修正されるべきである。実行の要点の大部分は，少年のスキルと能力を伸ばし，障害を克服し，自分にとって重要なニーズと性加害行動に関わるニーズの両方を満たすことに関連している。したがってグッドライフ・プランの修正は変化の指標となり，少年があるときに特定のニーズをうまく満たした進歩を追跡する方法を提供する。進歩と変化を考えるときに重要なことは，少年の自己申告に加えて，治療に関わる親や養育者といった重要な他者による観察も考慮に入れることである。

　変化を追うことに加えて，修正プランには，特定の障害に出くわしたときにニーズを満たす別の経路を組み込む必要がある。例えば，あるプランは，少年が親との関係を改善させることによって所属感を強めることを含んでいたが，親にはその気がなかったりできないとしたら，プランでは現在の障害として特記し，ほかの家族メンバーないし，養育者や仲間などとの代わりとなる関係に焦点を当てて所属感を得るといった，ほかの手段を強調するべきである。

目標設定

　長期的目標は，少年が将来何になりたいかに焦点を当て，それゆえ変化の過程に取り組むのを助けることができる。長期的目標の設定は重要であるが，少年には，強化され，達成可能で，すぐに満足が得られる目標設定が必要である。目標が長い間達成できないと，少年が進歩や変化の認識をもつことが妨げられ，動機づけが低下することになる。したがって，長期的目標は，勢いと達成感をもてるように短期的目標の積み重ねとして立てられるべきである。例えば，長期的目標がスポーツクラブに入ることであれば，要素となる短期目標は，フィットネスのプログラムを続けること，他者とうまく交流することができるソーシャルスキルを発達させること，適切なクラブやメンバーになる条件

を知ること，などである。さらに，長期的目標は，少年が移り住みそうな将来的環境を予想し，彼の健康な暮らしと犯罪からの離脱を促進するような新たな環境に移る準備をすることをプランに含めるべきである。

事　例

ここでは第5章で紹介した事例のグッドライフ・プランを紹介する。

事例A：ジョー

■ 背景

年齢：16歳

民族性：白人のイギリス人

認知機能：知的障害

性加害行動の概略：15歳のときに，ジョーは家で11歳の弟をアナルレイプした。その行動は7カ月間に数回行なわれた。ジョーの弟が，ある友人の親に打ち明け，その人がジョーの両親に話して，その行動が終わった。警察に通報され，ジョーは2年間の監督命令を受けた。捜査時に，ジョーは家から出され，地方の公的児童養護施設に預けられた。

表6.1　事例A：ジョーのグッドライフ・プラン

少年：ジョー	日付：2010年10月 (アセスメント時)	出席者：ジョー，施設の寮担当，ソーシャルワーカー，治療スタッフ，ジョーの母親
以前の生活で僕の性加害行動に関連しているかもしれないこと		
僕について 母さんはいつもそばにいてくれるわけではなかった（不安定な愛着スタイル（両価型）） ●サポートや慰めを弟に求めすぎていた ●医師から軽度の知的障害があると言われていた ●自分を駄目なやつと思っていた ●全体的にものごとを見るのが難しい ●友達をつくるのに苦労していた ●感情をうまく扱えない	僕のまわりについて 母さんは，ときどきそばにいてケアしてくれた（両価型愛着スタイルのモデル） ●母さんは，しばしば悲しみ，落ち込んでいた ●家のルールは混乱していた ●母さんと父さんは，僕がどうふるまうかについて違うことを言った ●僕の親友は，僕を性的に傷つけた ●母さんと父さんは，しばしば言い争っていて，時には互いに叫び，叩き合っていた	

次頁に続く

表 6.1　続き

● 本当に調子が悪いときは，自傷するとほっとした ● 父さんだと思っていた人が父さんではなかったことを知った ● 弟を性的に傷つけた	● 両親は離婚した ● 母さんは，誰が僕の父さんなのか教えてくれなかった ● あまり外出できなかった ● 友達があまりいなかった ● 学校では勉強がわからなかった ● 学校でいじめられていた
性加害行動で満たしていたニーズ ● 情緒的健康 ● 人と関わること ● 達成感（維持）	
最も重要なニーズ（最優先ニーズ） ● 人と関わること	
僕の性加害行動に関連するニーズを，現在どうやって満たしているか？（手段）	
適切 ● 寮長・寮母先生に，悩みや心配を話す ● キーボードを弾く ● 歌をつくる ● ジムに行く ● 寮の活動に友達と参加する ● 勉強する ● 親にときどき会う	不適切 ● ときどき，友達や職員の気をひくためだけに，役に立たないことをしたり言ったりする ● ときどき少し腕を自傷していたが，最近はない
今，無視しているニーズ．もし，あれば（幅） 人と関わることに多くのエネルギーを費やしている．以前は，**身体的健康・自分自身であること・目的をもち，よりよくなること**のニーズを無視していた．今は，身体的健康と自分自身のためにするというニーズは満たされるようになってきている	今，ぶつかっているニーズ．もし，あれば（葛藤） **情緒的健康**と**人と関わること**が葛藤している．例えば，不安だったり，拒否されたと感じたり，さみしかったりしたとき，僕はときどき，注意を引くために，役に立たないことをしたり，本当ではないことを言ったりする．でも，そうすると周りに人がいなくなってしまう
ニーズを満たすほかの方法	
短期的 ● よい気分と達成感を得るのに音楽を使い，歌をつくる ● 新しい友達をつくる ● 近所の若者たちのリラクセーション／音楽グループに参加する ● 面談の時間に，寮長・寮母や他の先生たちに，心配事や問題をより率直に話すようにする	長期的 ● ガールフレンドをつくる ● 弟との関係をやりなおす ● 家族の許へ帰る ● 大学に進学し，新しいことを学ぶ ● バンドの一員になり，キーボード／ボーカルを担当する ● 職員の付き添いなしに，地域に出かける

次頁に続く

表 6.1　続き

● 家族とより多く接触する ● ジムに行き，リラックスしたり，気分がよくなるような活動に参加する ● 一所懸命に勉強し，わからないことを先生に尋ねる ● 治療者と知り合うようにする	
変える必要があること	
性加害を止めるために，自分について変える必要があること（内的障害物） ● ちゃんとやれていると，いつでも誰かに言ってもらいたいこと ● 意思決定する自信とスキル ● 僕自身についての感じ方 ● 友達をつくったり，人に話しかける能力 ● 世渡り上手または状況を読むこと ● 注目されるために話をでっちあげること ● 過去に起きた嫌なことのためにときどき起こる感情 ● 感情を管理するやり方 ● 不安／恐れ／自傷なしに難しい状況に対処するやり方 ● 弟に頼りすぎること	僕が性加害を止めるために，周囲に変わって欲しいこと（外的障害物） ● 外出時にはいつも誰かがついてくるという厳しいルール ● 親に会う回数 ● 友達をつくる機会 ● 寮でいじめられること
僕を助けるストレングス（内的資源） ● 僕の行動はたいてい前向きだ ● 僕にはたくさん趣味がある（例：サッカー，音楽，コンピューターゲーム） ● 僕はキーボードをひいたり，歌をつくることが上手い ● 僕はハンサムだ ● 僕は友好的だ ● 僕は自分の行動に責任をもてる ● 僕は清潔を保っている ● 僕は身体的に健康だ ● 僕は人の役に立つ ● 僕はちょっとした困難のときなら嫌な気持ちに対処できる ● 僕はやり遂げたいし，新しいことも進んでやってみたい ● 僕は人に助けを求めることができる ● 僕の性的知識は年齢と能力相応だ ● 僕は誰もいない場所でマスターベーションをする（僕の寝室） ● 僕は思春期をうまく迎えた	僕を助けるまわりの人やもの（外的資源） ● 僕は先生たちから助けられ，褒められる ● 勉強でたくさん頑張れる機会がある ● 施設で，自分をケアしたり，自立するスキルを伸ばすよう励まされている ● 施設で，話せる友達がたくさんいる ● 先生たちとよい関係をつくっている ● 施設には運動できる設備がある（例：ジム）

次頁に続く

表 6.1　続き

自分と人の安全を守る
● リスクアセスメントの結果は，中リスク／低ストレングスである
● リスクアセスメントは，短期〜中期間の中等度の監督を要することを示している
● 男児にたいするリスクがより高いと思われる
● 拒否されたり動揺するとリスクが高まる
● 人から受け入れられ，求められていると感じ，よい人生であり，やれていると感じ，感情をコントロールできていると，僕のリスクは低下する
● 見知らぬ人，同年代の人，大人にたいして，リスクがあるとは考えられていない
● 僕の性加害行動は，二人きりの場所で行なわれた
● アセスメントによれば，僕には深刻な性的暴行／レイプを行なう危険性がある
● 人々が僕のことをもっと知って，僕がニーズを満たせるようになった時点で，再度リスクアセスメントをすることが重要である

治療教育で行なう必要があること
● 安全感を築く
● 幼少期の関係性（愛着）と，それが現在の関係性にどう影響しているかについて理解を深める
● よりよい関係をつくる方法を学ぶ（安定した愛着）
● 僕が関係をつくるのにどう苦労しているか（愛着スタイル）を理解し，僕を助けられるように先生たちを手助けすること
● 嫌な感情に対処するよりよい方法を学ぶ（情動調整と苦痛耐性）
● 自分をよいと感じ，自信をつけることを学ぶ
● 僕が弟を性的に傷つけた理由やその影響を理解できるように助けてもらう
● 僕の性加害行動を管理する方法を学ぶ
● 不適切な性的思考に取り組む
● 性的虐待の被害者であることを理解することを助けてもらう
● 関係とコミュニケーション・スキルについて学ぶ
● 友達をつくり維持するのに役立つスキルを獲得する
● 特に社会的状況での問題解決をする方法を改善する
● 家族の問題に取り組む

次のプラン・ミーティングまでに僕とほかの人たちがする必要があること（達成可能で，目に見えるステップ）

僕	治療者
● 情動を扱うのに，音楽や歌づくりを役立てる	● 治療的環境に安全感を築く（例：定期的な面接，治療的環境や治療者が一貫していること）
● 治療者と治療に取り組み始める	● ジョーが所属感や楽しみを得るために地域の活動に安全に参加できるよう，地域資源のリスクをアセスメントする
● 寮の先生やほかの先生たちに，家族との接触でがっかりしたことを扱うのを助けてもらう	● ジョーの寮担当者とネットワークにたいし，リスクに関する支援をする
● 地域の音楽やリラクセーショングループに参加する	● 寮担当者が，ジョーの愛着の問題を理解し対応するのを助ける
● 毎日，寮の先生と 5 分間の情動調律の練習をする	

次頁に続く

表6.1 続き

● 先生たちとソーシャルスキルの練習をする ● 勉強をがんばる	● ジョーに愛着と情動調律について教える ● ジョーと一緒に成功や達成に焦点を当てた年表をつくる ● ジョーが自身のストレングスに関する歌をつくるのを助ける ● 苦痛に耐えて扱うのに役立つ，グラウンディングのやり方を教え始める ● ジョーの自傷の機能を探究し，安全プランをつくる ● ジョーがもっている情動調整のやり方を，より難しい環境でも使うよう助ける ● ジョーがどんな課題をやっていて，それがどのように役立つかを，保護者に会って説明する
寮の先生 ● 一貫した予測可能な構造，境界線，決まった手続きを提供し，ジョーが環境の中で安心感を体験できるようにする ● 毎日ジョーと5分間の情動調律練習をする ● ジョーが所属し，情動調整し，達成感を得て，楽しむことができる地域での活動／機会（例：音楽グループ）を探す ● 治療者と相談のうえ，ジョーが地域の資源に安全に接近できる機会を提供する ● 仲間との活動に参加する前にジョーの気分の状態を評価し，彼が**情緒的健康**と**人と関わること**との葛藤を乗り越えるのに役立つ，適切な外的支援を提供する ● ジョーが自傷行為のきざしを見せないか見守る ● 治療における鍵となるメッセージが，生活環境の中で血肉となるよう確実に繰り返されるようにする ● ジョーが身体を動かし，健康的な食事をするように励まし続ける ● ジョーが眠れるよう，よりよい就寝の流れをつくるのを支援する ● ジョーが情緒的信頼としてケースワーカーだけに頼りすぎないよう，何人かのスタッフがジョーのことを知るようにする	**教育** ● ジョーの関心に沿ってプロジェクトを起こす（例：音楽） ● ジョーが達成感や楽しみを味わう教育を続ける ● ジョーのソーシャルスキルに関する課題を行なう

次頁に続く

表 6.1 続き

●ジョーが毎週ケースワーカーに会って話したり，情緒的支援を受けられるよう一貫し構造化された日程を組む ●ジョーのソーシャルワーカーが家族との接触を再構築することを支援する	
家族 ●ジョーのソーシャルワーカーにジョーとの電話や面会がどのくらい現実的であるかを助言する ●福祉サービスに交通費免除を申請する ●保育サービスを使うか，両親が交替して，より規則的に訪問する ●面会予定をキャンセルする場合は，できるだけ事前に連絡する ●ジョーの治療者に会う	**その他：ソーシャルワーカー** ●ソーシャルワーカーは，少年司法職員にジョーのグッドライフ・プランに関するフィードバックを提供する ●ジョーが両親に会う機会を維持できるよう家族との接触を再構築する。ただし，ジョーの面会／電話に関する期待は管理する ●弟の希望や気持ちを考慮したうえで，ジョーと弟の修復的司法の実現性について予備的に検討する
直接性加害行動につながらないが，維持し，取り組む必要があるグッドライフ・ニーズそれらは：	
●楽しむこと ●自分自身であること ●目的をもち，よりよくなること ●性的健康 ●身体的健康	

事例B：ウェイン

■ 背景

年齢：14歳

民族性：白人のイギリス人

知的能力：平均の上

性加害行動の概略：ウェインは学校や家で，人に気づかれずアダルトサイトにアクセスするようになった。その後，彼は通りが見渡せる窓のそばでマスターベーションをし始め，最終的に地元の公園で女児にたいして陰部を露出するようになった。4回目の露出で警察に見つかり捕まった。刑事罰は受けず，在宅でのアセスメントを言い渡された。

表6.2　事例B：ウェインのグッドライフ・プラン

少年：ウェイン	日付：2010年10月 （アセスメント時）	出席者：ウェイン，両親，治療スタッフ
以前の生活で僕の性加害行動に関連しているかもしれないこと		
僕について ● 注目の的になりたかった ● 退屈ではいられなかった ● 人を挑発することを楽しいと思っていた ● 学校ではとても退屈だったので，教室を出ていったり，授業妨害をしたりして先生や他の生徒を困らせていた ● 話題になるために，危険なことや規則違反をしていた ● 刺激的なことが好きだった ● ポルノを使用していた ● 思春期を迎えてからは特に，多くの時間をセックスについて考えていた ● 僕の加害行動はどんどんエスカレートした	僕のまわりについて ● パパとママは僕を甘やかした ● 両親が僕の退屈さを満たしてくれたので，僕自身で何かをする必要がなかった ● 学校は僕の行動を管理することが難しいと思っていた	
性加害行動で満たしていたニーズ ● 楽しむこと（スリルと興奮） ● 性的健康（性的満足） ● 情緒的健康（退屈のコントロール）		

次頁に続く

表 6.2 続き

最も重要なニーズ（最優先ニーズ）
● 楽しみをもつ（スリルと興奮）

僕の性加害行動に関連するニーズを，現在どうやって満たしているか？（手段）	
適切	不適切
● ダンスミュージックを聴く（感情コントロールにつながる） ● スポーツやコンピュータゲームをする（楽しみをもつことや感情コントロールにつながる）	● アダルトサイトにアクセスする
今，無視しているニーズ．もし，あれば（幅）	今，ぶつかっているニーズ．もし，あれば（葛藤）
● 僕は**達成**や**帰属**というニーズを無視し，スリルや興奮に注目していた．僕は**目的**をもったり，**向上**しようと心がけたことはない	● 退屈なときに人を困らせたくなる僕の癖や盗みや反社会的行動（どれも友達が嫌がること）は，帰属というニーズの妨げとなる

ニーズを満たすほかの方法	
短期的	長期的
● 両親と一緒にテーマパークに行く（ジェットコースターに乗る） ●（モニタリング下で）ロッククライミンググループに加わる ● 退屈だと感じたら，コーピングテクニックを使う（例：スポーツをする／友達とおしゃべりをする／ipod でダンス曲を聴く／コンピュータゲームをする） ● 自分に起きたできごとについて両親に話をする ● マスターベーションには適切な材料を使う	● アウトドアスポーツをする ● 彼女をつくる ● 金融の仕事（例：証券取引所）ができるよう資格を取る ● スピードの出る車を所有する ● 結婚する ● おそらく家族をもつ（自信なし）

変える必要があること	
性加害を止めるために，自分について変える必要があること（内的障害物）	僕が性加害を止めるために，周囲に変わって欲しいこと（外的障害物）
● 話題になるために問題行動や規則違反をするところ ● 退屈の管理方法 ● 適切な性イメージを使う ● セックスのことを考えて過ごす時間の長さ ● 性の知識（僕は主にアダルトサイトから性について学んだ）	● リスクの高い行動を止めるために（当分の間）モニタリングする ● スリル／興奮を得るためのより多くの適切な機会をもつ ● 非協力的，もしくは問題となる行動をしたときの明確な結果を意識する ● 僕のコンピュータとインターネットアクセスのモニタリングをする ● 自分の成功したことや問題について両親に話す ● 通りを見渡せない部屋に寝室を移す

次頁に続く

表 6.2　続き

僕を助けるストレングス（内的資源）	僕を助けるまわりの人やもの（外的資源）
● 僕は頭がいい ● 普段は人と仲よくする ● 僕は人に好かれる ● 趣味をもっている（例：スポーツ，音楽，コンピュータゲーム） ● 才能がある（数学・科学とスポーツ） ● さまざまなことができると思っている（自尊心が高い） ● 健康で，外見もよく，自己管理ができる ● 退屈・怒り・混乱を感じたときのコーピング方法がある ● 両親と仲よくする ● 新しいことに挑戦しようとする ● いつも肯定的に解決しているとはいえないが問題解決ができる	● 両親は僕を助けてくれる ● 両親には，身体的・情緒的・経済的に頼ることができる ● 両親は進んで僕をモニタリングする ● 両親は治療者に協力し，家族セッションに参加してくれる ● 両親は継続してイベントに連れて行ってくれる（例：スポーツイベント，家族が見つけた新たな活動） ● 友達は悪くふるまわないし，トラブルを起こさない ● 学校は進んで僕を助けてくれる

自分と人の安全を守る
- 再び公共で陰部の露出をすることのリスクが高い
- （同級生の）女子や大人の女性にたいしてリスクが高い
- 大人の男性や年下の子どもへのリスクはわからない
- 短期～中期的には，公共の場にいるときに高いレベルでのモニタリングが必要である（例外は，スポーツなど男性だけでの活動）
- リスクアセスメントでは，僕はリスクを減らすことのできる多くの強みをもっていることが示された
- 自分が退屈だと感じたとき，楽しみを探しているとき，そして性的興奮を感じたときに僕のリスクは高くなる
- 興奮を満たしたとき，退屈さを肯定的に管理できたとき，セックスに過剰に集中しないときは僕のリスクは低くなる
- 継続したリスクアセスメントが必要である

治療教育で行なう必要があること
- 治療者と肯定的な関係を築く
- 感情コントロール方法の改善に取り組む
- 露出する理由や被害者に起こりうる結果について理解する
- 性教育
- 性に関する役に立たない情報や考えを整理する
- 性的興奮に対する適切なコントロール方法を学ぶ
- 楽しみや刺激を満たすことができるような，適切な問題解決スキルを高める
- 僕の家族へ働きかけることで，家族が僕の性加害行動をよく理解し，僕の行動を管理し変化させる方法を理解できるようにする

次頁に続く

表 6.2 続き

次のプラン・ミーティングまでに僕とほかの人たちがする必要があること（達成可能で，目に見えるステップ）	
僕 ● 治療的取り組みを開始する ● 通りを見渡せないようなところに寝室を移す ● プライバシーのルールを忠実に守る（例：マスターベーションをするときにはカーテンとドアを閉める） ● コンピューターの使用についてのルールを守る ● 地域で楽しめる活動をさがす ● 感情コントロールに取り組む。特に退屈なとき	治療者 ● ウェインとの肯定的な関係を保つ ● ウェインの両親に会って，彼の性加害行動の理解をうながし，その行動をどうやって管理・変化させるかについて話をする ● モニタリングや安全な性行動のルールについて両親と一緒に考える ● ウェインの学校に行って，モニタリングについて話し合う ● ウェインが自分の性加害行動や変化のプロセスについて理解できるよう働きかける ● ウェインと一緒に感情調整力や欲求不満耐性を高めることに取り組む
家族（両親） ● ウェインの治療的取り組みに立ち会い，ともに取り組む ● 彼が地元にいるときは，ウェインをモニタリングする ● ウェインのコンピュータやインターネットアクセスをモニタリングする ● 楽しい感情を得られるような地域の活動を見つけられるようウェインをサポートする ● ウェインの行動が不適切で問題となるとき，彼に行動の結果を明確に伝える ● より建設的な方法による退屈の管理をウェインにうながす	教育 ● ウェインが学校にいるとき（特に自由時間）モニタリングする ● ウェインのコンピュータやインターネットアクセスをモニタリングする ● ウェインの学力に沿った課題を出すよう努める

直接性加害行動につながらないが，維持し，取り組む必要があるグッドライフ・ニーズそれらは： ● 達成すること ● 自分自身であること ● 人と関わること ● 目的をもち，よりよくなること ● 身体的健康

事例C：リアン

■ 背景

年齢：12歳

民族性：混血（白人系イギリス人／黒人系カリブ人）

知的能力：平均

性加害行動の詳細：10歳のときから，リアンは弟たちにたいして性加害を始めた。加害内容は，弟たちの性器を触ったり，自分の性器を触らせたり舐めさせたりした。さらに，リアンは弟たちの肛門に小さな玩具を挿入していた。リアンは家族の休日で疎外感を抱いたとき，知らない4歳の男児に性加害をした。その男児の親は，リアンのすべての加害行為を明らかにするため調査を要請した。リアンはアセスメント期間中，里親のところへ身を置いた。

表6.3　事例C：リアンのグッドライフ・プラン

児童：リアン	日付：2010年10月（アセスメント時）	出席者：リアン，セラピスト，里親
以前の生活で私の加害行動に関連しているかもしれないこと		
私について	私のまわりについて	
●ママから必要とされていると感じたことがない ●私の叔母さんは素晴らしい人で，ときどきママの代わりに私の世話をしてくれる ●私は1歳のときからパパに会ったことがない ●私は自分の感情を扱うことが難しい ●友達や弟たちと肌の色がちがうことの意味がわからない ●私は自分自身をよく思っていないし，自分の見た目も嫌いだ ●私は物事を考え続けるのが苦手だと思っていた ●私はママとうまくやれない ●同じ年頃の子たちとうまくやれないと思っていた ●私はよく怒っていた ●ママは弟たちとばかり過ごしていたので，私は弟たちに嫉妬していた	●私は家で，ママが私にどうふるまうのか，何を期待してよいのかわかったことがない ●ママは薬物を使用していた ●パパはママに暴力をふるっていた ●小さい頃，私は叔母さんの彼氏から性的虐待を受けた ●私が子どもの頃，ママは私をちゃんと世話しなかった ●両親は私を見守っておらず，私はいつでもやりたい放題できた ●私は学校でいじめにあっていた ●私は同級生と会う機会が少なく，友達をつくれなかった ●自分の感情や心配ごとについて話せる人がいると感じたことがない ●私の仕事ではないのに，弟たちの世話を期待されていた ●ママとママの彼氏は，私よりも弟たちの方を好きだった	

次頁に続く

表 6.3　続き

● 私はときどき弟たちをいじめていた ● 私は幼稚園で性的なふるまいをしていた ● 私は弟たちを性的に傷つけた ● 私は知らない男の子を性的に傷つけた	
性加害行動で満たしていたニーズ ● 情緒的健康 ● 人と関わること	
最も重要なニーズ（最優先ニーズ） ● 人と関わること	
私の性加害行動に関連するニーズを，現在どうやって満たしているか？（手段）	
適切 ● 自分の寝室で音楽を聴く ● 叔母さんと会う	不適切 ● 新しい里親を避ける ● すごく腹を立てて，里親の持ち物を壊す
今，無視しているニーズ。もし，あれば（幅） ● 私は現在，**情緒的健康**に集中している 　無視しているニーズは， 　　● 人と関わること 　　● 楽しむこと 　　● 達成すること 　　● 自分自身であること 　　● 目的をもち，よりよくなること 　　● 性的健康 　　● 身体的健康	今，ぶつかっているニーズ。もし，あれば（葛藤） ● **情緒的健康**と**人と関わること** 　例えば： 　● 幸せだと感じないので，新しい里親と関わることを避ける 　● 自分の感情を処理するために，里親の持ち物を壊す。それによって，私と里親の間でケンカや問題が生じる
ニーズを満たすほかの方法	
短期的 ● より頻繁に叔母さんと会う ● 関わりを築き，安心感をもち始められるよう住む場所を見つける ● 学校に戻る ● 感情を表現し，感情を扱うために美術を使う ● 気分をよくすることをする。ヘア・スタイリング，ネイル・アート，好きな服を選ぶなど ● 私の文化や民族について学び始める ● 治療者との関係を築くという治療の最初の部分を行なう ● 11歳以上の子どもが対象の地域の美術・工芸グループに参加する	長期的 ● 自分の家族と仲直りをして，今よりも仲よくなる ● 父方家族と接触をもつ ● 私の外出時に，大人が私を見守る必要のない時間を増やす ● おそらく叔母さんのところに引っ越す ● 友達をつくる ● 彼氏をつくる ● 大学で美術を学ぶ

次頁に続く

表 6.3　続き

変える必要があること	
性加害を止めるために，自分について変える必要があること（内的障害物） ● 人との関わり方 ● 私が何者かということについての混乱 ● 自分の感情を扱う方法 ● 自分自身や，自分の自信のなさをどう思うか ● 問題解決の仕方 ● 人に自分のニーズを知ってもらう方法 ● 友達をつくって，友情を維持する能力 ● 常に私の中に沸き立つ怒り	私が性加害を止めるために，周囲に変わって欲しいこと（外的障害物） ● 長期的な生活環境 ● 両親が私にしたふるまいや私に気をかけなかったことへの怒り ● まだ学校が決まっていないこと ● 友達をつくる機会がないこと ● 自分の気持ちを話したり，助けを求められる人がいないという想い
私を助けるストレングス（内的資源）	私を助けるまわりの人やもの（外的資源）
● 自分で自分の面倒をみることが得意（例：掃除，身支度） ● 学校での成績はまあまあ ● 美術が得意 ● 創作的なことをしていると楽しい ● 私は役に立つ ● ほかの人は私を魅力的だと言う。私はまだわからないが… ● ファッションが好き ● 私は思いやりがある	● 叔母さんは私の人生に常に存在する ● 叔母さんは私を助けたがっている ● 里親は私が歓迎されていると感じられるように努力してくれている ● 里親は私にルールや行動の結果を教えてくれる ● 里親は私に年齢相応の期待をしてくれる ● 里親は私をモニタリングしてくれる ● 自分の問題に役立つ治療的取り組みに通うことができる ● 生活をし，学校に通うための居住地をソーシャルワーカーが一生懸命探している
自分と人の安全を守る	
● アセスメントでは，高リスク／低ストレングスが示された ● 当面は高いレベルのモニタリングを受けなければならない ● 幼い男児への高いリスクが示された（知り合いか否かにかかわらず） ● 女性，大人，友達にはリスクがあるとは考えられていない ● アセスメントでは，さらなる深刻な性加害の恐れがあると示された ● リスクが高まるのは，怒りを感じたり，仲間外れにされた，不公平と感じたときである ● リスクが低くなるときは，受け入れられていると感じたとき，他者から求められたとき，自分の人生をよいものと感じたとき，自分の感情をうまくコントロールできたときである ● 私には継続したリスクアセスメントが必要である	

次頁に続く

表6.3 続き

治療教育で行なう必要があること
●安全感を築く ●自分の気分方法や，自分自身や他者にたいする見方をよりよくする方法を学ぶ ●自尊心を高める ●自身の人への反応の仕方を知り，それが関係性にどう影響しているかを理解する ●人との関わり方や安全感を得るよりよい方法を学ぶ ●怒りを含め，自分の感情のよりよい扱い方を学ぶ ●性的虐待の被害者であることについて取り組むのを助けてもらう ●成長過程でのネガティブな経験と，それの私への影響に取り組むのを助けてもらう ●例えば，ほかの人がひいきされるような，自分が不公平だと思う状況へのうまい対応方法を学ぶ ●対人関係を学び，人と話をして仲よくなる方法を学ぶ ●自分の民族性について学ぶ ●私がなぜ性的に人を傷つけたのか，自分の行動の結果について理解を深める ●性加害行動の管理の仕方を学ぶ ●性に関する知識を増やす ●問題解決方法を改善する ●家族の問題に取り組む

次のプラン・ミーティングまでに私とほかの人たちがする必要があること（達成可能で，目に見えるステップ）

私	治療者
●より頻繁に叔母さんと会う ●里親さんと情動調律練習を毎日5分間やる ●自分の感情を表現し，扱う方法として美術を利用する ●気分がよくなることに取り組む（例：ヘアスタイル，ネイルアート，好みのおしゃれな服を選ぶ） ●治療者との取り組みを始める ●11歳以上の子どもが対象の地域の美術・工芸グループに参加する	●リアンのソーシャルワーカーにグッドライフ・プランについて伝え，話し合う ●リアンにとってリスクとなる機会や活動を知る ●リアンのリスクについて里親や支援ネットワークを支える ●新たに専門里親に委託する際，その里親にコンサルテーションと支援を提供する ●治療環境における安全感を構築する（例：セッションの時間を定期にする，治療環境や治療者を一貫させる） ●思いやりに焦点をあてるワーク（例：1個1個がリアンの強みを表しているビーズのブレスレットをデザインする） ●リアンと里親が彼女の愛着や情動調律のニーズについて理解するよう，うながす ●苦悩に対処し，それに耐えることができるグラウンディングの方法を学ぶのを助ける ●リアンに現実的な感情コントロール方略を紹介する ●視覚的で創造的な方法を使う ●リアンの叔母さんに会う

次頁に続く

表 6.3 続き

家族	その他：ソーシャルワーカー
● リアンの叔母さんは，より定期的にリアンと面会し，電話する ● 治療者と会う	● より長期的な居住地を見つける ● 将来的に家族が何らかの役割を果たすとすれば，どのような役割をとりたいのか，リアンの家族に確認するために連絡をとる ● 居住地を決めるために，学校教育への復帰を調整し，必要な情報開示をする
直接性加害行動につながらないが，維持し，取り組む必要があるグッドライフ・ニーズ それらは： ● 楽しむこと ● 達成すること ● 自分自身であること ● 目的をもち，よりよくなること ● 性的健康 ● 身体的健康	

　上記のそれぞれのプランは，初期アセスメントに基づいて，本人たちとともに初回のグッドライフ・チーム会議の同意を得てつくられた。最初のアセスメント結果をどのようにプランに反映させるか，本人がしたいことをプランにどう盛り込むかといった一連の会議での作業は，本人の自覚をうながすためにも事前に彼らと検討されている。少年たちは，積極的に会議に参加し，プランの話し合いに関わった。その結果，彼らは自分のプランに責任感をもてた。プランでは本人や周りの人々がどうすべきか，達成したい目標は何かが明確にされる。こうして，たとえ彼らにとって困難な課題がいくつか含まれていたとしても，彼らはそのプランを達成可能だとみなし，参加への意欲をもつのである。

　プランは，グッドライフ・チーム会議で3カ月ごとに改訂される。つくられた行動プランに関連して，チームに参加する人や離れる人がいる。次の章では，それぞれの少年がグッドライフ・プランにおいてどのように進歩したかについて述べる。

文　献

Langlands, R. L., T. Ward, and E. Gilchrist. 2009. Applying the Good Lives model to male perpetrators of domestic violence. *Behaviour Change* 26:13–129.

Linley, P. A., and S. Harrington. 2006. Playing to your strengths. *Psychologist* 19:86–89.

Walters, S. T., M. D. Clark, R. Gingerich, and M. Meltzer. 2007. *Motivating offenders to change: A guide for probation and parole*. Washington, DC: National Institute of Corrections, US Department of Justice.

Ward, T., R. E. Mann, and T. A. Gannon. 2007. The Good Lives model of offender rehabilitation: Clinical implications. *Aggression and Violent Behaviour* 12:87–107.

Ward, T., and C. A. Stewart. 2003a. Good lives and the rehabilitation of sexual offenders. In T. Ward, D. R. Laws, and S. M. Hudson (eds.), *Sexual deviance: Issues and controversies*, 21–44. Thousand Oaks, CA: Sage Publications.

Ward, T., and C. A. Stewart. 2003b. The treatment of sex offenders: Risk management and good lives. Professional Psychology: *Research and Practice* 34:358–60.

Willis, G. W., P. M. Yates, T. A. Gannon, and T. Ward. 2013. How to integrate the Good Lives model into treatment programs for sexual offending: An introduction and overview. *Sexual Abuse: A Journal of Research and Treatment* 25:123–42.

Yates, P. M., D. Prescott, and T. Ward. 2010. *Applying the Good Lives and Self Regulation models to sex offender treatment: A practical guide for clinicians*. Brandon, VT: The Safer Society Press.

第7章
治療教育の実践

ローラ・ワイリーとヘレン・グリフィン
(Laura Wylie & Helen Griffin)

　この章では，性加害行動のある若者への治療教育的介入の概要を網羅的に説明するのではなく，主にグッドライフ・モデル(GLM)がどのように介入と関連するのかをみていきたい。しかし，流れをわかりやすくするために，性加害行動のある若者にたいする治療教育的な取り組みにおいて考慮すべき重要な点は強調しておく必要がある。治療教育という文脈のなかでグッドライフ・プラン(GLPs)がどのように実施され，どんなふうに性加害行動を扱いながら同時に若者の個別ニーズを満たしていくよう用いられているかについて，これまでの章で示してきた事例を参照しながら説明していこう。

概　観

　性加害行動のある少年に今までなされてきた介入には，数えきれないほどの方法と様式があるが，なかには実証の基盤や結果の有効性とはなんら関係なく実践されてきたものも多い。このような広範囲に及んで焦点が定まらず，明らかに主観的な介入アプローチのことを，ラブら(Lab et al., 1993, p.551)は「何かに当たることを願いながら暗闇のなかで撃つようなもの」と述べている。性加害行動のある若者に関わる米国の30の専門機関を対象とした調査では，約350種類のさまざまな治療教育や技法が使われていたことからも，この現状がよくわかる(Sapp & Vaughn, 1990)。性加害行動のある若者への介入において，多様なニーズやこの年齢層の特徴である発達的な変化に合わせた包括的で幅広いアプローチは，継続的に支持されている。それと同時に，介入プロセスにおける各要素の効果を正確に検証することも重要である。

　いくつかの国では，健康と社会的ケアの領域において実証に基づいた実践を行なうことが重視されつつある(Sheldon & Chilvers, 2000)。こうした変化は，性

加害行動のある若者についての私たちの理解や実践を発展させていくうえで多くの肯定的な意味をもっている。しかし一方で，それを実践する機関としては，実証に基づく実践を完全に実現しようとするには，大きな難題がもたらされたといえる。なぜなら，実証のための調査や評価は，時間や資源を必要とするからだ (Hackett, 2003)。さらに，性加害行動のある子どもや若者にたいする介入の効果を証明することは，現在に至っても重要な課題とされている。効果評価研究において何をもって治療的効果とするかの定義が多様であることや，因果関係を検証する無作為対照化実験などの研究デザインは倫理的観点から不可能であること，しっかりデザインされた効果評価研究が少ないこと，対象者数が少なかったり，フォローアップに十分な時間がとれていないことなどの課題が残されている。

若年層にたいする介入については，特定の折衷的なアプローチを適用する傾向が残ってはいるものの，現在の介入プログラムは，理論と研究，そして例えばリスク-ニーズ-反応性 (RNR) モデル (Andrews & Bonta, 2010; Andrews et al., 1990; Bonta & Andrews, 2007) といった効果的実践の原則に裏付けられたものとなっており，さらに，介入の一貫性も求められている (Briggs & Kennington, 2006)。リスク-ニーズ-反応性とグッドライフ・モデルは，改善更生のための枠組みとしてそれぞれの有用性を強化するために，2つのモデルを一緒に用いることができることから，さらに受け入れられつつある。例えば，動機づけを高めるグッドライフ・モデルは，クライアントの積極的な関与をうながすことができる。これは反応性の原則と合致するものなので，結果的に全体的な介入の効果が上がると考えられる (Willis et al., 2013)。

第2章で説明されているとおり，性加害行動のある若者への効果的な介入アプローチの発展においてもうひとつの大きな障壁となってきたのは，若者を「小さな大人」とみなす傾向があったことである。つまり，そうした若者を，性加害行動のある成人にみられるのと同じ特徴とリスク要因をもつ人たちとみなし，介入を進める際の情報として用いたのである。こうした実践は，例えば，処罰的になったり，若者の発達的ニーズまたは思春期の流動性や可変性がほとんど考慮されなかったりするといった問題をともなった (Longo, 2003)。若者を対象とした実践は，この10年で包括的な課題に取り組んできており，現在はもっと子どもに焦点を当て，発達的特徴を十分考慮した，体系的で全人的なアプローチが主流になっている。

この領域では，幅広い多様な介入アプローチが増え続けている。例えば，心理教育，家族システム，感情に焦点化したもの，サイクルに基づくもの，愛着に焦点化したもの，行動条件づけ，再発防止などである。このようにアプローチは多様であるものの，現在のところ，英国や北米の文脈においては認知行動的アプローチが最も広く支持されている (Hackett, 2004)。認知行動主義は，行動の形成と持続における外的刺激の役割に焦点を当てた行動主義と，思考プロセスと問題解決の重要性を強調した認知理論，そして社会学習理論を統合したものである (Vennard et al., 1997)。認知行動療法 (CBT) は，性加害行動を個人の非機能的あるいは歪んだ信念によるものと捉える。認知行動療法は，広く活用された最も確立したアプローチとして，効果研究でも活用されており，成人にたいしても (Hanson et al., 2002 など)，少年にたいしても (Worling & Curwen, 2000 など) 実証的な支持が得られている。しかし，認知行動療法アプローチへの批判として最も目立つものは，有害な行動にたいする社会的もしくは個人的文脈を十分扱えていないということである (Farrell, 2002)。この批判は，特に性加害行動のある若者を対象とした取り組みに関係することかもしれない。というのも，彼らの年代と思春期という発達段階は，家族を含む多様な社会システムの影響を受け続けるものだからである。

　マルチシステミック・セラピー (MST) は，変化のプロセスに若者の家族とコミュニティシステムを組み込んだ介入を行なうという生態学的なアプローチであり，性加害行動のある若者 (Borduin et al., 1990) を含む，多様な問題や反社会的行動を示す少年にたいしても一貫して肯定的な効果が実証されている (Henggeler et al., 1992)。マルチシステミック・セラピーは，若者が生活のなかで影響を受けるだけでなく，影響と相互に作用し合うものであるとする明確な理論上の原理に裏打ちされたものである。そして，若者自身が生活で重視するものに沿った関係性のシステム機能を強化しようとするものである。介入プロセスに家族を巻き込むことは，伝統的な認知行動療法アプローチからは離れるが，加害行動に焦点を当てた課題と並行して強力な家族の要素を統合する包括的なプログラムは，加害行動のある若者の変化に最も大きな効果をもたらすアプローチであるという見方が支持されるようになってきている (Worling & Curwen, 2000)。

　アプローチが多様であり，性加害行動のある若者のリスクとニーズが幅広いということは，介入効果研究の結果の洞察が概して限定的であることを意味し

ている。つまり，プログラム参加者やセラピスト，治療場面の特徴といった，治療効果の重要な変数を十分に洞察することはできないことが明らかになりつつある (Losel, 1995)。これらの若者にとって最も効果的な介入とはどのようなものかを明らかにするために，今後さらに再犯率を報告する際に介入プログラムの内容を明確に区分した効果研究が求められる。さらに，再犯率の報告で個人のリスクと反応性要因が考慮されることになれば，実践家は介入をもっと決まった手順に従って計画し実施するようになるだろう。

グッドライフ・モデルを活用した介入

グッドライフ・モデルは，改善更正へと導く枠組みとして一般的なものになりつつある (McGrath et al., 2010)。グッドライフ・モデルはポジティブ心理学に理論的な基盤をもち，介入の整合性を守るものであり，その概念と適用に関する実証的な支持が高まっている。介入評価におけるグッドライフ・インフォームド・アプローチの効果はまだ明らかではないが，認知行動療法アプローチによる治療効果を高めるものとして，グッドライフ・モデルの有効性に関する可能性はすでにいくつか支持されている (Willis et al., 2013)。グッドライフ・モデルは，実践ガイドのように介入の内容が書かれたものではなく，介入の流れや実施期間を定めたものではないことを，十分に理解するべきである。したがって，実践家は対象となる集団に適した介入方法を決めなければならない。それによって実践家は，性加害行動のある若者の個別ニーズに最も効果的で，反応性の高いアプローチを組み合わせることができる。

グッドライフの用語が現代的な用語として浸透するにつれ，介入プログラムにグッドライフ・モデルを採用したり反映したりする動きがみられようになった。しかし，そこに一貫性や統一性はみられず，結果として，グッドライフ・モデルの浸透の度合いはさまざまである。例えば，治療プログラムのなかのひとつの要素として，またはその補足としてグッドライフ・モデルが説明される程度のものから，グッドライフ・モデルが組織的構造やアセスメントの様式，治療の内容，社会移行，評価にまでわたって完全に統合されているものまで幅広くある。前章までにまとめられているように，Gマップでのプログラムは，クライアントの集団にとって利用しやすく反応性がよくなるように応用しつつ，グッドライフ・モデルの原理を完全に取り入れ，実践のなかで十分に統合

しようとしてきた。その意味で，個別の介入プログラムは，グッドライフ・モデルに沿って考案され実施されているが，実際には，トラウマや愛着に焦点化したワーク，認知行動療法の技法，生物学的アプローチを含む数々の方法を通して治療的介入が行なわれている。

　グッドライフ・モデルにおいて介入の最も重要な目的は，さらなる加害行動を起こすリスクを減らしながら向社会的な方法で個人の基本的ニーズを満たすのを援助することである。つまり，ここで示している介入は，再び加害をしないライフスタイルを促進するとともに，よりよい生活とウェルビーイングを得る機会をもたらすものであり，これらはすべて目標に近づくという枠組みのもとで行なわれる。重要なのは，若者が犯罪の原因となったニーズに取り組み，自分にとって特に優先的なニーズ，ひいては自己アイデンティティが反映された「グッドライフ」を達成するためのスキルや資源が得られるように支援することである。リスク−ニーズ−反応性に基づく介入とグッドライフ・モデルを用いた介入の構成要素は重複するものが多く，感情調整，リスク管理，人間関係，問題解決，性とセクシュアリティなどのモジュールが含まれる。グッドライフ・モデル志向プログラムで不可欠な構成要素は，本人が価値のあるものとした，自他を傷つけないライフスタイルと調和した将来の目標を若者が達成できるための現実的なグッドライフ・プランを作成することである。

　「治療」という言葉を字義どおりに捉えると，治療的環境，変化，リスク管理，スキルの向上，ウェルビーイングの強化などが課題となるが，それらは，家庭や学校，余暇といった若者のより広い生活領域で生じるものであることをよく考える必要がある。この観点からすると，若者の家族や養育者を含む幅広い支援ネットワークは，介入プロセスにおいて重要な役割を果たす。ハケット(Hackett, 2004)は，治療的アプローチの多様性を問わず，性加害行動のある若者にたいする介入においては，家族が一緒に取り組むことが，介入にとって重要な構成要素となることが一般的に認められていると述べている。幅広いグッドライフ・ニーズを満たすには，人的資源を含む多様な資源を動員させることが必要である。そのため，グッドライフ・モデルは幅広いネットワークを含み，システム・アプローチを促進する。

　第6章で論じられているように，治療サービスは，若者が性加害行動に関連したニーズに取り組むのを援助することに主眼が置かれているが，本人が価値を置いている幅広いニーズを満たせるようにすることも重要である。その若者

を担当する専門家と家族全体の積極的な協働は，それぞれの機能を発揮させ，資源を確保し，若者の基本的ニーズを満たすうえで障壁となるものを克服するために重要な役割を果たすだろう。専門家と家族との協働は，若者の幅の狭さを埋め合わせるだけでなく，治療教育のセッションで行なわれた介入を必然的に補うものであり，リスクの低減にも役立つ。例えば，Gマップでの臨床経験からいうと，「貢献すること」は，性加害行動のある若者の犯罪原因となるニーズではないようにみえるが，他者のためになる活動に参加する機会を与えることは，若者が誇りをもち，他者の視点に立つ能力を高め，自信をつけ，重要な対人スキルやコミュニケーションスキルを伸ばしたり実践することにつながる。これは，若者が加害行動に関連するニーズを適切に満たすと同時に，ウェルビーイングを向上させることにもつながる。

　Gマップの臨床経験からいうと，修正版グッドライフ・モデル (GLM-A) を用いたとき，若者の性加害行動に関して最も重要なニーズとして頻繁に挙げられるのは，人と関わること，情緒的健康，性的健康である。所属のニーズと情緒的興奮をコントロールしたいというニーズは，愛着の混乱とトラウマ体験にさらされたこれらの若者によくみられる (Creeden, 2005)。愛着とトラウマの観点から，クリーデン (Creeden, 2005) は，若者のなかには，愛情ある世話や注目，安全，承認などのニーズを満たそうとした歪んだ試みが性加害行動である場合もみられると述べている。これらは修正版グッドライフ・モデルのニーズのうち，**人と関わること**や**情緒的健康**と大きく関連している。ウィリスとワード (Willis & Ward, 2011) も，性加害行動のある者のなかには，優先的な基本的ニーズとして関係性が挙がることが多いと指摘している。

　先行研究からは，愛着の問題が，性加害行動に関与している可能性が示唆されている (Smallbone & Dadds, 1998; 2000; 2001)。例えば，アイルランドにおいて，マーサら (Marsa, 2004) は，子どもに性加害をした成人対象者の93％が不安定な愛着スタイルを有することを明らかにした。成人と若者では発達を含めた大きな違いがあるため，この結果をそのまま少年に一般化することはできない。しかし，不安定な愛着スタイルは，対人関係スキルや自己イメージ，社会適応の発達に否定的な影響を及ぼしうると仮定することができる (Marshall & Barbaree, 1990)。そのため，不安定な愛着スタイルが親密性や安全感，相互に満足できる関係性を構築する個人の能力の基盤をゆるがし，その結果，性加害行動を通してこれらのニーズを満たそうとするリスクが高まると考えられる (Ward et al.,

1995)。愛着の問題と性加害行動との関係性は，まだ仮説にとどまるものであり (Rich, 2006)，性加害行動への道筋の複雑性と多様性を考慮すると直接的な関係性はなさそうである (Hudson et al., 1999)。しかし，性加害行動を示す人と比べると，性加害行動のない人のほうがより安定した愛着を経験しているようにみえる (Smallbone, 2005)。

同様に，トラウマ体験は，性加害行動を生じさせるたくさんの誘発要因のひとつであると指摘されており (Rasmussen et al., 1992; McMackin et al., 2002)，性加害行動のある若者の成育歴に顕著にみられるものである。米国のホイットニー・アカデミーで行なわれている性加害行動のある若者にたいする治療プログラムでは，クリーデン (2005) は，この専門プログラムにつながった若者全員にトラウマ歴があるという前提で治療を開始していることを強調している。

早期のトラウマと不安定な愛着の体験は，子どもの健全な神経発達を阻害し，最終的にはストレスや興奮状態に適切に対応する能力が制限されかねないほど脳と神経系に広範にわたる神経生物学的な変化をもたらすことが明らかになってきた (Schore, 2002)。重要な神経発達的変化として起こることのひとつは，「燃え上がり効果」として知られる辺縁系の過敏性である。これは，若者が自分の置かれた環境を過剰に警戒するようになるもので (Creeden, 2005)，次第に無害なストレスにも，ストレス反応としてアドレナリンを活性化させたり，「今この瞬間を生き抜こうとする状態」を活性化させたりするようになる (Saxe et al., 2007)。この問題はほかの神経学的逆境によってさらに悪化し，情報を適切に処理し，統合し，引き出すという若者の能力に悪影響を及ぼす (Creeden, 2005)。こうしたことにより生じる問題は，学習，感情状態の管理，衝動コントロール，効果的な問題解決，周囲のさまざまなサインを適切に解釈して反応するといった，個人の能力において重要な意味をもつ。このことは，性加害行動のある少年の多くがある程度の神経心理学的障害を示すという，先行研究とも一致する (Ferrara & McDonald, 1996)。

クリーデン (2004, p.238) は，トラウマの処理は，「クライアントが自分のトラウマ体験に向き合うことと，クライアントが他者にふるった暴力的行動に取り組むことの両方が重要である」と指摘している。しかし，愛着とトラウマ理論に基づく介入は，治療プログラムのなかではまだ広く実践されるには至っていないことから，性問題行動のある若者が自己調整能力を向上させ，過度に活性化された自律神経系の興奮システムを緩和させられるよう支援するための，生

物学的理論に基づく介入の役割を指摘している (Creeden, 2005)。このことは，治療プログラムの順序や内容を考えるうえで，重要な示唆となる。なぜなら，これまで育ってきた環境のなかでトラウマとなりうる体験を重ね，ストレスに対応するための感情調整スキルを十分に身につけていない若者は，状況をコントロールしたりうまくリスクを自己管理する高次脳処理を使いこなせないからである。したがって，主に認知行動療法の技法を中心としたセラピーは，特に介入の初期では，加害行動に関連するグッドライフのニーズを満たせず，障壁を克服したりリスクに取り組むための資源を提供することもできないと考えられる。

　修正版グッドライフ・モデルを活用しながら介入を進めることは，若者にたいしてより全人的な視点がとれるので，愛着スタイルやトラウマ歴を介入の基礎的な部分として考慮したアプローチを行なうことができる。リスク-ニーズ-反応性を基盤とした介入は，感情調整と人間関係のモジュールを取り入れることが多く (Ward et al., 2007)，これらは修正版グッドライフ・モデルにおける**情緒的健康**と**人と関わること**のニーズとも一致するとみられる。サックスら (Saxe et al., 2007) は，若者のトラウマティックストレスを扱う際に個人と環境の両方に焦点を当てる必要性を強調するトラウマ・システム・セラピー・アプローチの概念を紹介している。これには，環境内の危険な兆候を軽減することにより，ケア・システムが若者の感情調整や感情の自己調整力の発達を支えようとするものである。

　Gマップのサービスにつながる若者の問題行動をみると，頻度は高くないものの，**人と関わること**や**情緒的健康**に関するニーズに加え，**性的健康**に関するニーズも重要な特徴である。性加害のある成人においては，幼い子どもを対象とした性的興奮や性暴力などを典型とする逸脱した性衝動は，長年，最も重要な再犯予測因子のひとつと考えられてきた (Hanson & Bussiere, 1998 など)。しかし，性加害行動のある若者の性的興奮パターンは，成人と比べて性的な加害行動と結びつくことは少ないように思われる。ただし，性加害行動を起こす若者のなかでは問題のある性的興奮を示す人の割合が少ないとしても (Worling, 2012)，性的健康が治療の重要な検討事項であることに変わりはない。加害的で不適切な性的行動を起こした結果，セックスや人間関係，自分のセクシュアリティについての混乱や歪みが生じる可能性があり，これらは改善更正の妨げとなりうる。

治療プロセスに関わる事柄

介入の密度

　2009年、セイファー・ソサエティは、北米圏における性犯罪加害者の管理についての最新の実践と動向に関する実態調査を行なった (McGrath et al., 2010)。調査には、性問題行動を示す若者向けのプログラムの特徴に関する情報収集も含まれた。個人セラピー、グループワーク、もしくは家族セラピーなどのセラピーの形態に関しては、調査の対象となったカナダや米国における男女の若者を対象とした社会内プログラムの大部分 (95～100%) で、個人セラピーが用いられていた。興味深いことに、成人男性を対象とした社会内および施設内のプログラムでは、88％以上がグループワークによるものだった。これは若者を対象としたプログラムではグループワークや家族セラピーがなされていないということではなく、大部分のプログラムで複数の形態の組み合わせが用いられていたということを示す。この調査によると、米国の若者を対象とした社会内プログラムの月平均の個人セッション数は 3.11 (SD=1.56) から 3.29 (SD=1.39) であり、カナダでは 2.80 (SD=1.32) から 3.83 (SD=0.41) であった。施設内のプログラムの一部として実施されたセラピーでは、回数が若干多めであった。社会内プログラムの1回のセッションの長さは、平均で約54～63分 (SDで13.66まで) であり、プログラムの実施期間は、米国では15カ月の本プログラムと8カ月のアフターケア、カナダでは10～12カ月の本プログラムと5カ月のアフターケアであった。

　Gマップでは、若者が受けるセラピーの期間によって、介入の強度が異なる。プログラムの期間は、グッドライフ・チーム (第5章参照) によるアセスメントとその後の見直しによって特定された、その若者のリスク、ニーズ、ストレングス (強み) にそって決定される。このように、リスク-ニーズ-反応性モデルの原則が反映されている。平均的プログラムは、中核部分と移行部分を含め18カ月間である。再犯のリスクが高いと評価された若者は、より長期のプログラムを受ける必要がある。すなわち介入の強度が高いということであり、セラピーの期間は、その若者の年齢や認知的能力、精神的な健康度やトラウマ歴など、多岐にわたる要素によって判断される。そのうえで、セラピーの提供者としてのGマップが、若者のリスクやニーズに基づき介入の強度を提案する。

しかしながら、リファー先の組織の財政状況によって介入期間を短くせざるを得ず、セラピーの目標を完全に達成するだけの期間が定められないこともある。

若者の生活環境が、若者の情緒的安全を保てそうになく、安全を脅かすものであったり、性加害行動への働きかけとして必要な監督やサポートを与えられない場合には、セラピーを実施するのは適切でないかもしれない。実践家にとって、そのような決断を下すのは難しいことである。なぜなら、実践家はすべての若者が自分の加害行動を修正するための治療を受け、より安全で充実した人生を送れるようになってほしいと願っており、また、安全な社会をつくることが実践家の責務だと考えているからである。そのような障壁によって必要な介入が行なえない場合には、短期間の事前アセスメントを実施し、若者が現在置かれている生活環境におけるリスクを浮き彫りにし、若者のニーズを満たすためにできることを提案している。

反応性

Gマップでは、サービスを利用するすべての若者に個人セラピーを実施している。しかし、若者がピアサポートを得たり、個人セラピーで身につけたスキルと知識を実際に活用してみたりする機会としてグループが役立つと判断されたときには、補完的にグループワークを用いる場合もある。個人セラピーは、実践家が若者の年齢、知的機能、愛着スタイル、社会性および精神健康上のニーズを考慮しながら進めることができる。Gマップの治療アプローチとして不可欠とされている複数の実践家がチームを組んで事例を扱うという実践方法は、ひとりの実践家だけで対応することによって生じやすいクライアントとの極端な同一化や融合といった危険性や問題を防げる。また、チームによる実践では、実践家のクライアントへの逆転移に気づいたり対処したりしやすい。大人から虐待された体験をもっているかもしれない子どもや若者を対象とする際には、安全性、透明性、説明責任が果たせる治療環境を提供できるように考慮することが重要であるが、私たちの臨床経験上、それには2名のスタッフで対応するのがよい。このやり方は、実践家自身を守ることにもつながる。なぜなら、私たちが関わる若者のなかには、虚偽の主張をしたり、大人に身体的または性的な暴力をふるったことがある者がいるからである。また、プログラムに参加するほとんどの若者、なかでも大人から危害を加えられた経験のある者

は，面接室で一対一になるよりも二人以上の支援者がいるほうが，緊張感が和らぎ居心地がいいと言っている。また，複数のスタッフが関わることのさらなる利点は，スタッフの病欠や休暇による影響を受けることなく，より一貫性と安定性を保持できることである。管理者からスーパーヴィジョンを受けることによって，チームによる実践をより高めることができる。

これまでの研究結果からは一貫して性加害行動のある若者の多くが学習障害を抱えていることが示されている。例えば，ライアンら (Ryan et al., 1996) は，性問題行動のある少年の 40 〜 80％に，学習障害または学校における不適応行動がみられると推定している。数字のうえでは，学習障害をもつ者の割合は一定しているが，それぞれの介入機関によって，学習障害の概念や定義，測定方法にばらつきがあることに注意しなければならない (O'Callaghan, 1999)。Gマップでは，多様な介入方法，個人セラピー，さらに視覚的で参加型の手法を用いることで，学習障害や学習に困難を抱える若者の反応性を大きく向上させている。セラピーへの準備性，つまり，若者のプログラムを受け入れる意思と，プログラムを自分に役立てる力については，今後さらなる検討を要する。このテーマに関するより詳細な検討は，第 4 章を参照されたい。

若者と体系的にワークを進めるという挑戦

若者が身を置くところのシステムや環境のなかで若者を支援することは，実践のうえでも，また資源としても意味がある。例えば，若者自身やその家族よりも施設職員のほうが，若者の加害に関連するニーズを満たすためのケアに必要な材料や活動を支える資金を確保しやすい。介入時に，若者がひとりで生計を立てていたり，ほぼそのような状況だったり，あるいは家族と生活している場合，若者が価値を置くニーズを満たすための支援とはどのようなものかを考えたり，その支援を提供することはさらに難しくなる。しかし，創造的に考えれば，広範なグッドライフ・ニーズを満たすために必要な資源はたくさんあり，かつお金をかけなくてもできることはある。例えば，近くの公園で友達とサッカーをすることは，若者が**身体的健康**のニーズを満たすのに，ジムに行くことと同等の効果があり，お金もかからない。しかし，自由な活動であるほど，適切なリスク管理を考えなければならない。施設と協働で支援を行なう場合，Gマップはすべての施設職員に，若者が獲得したスキルや資源を社会復帰

後にも使えるようにしてほしいと伝えている。そのため，実際に役立ち，お金がかかりすぎず，持続できる方法でニーズを満たすことが目指される。若者が自分のニーズを特定し適切に満たそうとするときに，ほぼ間違いなく重大な障壁になるのが，家族やその他の重要なネットワークからサポートが得られないことである。

　実践家は，若者がセラピーのなかで獲得したスキルや知識を，生活場面でも使えるようにするために，より広いサポートネットワークを築く必要がある。その際，そのネットワークの個人あるいは全体の動機づけが不足していると，介入への大きな障壁になる。第4章で述べたように，グッドライフ・モデルやGマップが発展させた修正版グッドライフ・モデルは，グッドライフの概念や目的に動機づけが含まれているために，上記のような障壁にぶつかることは少ない。グッドライフ・チームの会議や検討会では，若者本人と彼を支えるサポートネットワークのメンバーとの間で課題と責任が共有され，サポートネットワークのメンバーが若者の進捗に直接的に関われるようになっている。とはいうものの，もしサポートネットワークに動機づけが低い人がいたり，セラピーの進展を妨げたり弱体化させるようなことがあれば，サポートネットワークの人たちは不満を感じるだろう。外部の専門家が，時間や資源の制約から，やる気をそがれたり，うまく対応できなかったりすることもありうる。しかし，それよりもよくあるのは，家族それぞれが自分自身の問題を抱えていたり，家族が異なる考えをもっていたりすることで，若者の変化のプロセスに有効な貢献ができないことである。しかしながらグッドライフモデル・アプローチは，若者だけでなく家族の関与も重視している。多くの親は，始めのうちは，専門家と関わることに不安を感じている。子どもの問題行動は自分たちに責任があると思われるのではないか，またほかの子どもの養育能力もないと思われないかと心配してのことである。そのため，自分の子どもがそのような行動を起こしたことを否認したり，専門家から親としての価値を低められることを恐れているのである。ほとんどの親は，子どもがよい行ないをすることを望んでいる。そして，多くの親は，自分の価値が認められていると感じられ，子どものよりよい将来に貢献できると思えれば，子どものグッドライフ・プランに関わることを望むものである。親のストレングスに注目し，親が前向きに参加できるように内的および外的資源を明らかにして用いることで，実践家は，親の自信，将来への希望，プログラムへの参加度を大きく高めることができる。グッドラ

イフ・チームのメンバーとして迎えられることが，介入計画への重要な貢献者と認められたことの証となり，子どものニーズやそれを実現させるための親の役割を理解させることができる。

　家族のなかには，子どものニーズを満たす役割を担うためのサポートが必要な人もいる。例えば，子どもをケアするうえでの具体的な支援や，そのための会合に出席するための交通費や，子どもの変化のために役に立つにはどうしたらよいか助言をもらったりすることである。よって，グッドライフ・プランでは，子どもを支援するための親のサポートプログラム，若者と家族の合同プログラム，また，可能であればグッドライフ・チームによる家族のメンバー個人を対象としたワークも行なわれる。

　グッドライフ・モデルの概念が社会により広く浸透し利用されるようになったことで，多くの家族が責められたり批判されたりすることなく，エンパワーされ，子どものポジティブな変化に貢献できるようになっている。

事　例

　本節では，第5章と第6章で示した事例の治療的介入について検討する。また，グッドライフ・アセスメントとプランがどのように介入に結びつくのかを示したい。

　これまでの章と同様に，治療プロセスをわかりやすくするために，ジョーの事例を包括的に紹介する。ほかの2つの事例は，ジョーの事例と共通するところもあるため，介入方法の異なる部分にのみ焦点を当てる。治療資源のなかにはどの事例にも共通して用いることができるものもあるが，若者の異なるニーズや特徴に十分に対応するには個別的なアプローチも必要であることを認識してもらいたい。どの事例にも共通して重要なことは，家庭内や社会内において若者の親または養育者が子どもを適切にサポートできるように実践家が支援することである。親や養育者ができる子どもへのサポートとは，子どもの行動観察，子どもがさまざまな場面で適切に感情を調節できるようになるためのサポート，他者にたいする性的な興奮や関心のモニタリングなどである。子どもがどの程度の監督を必要とするかは，事前アセスメントなどの結果から決められる（第5章参照）。若者が介入プログラムに反応し，成長するにともない，監督の程度を徐々に下げていくことになるだろう。監督レベルの変更は，親や養育

者による子どもの観察結果および,子どもの動機づけや潜在的なリスクの自己管理力といった治療の側面を考慮した継続的なリスクアセスメントに基づき,グッドライフ・チームが決定する。

監督レベルを下げていく過程については本文で述べたため,以下の事例検討では取り上げない。その代わりに,具体的なセラピーの課題や手法を示す。それぞれの事例の取り組み内容についての詳細は,第6章を参照されたい。それぞれの若者の性加害行動に関連したニーズや主要な治療課題,その他の重要な検討事項については,以下の表7.1,7.2,および7.3にまとめる。

事例A：ジョー

表7.1　ジョーの治療課題に関連する要因のまとめ

性加害行動が満たしていた基本的ニーズ	重要な治療課題	その他の考慮すべき領域
・情緒的健康 ・人と関わること ・達成すること（維持）	・情緒的安全感,感情調整,ストレス耐性 ・アタッチメントと人間関係 ・トラウマに焦点化した取り組み ・自己同一性と自分への労りのワーク ・性加害行動の理解と管理 ・問題解決法 ・家族やシステムとの協働	・自傷 ・知的障害 ・**情緒的健康と人と関わること**という,基本的ニーズ間の葛藤 ・**人と関わる**というニーズばかりに注目することで,**身体的健康・目的をもち,よりよくなること・自分自身であること**などのニーズが軽視される可能性

ジョーの治療への参加度合い,認知的能力,情報の記憶力,リスクおよびニーズをみるに,彼はおよそ20カ月間にわたる週1回の介入プログラムが必要であると評価された。**人と関わる**感覚を得たいというジョーのニーズは大きすぎると判断され,しっかりした治療同盟を築くことを基礎的な課題の中心に据えた。プログラムのなかで,ジョーは「ストレングス・キーホルダー」をつくり,毎日活用した。これはジョーとセラピストが考えたジョーのストレングスについて,それを表すさまざまなビーズでつくったキーホルダーである。この取り組みは,ポジティブな治療ラポールを確立する手段となっただけでなく,ジョーのポジティブな自己イメージを促進し,自分自身を労わり,治療課題を通して自分の成長と変化を支えるストレングスを明らかにするものであった。

さらに，ストレングス・キーホルダーをつくることは実用的な課題となった。それはその課題を通して，ジョーが自分のさまざまなストレングスをわかりやすく思い出すことができ，結果的にジョーの教育的ニーズを満たすことにもつながるものとなった。共感的思考訓練 (Compassionate Mind Training) (Gilbert & Proctor, 2006) もまた，自分自身にたいするいっそうの温かさや自己理解を深めていくのに役立った。また，2脚の椅子によるゲシュタルト的技法を用いて，内的な対話の言語化ワークも行なわれた (Whelton & Greenberg, 2005)。このワークでは，1脚の椅子は「批判的な自己」を表し，もう1脚は「共感的な自己」の象徴となる。これにより自分自身について否定的に考えがちな彼の癖を認識させることができ，ポジティブなセルフトークを練習することで，ジョーは，「自分は相手に拒絶されるにちがいない」と考えてしまう自分の認識の癖に気づけるようになった。

　介入の優先順位を決めるにあたり，ジョーは情緒的健康に焦点を当てた治療的取り組みが優先されるべきだと評価された。ジョーはこれまで，**情緒的健康のニーズが満たされない体験を重ねており，ときとして，このニーズが人と関わる**という中心的なニーズと葛藤することがあったからである。**情緒的健康**のワークは，ジョーがポジティブな関係を築く助けとなり，さらに過去のトラウマ経験などの人生における困難なできごとについて話し合うという，感情的に向き合いにくい課題に後に取り組む際に役立つ内面的なスキルを獲得する機会になるだろうと考えられた。彼が自傷行為をしていたことを考えると，これはとりわけ重要なことであった。彼は十分な安全の感覚を獲得できていなかったため，きわめて感情的に反応しやすく，その場しのぎの生き方をする傾向があった。

　「ボトムアップ」のプロセス，すなわちセラピーのなかで，身体がどんなふうに感じているかに焦点を当てながら生物学的な情報を提示していくやり方のほうが，「トップダウン」のプロセス，すなわち認知的な方略を用いて感覚，思考，行動を統制もしくは減少させるやり方よりも明らかにジョーに適していると考えられた。そこで，ジョーが身体の興奮を認識し自分の生理的な状態に気づけるようにするために，バイオフィードバック・アプローチが用いられた。このアプローチでは，脈拍を測るバイオフィードバック・リングと指に取り付けたバイオフィードバック感知器につなげられた，インタラクティブなコンピューターソフトウェアが用いられた。ジョーが自分の身体に起きているこ

とを正確に把握できるようになった時点で，より効果的に自分の感情を調整する方法を学び始めた。例えば，簡単な呼吸法や「安全な場所」のワークなどである。「安全な場所」のワークは，人が不安や脅威を感じたとき，あるいは感情的に平静の感覚を得るために用いることができる。自分が安全で，守られていて，平穏であると感じられる場所にいることを想像する視覚化の技法である。ジョーの知的障害が，彼の視覚化や情報保持の能力に影響を及ぼしていたため，実際に写真を撮って安全な場所を連想させるようなポスターや写真カードをつくり，彼が安全な場所をイメージしやすくした。また治療過程では，作曲や演奏に興味あることがストレングスであることを活用して，ジョーが感情統制を身につけられるように援助した。彼がさまざまな自分の感情に気づき，感情を調整する力を伸ばすための支援として，ジョーが音楽を作曲し，自分の音楽機器で再生できるようにした。感情調整に役立つスキルを身につけると，治療セッションのなかで苦痛に耐える練習ができるようになった。不安を感じさせるような状況を彼自身が受け入れ対処できるようにするには，上記に挙げた技法をいくつか組み合わせて用いる必要があった。

　ジョーには**人と関わること**という大きなニーズがあり，このニーズが性加害行動によってほかの人を傷つけるかもしれないリスクと結びついていた。そこで，介入プログラムでは，治療関係にとどまらずに人との関わりを広げていくことが重視された。彼がさまざまな関係性を理解し，社会的なサインに気づく能力を探求し，伸ばしていくために，イメージや映像が用いられた。次いで，彼はロールプレイによって，社会的，対人的なスキルを練習しさらに上達させていった。さらに，寮の先生たちとも練習を行なった。また，ジョーは性加害行動をした知的障害のある若者向けのGマップのグループワークに参加した。これによって，ジョーは仲間とさらなる交流をし，個人セラピーで身につけたスキルや知識をグループワークの仲間にやって見せることで，達成感を得ることができた。グループワークのなかでも，「よい人間関係を築くこと」と「他人とどんな情報を共有すべきなのか？」について取り上げたセッションがジョーの役に立った。

　同時に，ジョーは少しずつ治療による成長を補うような機会や活動に参加したことで，伸ばしたスキルを実践し，社会内でもそのスキルを使えるようにしていった。これらは，必要に応じて，リスクアセスメントと監督や見守りが行なわれた。ジョーが直面したあらゆる問題について，寮職員と治療教育のなか

で話し合われ，検討のうえ対処された。これまで彼が参加した活動には，衣服の買い物，ジムに行く，音楽サークルへの参加，若者向けのグループへの参加，さらに最終的には大学に通うことまで含まれた。こうした娯楽への参加は，ジョーのさまざまなニーズを満たすことにもなった——例えば，服を買ったりジムに行くことは彼の身体的な見た目や健康へのニーズと結びつき，若者向けのサークルや大学に行くことは**人と関わる**というのニーズを満たすとともに，達成感をもつ助けになった。同様に，服を買ったり自分自身のことについて決めたりする一般的な機会は，彼が自分自身であることのニーズを満たすものとなり，音楽のサークルやジムは自分自身を落ち着かせるスキルを伸ばすことで，**情緒的健康**のニーズを満たす助けとなった。加えて，ジョーは自分の不安や心配事を日々書き留めて，定期的に施設職員のひとりと話し合った。このようにして，ジョーは不安を感じたときに，所属感のニーズを満たそうとして，注目を集める行動をとるのではなく，落ち着いた方法で情緒的な支えを求めることができた。

　介入の後半で詳細に検討する治療課題のいくつかの領域では，「さざ波効果」について考えることで，ジョー自身の被害体験と自分がした性加害行動の影響を考えるようなさらに認知的なアプローチが用いられた。それによって被害者や家族，そしてより広い地域社会全体にもたらした影響について考え始めるようになった。「さざ波効果」とは，プールの水に何かが投げ込まれると，中心から外に向かって小さな波が広がることであり，これと同じようにジョーがとった行動も結果としてほかの人にさまざまな影響をもたらしたことを表す。ジョーの問題解決スキルを伸ばすために認知行動療法も用いられた。この介入では，さまざまな状況における彼の考え，感情，行動がいかに密接に結びついているかを考えさせた。例えば，「自分は誰にも愛されない」というジョーの考えや信念は，寂しいという感情を引き起こし，この感情を何とかしようとした彼は，他者の興味を引こうとして誇張した話を作り上げるなど，役に立たない方法に頼りがちであった。ジョーがこうした結びつきを理解できるようになるにつれ，ほかの人の関心を得るためのよりポジティブな方法を考えたり，自分が愛されていないと感じたときには自分を労わるような声を自分にかけたりして問題を解決するようになった。彼の学習を助けるために，この介入ではイラストを用いて視覚的な提示をしたり，ロールプレイを行なったりした。次いでジョーは，認知の再構成やすでに身につけていた感情調整の技法などの方法を

確認し，ほかの場面でも効果的に問題を解決するためにこれらの方法を使えるようにした。

「4つの前提条件モデル」として広く知られるフィンケラーのモデル（Finkelhor, 1984）を用いて，ジョーは自分の性加害行動へのプロセスを学んだ。ジョーにとってモデルをわかりやすくするために，それぞれの前提条件を表す言葉は簡略化された。さらに，それぞれの前提条件をはっきりとした形で表現するために，ジョーが上に立つことができる4つの木製のブロックによって4つの段階を表現した。それぞれのブロックの上に立つことで，例えば自己調整法を使うなど，性加害行動を防ぐためのそれぞれのポイントが理解できるようにした。このあとジョーとセラピストは，彼が潜在的なリスクとなりうる性的思考，感情，行動を管理するための方法を身につけていった。これらの方法は，カードサイズの紙の表面にシンボルと絵（図7.1を参照），裏面にはジョーが達成したい目標のシンボル（図7.2を参照）がイラスト化されラミネート

図7.1 ジョーの戦略

図7.2 ジョーの目標

加工された。ジョーはこのカードを財布のなかに入れてもち歩き，自分や施設職員がリスクについて気になったときには，カードに記された方法を思い出せるようにした。

性的健康は，明確にジョーの性加害行動の原因に結びついたニーズとして特定されたわけではなかったものの，彼自身の被害体験と彼が弟に性加害を行なったことは，結果として彼を混乱させセックスについての歪んだ考え方を生じさせた。そのため，性教育によってこれらの問題を扱うことが，必須項目として介入のなかに組み込まれた。ジョーの先生が，性に関する情報を教えるとともに，治療のなかでは互恵的な性に関するクイズ，同意についての説明，絵の並び替えワーク，ジョーの性的関心についての話し合いなどが行なわれた。こうした取り組みをしながら，プラトニックではない関係の構築，維持，発展について指導を行なった。この介入のなかで，ジョーは自分が性的な関係にすぐに飛び込みたいとは思っていないが，成熟した信頼関係の一部としてセックスに関する意思決定をしたいと話した。また彼は，自分は同性愛者であり，以前自分が異性愛者であると主張していたのは，親からの承認を望む気持ちと将来子どもがほしいという彼の願望（**人と関わる**というニーズと結びついている）とが合わさった結果だったと認めた。

ジョーの介入プログラムについて言及した本節では，グループワークあるいは家族や施設職員への働きかけよりも個人セラピーでの取り組みを主に取り上げたが，個人セラピー以外のさまざまな取り組みもすべて治療の進展において重要な要素であったことを強調しておかねばならない。グループワークでは，個人セラピーのセッションから得られた重要な内容を補強することで，ジョーの知識の定着をはかった。また，仲間と交流し，仲間から学ぶ分かち合いの場を提供した。施設職員との協働は，職員がジョーの問題に直結し，かつリスクをみきわめた機会をジョーに提供するのに役立ち，ジョーへの助けとなった。同時に，ジョーの日常生活での行動に関する職員からのフィードバックは，セラピーのセッションの内容を決めるのに用いられることもあった。最後に，ジョーの家族との協働は，家族がジョーの性加害行動の原因を理解し，ジョーがよりポジティブな未来に向かって行動するうえで不可欠であった。このことは第8章でさらに記述する。

事例B：ウェイン

表7-2　ウェインの治療課題に関連する要因のまとめ

性加害行動が満たしていた基本的ニーズ	重要な治療課題	その他の考慮すべき領域
●楽しむこと ●性的健康 ●情緒的健康	●感情調整とストレス耐性（特に退屈さを管理すること） ●被害者への影響を含む，性加害行動の理解 ●性教育 ●性的衝動の管理 ●問題解決法 ●家族との協働	●高い認知的および知的能力 ●性的なものではない反社会的行動 ●**楽しむことと人と関わること**という，基本的ニーズ間の葛藤 ●楽しむ（スリルと興奮）というニーズばかりに注目することで，**達成する・目的をもち，よりよくなる**などのニーズが軽視される可能性

　ウェインには，アセスメントにより，週1回，12カ月間の治療プログラムが必要とされた。治療関係はプログラムによい結果をもたらす要因のひとつであるという認識から（Beech & Hamilton-Giachritsis, 2005; Marshall, 2005），ウェインの「人と関わること」というニーズは介入の優先事項とみなされなかったものの，セラピストが尊敬や共感，温かさ，誠実さ，オープンな態度，評価的でない態度を示すことで，治療上のラポールを形成することがプログラムの初期段階の焦点となった。

　ウェインへの介入では，ジョーよりも家族に関する介入が重視された。なぜなら，ウェインは現在まで長期にわたって両親と暮らしており，両親は，動機が高く，ストレングスとスキルがあり，ウェインの成長を支える力量があると判断されたからである。したがって，ウェインがストレス耐性のワークに取り組む前に，親子の関係を強化し，ウェインが両親を情緒的支えとして当てにできるようになることを目指して，ウェインと両親の合同セッションに比重が置かれた。親子合同セッションでは，それぞれの視点を互いに理解し合い，ウェインの目標を達成するのに役立つ両親のもつ資源を探し出した。ウェインの個別セラピーでは，彼が退屈を，スポーツやゲームに参加するなどの向社会的な方法で調整できるようになるための代替案や方法を探した。ロッククライミングのサークルやテーマパークに行くといった活動のなかには，彼のスリルや興

奮にたいするニーズを満たすものもあった。両親はまず，ウェインの参加するあらゆる活動をうながすとともにモニタリングし，セラピストからどのようにすればよいか助言やサポートを受けた。しかし，ウェインがこれらの活動に参加するには適切な時期を待たなければならないときもあり，ウェインが即座にスリルや興奮を得たいというニーズに応えられない活動も多かった。彼がこのような活動に参加できるようになるには，それまでにスキルや動機，満足感を先のばしにする力が欠かせなかった。したがって，ウェインがこれらの活動に参加し始めたのと同じ時期に，治療のなかで感情調整スキル習得のためのサポートがなされた。

　ジョーと同じくウェインにも，自分の感情的反応の気づきと認識を深めるためのバイオフィードバック・アプローチが実践された。ウェインの治療教育プログラムでも，彼の認知機能と高次脳処理能力に合わせたさまざまなアプローチが取り入れられた。例えば，ストレスを感じたときにそれを管理し，ストレスに耐えられるようになるための治療技法として，弁証法的行動療法 (DBT) アプローチの要素のいくつかを活用した。弁証法的行動療法は元々，境界性人格障害や自殺傾向のある人のためにリネハン (Linehan, 1987) によって開発された技法だが，ほかの集団に適用してもよい効果が示されている (Chapman, 2006)。これは認知行動療法の一種であり，自分の感情管理やストレス耐性，効果的な対人関係スキルの習得などを目指して使用されている。ウェインの場合，退屈といったストレスとなる感情が生じたときは，衝動のままに行動したりその感情を無理に変えようとするのではなく，その感情を受け入れ，手放せるようにした。この過程では，自己鎮静技法を使ったり，自分の判断の善し悪しを評価する方法を学んだりすることが役立った。彼はまた，そのときの退屈を統制するのに役立つ方法として，音楽と電子ゲームを活用することにした。

　ウェインとジョーには同様のアプローチが用いられ，自分の性加害行動と他者に及ぼした影響を理解するために，性と対人関係についての教育が行なわれた。しかし，ウェインにはポルノ使用歴があることから，性加害行動と関連するリスクや，ウェインが性的画像にさらされたことによって生じた歪みや，不適切で悪影響をもたらす性的画像や性的内容にアクセスできないように彼自身と両親が策を講じることなどに，より重点が置かれた。ウェインが自分の性的没頭と退屈感とのつながりについて理解できるように，性的な考えを日記に書くこととした。その際，日記を書くことが性的没頭を強める手段にならないよ

う注意が払われた。ウェインの性的没頭については，主に，彼の興味を広げるよう環境に働きかけることによって対処された。それによって，彼が楽しいと感じる活動にもっと前向きに参加できるようになり，ニーズを満たすためにセックスとポルノに頼りきらなくてすむようになった。さらに，健全な関係という文脈で性教育を行なったことで，性をモノ化して捉えたり，性と関係性を切り離して考える見方を減少させた。彼は，自分の寝室というプライベートな空間において，適切な思考を用いてマスターベーションを行なうことで性的満足へのニーズを満たせるようになった。

ウェインのリスクの自己管理をサポートするために採用された問題解決技法は，ACE (Avoid-Control-Escape／避ける，コントロールする，逃れる) モデルであった。ACE モデルは，プリントとオーキャラハン (Print & O'Callaghan, 2004) によってより包括的に説明されているが，簡潔にまとめると，若者が自分の考えや感情，環境を検討することをサポートし，それに基づいて，この状況を避けるべきか，自分の行動をコントロールし肯定的な状態でいられるか，もしうまくいかなかったら，いかにしてこの状況から逃れられるかといった決定を行なうものである。このモデルは，ウェインが自分の性的な反社会的行動と一般的な反社会的行動のリスクになりうる状況を特定するのに役に立った。「コントロール」という概念が強調され，退屈や怒り，その他のネガティブな気分を感じたかどうか，また，自己鎮静技法やストレス耐性ワークなど過去に学んだ方法を用いることに自信をもてたかどうかによって意思決定がなされた。ウェインは，困難な状況に気づきそこに近づかないようにしたり，必要な場合にはその状況からすぐに離れたりすることができるようになるために，ロールプレイや両親との日常生活のなかで ACE を用いた練習をした。

ウェインの両親にたいしても，家庭と地域の両方におけるリスク管理ができるようになるために多くのワークが実施された。内容としては，ウェインのコンピューターの使用方法や，窓の位置など彼の寝室の間取り（以前，公共の歩道が見渡せる窓辺で露出行為をしていたことを考慮して），ACE モデルの理解，ウェインにたいする一連のセラピーで扱われた一般的な対処方法などが含まれた。さらに，ウェインがバウンダリーを守れるようになり，自分の行動にたいする結果を受け入れられるように支援するためのワークも実施された。ウェインの両親は，ウェインの代わりに学校に交渉して彼が自分の知的能力に見合った学習課題を与えてもらえるようにしたり，自立スキルを高めるための活動にウェイ

ンが参加できるようお金の工面やモニタリングをしたり，ウェインが楽しめる機会や感情を調整する機会をもたせたりして，彼の性問題行動に関するものに限らず幅広い基本的ニーズを満たせるように支援を続けた。

事例C：リアン

表7.3　リアンの治療課題に関連する要因のまとめ

性加害行動が満たしていた基本的ニーズ	重要な治療課題	その他の考慮すべき領域
●情緒的健康 ●人と関わること	●情緒的安全感，感情調整，ストレス耐性 ●アタッチメントと関係性 ●トラウマに焦点化したワーク ●自己同一性と民族性 ●自分を労わるワーク ●性加害行動の理解と管理 ●健康的な性についての学習 ●問題解決法 ●家族やシステムとの協働	●2つの人種的ルーツ ●年少であること ●**情緒的健康と人と関わること**という，ニーズ間の葛藤 ●**情緒的健康**のニーズばかりに注目することで，**人と関わること・楽しむこと・達成すること・自分自身であること・目的をもち，よりよくなること・性的健康**のニーズが軽視される可能性

　幼い子どもを対象とした効果の高い治療プログラムでは，期間の制限を設け，両親または養育者にプログラムに参加してもらうことが望ましいと，これまでの研究でいわれている（Chaffin et al., 2008）。リアンの年齢とニーズを考慮した結果，週1回，15カ月の介入プログラムを行なうことが望ましいと評価された。リアンの里親とおばは，それぞれ個別のセッションを数回，そしてリアンとの合同セッションにも，どちらかが参加した。

　リアンの，性加害行動にまつわる基本的ニーズは，ジョーのものと似通っているが，リアンの場合は，性問題行動の維持要因として「達成感」がある点が異なる。さらに，リアンには知的な障害はないが，年齢的にまだ幼いという理由から，より創造的で具体的なセラピーの技法や資源を用いることが適当であると判断された。情緒的安全，人との関係とコミュニケーション，感情の調整，トラウマに焦点化した介入，自分の性加害行動と他者に及ぼす影響の理解，自分を労わること，リスク管理，ストレス耐性の介入は，ジョーと重複する内容であった。違うところは，性教育をリアンの年齢に即した内容にするこ

と，ジョーの場合の音楽に代わり，絵画，入浴，フェイスパック，マニュアといったアートや美とファッションを用いたり，柔らかい布を触ることで「心地よさ」を感じるといった方法をリラックスするための手段にしたことである。リアンのファッションや創造性への関心は，自身のアイデンティティや出生の2つのルーツを探索するためにも役立った。さらに，リアンは，自分と似通った民族的ルーツをもつメンターを支援者に迎え，文化やアイデンティティの問題の探索を深めていった。例えば，話し合いや，関連のある博物館を訪ねて芸術や習慣，服飾を鑑賞したり，多様な国の料理をつくるなどの方法が用いられた。

　ジョーの例とは異なり，リアンは里親やおばと一緒に，治療セッション中やそれ以外の時間に情動調律のワークに取り組んだ。ジョーにこの課題が与えられなかったのは，リアンと同じくらい安定した養育者との関わりがもてていなかったためである。情動調律の課題では，若者と養育者がお互いの動きを真似するワークもある。クリーデン（2005）によると，情動調律を継続的に練習することで，調律のプロセスに含まれる神経経路が刺激され，「社会的つながり」が再構築される，つまり置かれた環境のなかで自分たちの情緒や認知的な体験を正確に統合する能力が増大するという。

　両価型の愛着スタイルをもつジョーと比べて，回避的愛着スタイルをもつリアンの感情は，他者から認識されにくかった。そのため，リアンには自分の感情をじっくり探索するという課題が与えられた。あるワークでは，幸福な感情を表す笑顔のお面や，恥ずかしさを表す頬を赤くしたお面などをつくり，人に見てもらった。そして，アート作品を用いながら，お面の下ではどのようなことが起こっているのかを表現してもらった。例えば，怒りの感情は握りしめて赤くなったこぶしで表され，心配な気持ちは眉をひそめる表情で表された。ほかのワークでは，動物のキャラクターを使い，リアンがさまざまな場面で示す可能性のある性格や感情を探索した。例えば，弟たちに向けられた怒りをゴリラで表すといったように。また，リアンは感情の日記をつづり，支援を担当する実践家に見せ，彼女自身と実践家がリアンの感情的反応や行動が理解できるようになることを目指した。この日記は，問題解決能力を養うワークにも使用され，彼女の考え，感情，行動がどんなふうにつながっているかを示すのに用いた（このワークの詳細は，ジョーの介入の詳細を参照のこと）。リアンの強い怒りについては，感情の調整ができるようになることを目指し，漸進的な筋肉のリラ

クゼーションや帰結主義的な思考法など，怒りのコントロールに特化したワークが行なわれた。また，リアンは全般的な感情調整のために，マインドフルネスのワークも活用した。マインドフルネスは，善し悪しの判断を下すことなく，特有の方法で自分自身と今この瞬間に注意を向けるものである。マインドフルネスや瞑想は，健全な発達と情緒のウェルビーイングを高めると考えられている (Siegel, 2007)。一例として，最近の研究によると，共感性を高める可能性も示唆されている (Lutz et al., 2008)。マインドフルネスは，知的障害のある人にも有用性があることが実証されているが (Singh et al., 2004; 2006)，ジョーにはマインドフルネスを使用せず，リアンに使用したのは，リアンの学習スタイルがこの方法に適していたからである。ジョーとは異なり，リアンのニーズや感情反応のスタイルを考慮して，もっと頻繁に助けを求めるように励まされた。リアンは，極力速く感情を管理しようとして，すぐに気を紛らわす方法をとろうとした。治療のなかで，この2つの別の対処方法がひとつにまとめられた。まず，気を紛らわすことでその場の問題に対処してから，支援ネットワークの誰かに助けを求めたり，その問題について話し合うようにしたのである。一方，ジョーの場合は，人に助けを求めたり注意を引こうとして異常なほどにまとわりつくよりも，自分自身で感情を抱えていられる方法を学ぶことが推奨された。

　里親とおばにたいする個人セッションでは，特にリアンの感情と愛着行動への対応と，リアンの性問題行動とリスク管理の理解に焦点が当てられた。おばには，「安全を保つ」ワークが実施された。例えば，プライバシーに関するルールを設定し，リアンが恐怖や安全が脅かされていると感じていることを示す兆候に気づけるように援助した。この介入は，リアンが幼いときにおばと彼女のパートナーと生活していた際に受けた過去の被害体験を考慮して実施された。リアンとの合同セッションでは，里親とおばが，リアンがセラピーの場面で学習した知識やスキルを実際の生活でも役立てられるように支援した。治療課題の進捗にともない，さらにスキルを高め，さまざまなニーズを満たしていくために，リアンは適切な監督を受けることができた。リアンのニーズには，通常学級への復学，放課後にファッション関係のサークルに参加すること，地元の美術工芸サークルに参加し自分の絵画がコンクールに出展されること，養育者と一緒に料理の腕を磨くこと，おばと連絡をとることなどが含まれた。

本章では，グッドライフ・モデルがどのように個々人のニーズに注目しながら，ほかの治療モデルや理論と組み合わせて用いられるのかを具体的に示した。介入では，ニーズを満たし，ストレングスを強化することが目指されるが，介入のプロセスにはリスクの問題やリスク管理スキルの獲得も不可欠である。グッドライフ・プランは，若者個々人に合わせた何らかの活動をすることで，副次的目標や手段を支援していくものであるため，本人にとって魅力があるばかりか，本人にとって重要なニーズをポジティブに満たすことに寄与するものである。若者への支援は，彼らが自分のもつストレングスを活かしつつ，これらの活動にうまく安全な方法で取り組むために必要なスキルを身につけていくことが目的である。それには必然的に，リスクに気づき，管理することも含まれている。

　ここで提示した事例は，介入が個々人のニーズに合わせて行なわれるべきであり，その後のセラピーの進捗を支えるためには，ニーズの優先順位を特定することが重要であることを示している。

文　献

Andrews, D. A., and J. Bonta. 2010. *The psychology of criminal conduct*, 5th ed. New Providence, NJ: Lexis Matthew Bender.

Andrews, D. A., J. Bonta, and R. D. Hoge. 1990. Classification for effective rehabilitation: Rediscovering psychology. *Criminal Justice and Behaviour* 17:19–52.

Beech, A. R., and C. E. Hamilton-Giachritsis. 2005. Relationship between therapeutic climate and treatment outcome in group-based sexual offender treatment programs. *Sexual Abuse: A Journal of Research and Treatment* 17:127–40.

Bonta, J., and D. A. Andrews. 2007. *Risk–Need–Responsivity model for offender assessment and treatment*. User Report No. 2007-06. Ottawa, Ontario: Public Safety Canada.

Borduin, C., S. Hengeller, D. Blaske, and R. Stein. 1990. Multisystemic treatment of adolescent sexual offenders. *International Journal of Offender Therapy and Comparative Criminology* 34:105–13.

Briggs, D., and R. Kennington. 2006. *Managing men who sexually abuse*. London: Jessica Kingsley Publishers.

Chaffin, M., L. Berliner, R. Block, T. Cavanagh Johnson, W. N. Friedrich, D. G. Louis, D. L. Thomas, I. J. Page, D. S. Prescott, J. F. Silovsky, and C. Madden. 2008. Report of the ATSA task force on children with sexual behaviour problems. *Child Maltreatment* 13:199–218.

Chapman, A. L. 2006. Dialectical behavior therapy: Current indications and unique elements. *Psychiatry* 3:62–68.

Creeden, K. 2004. The neuro-developmental impact of early trauma and insecure attachment: Re-thinking our understanding and treatment of sexual behavior problems. *Sexual Addiction and Compulsivity* 11:223–47.

Creeden, K. 2005. Integrating trauma and attachment research in the treatment of sexually abusive youth. In M. C. Calder (ed.), *Children and young people who sexually abuse: New theory, research, and practice developments*, 202–16. Lyme Regis, UK: Russell House Publishing.

Farrall, S. 2002. *Rethinking what works with offenders: Probation, social context, and desistance from crime.* Devon, UK: Willan Publishing.

Ferrara, M. L., and S. McDonald. 1996. *Treatment of the juvenile sex offender: Neurologic and psychiatric impairments.* Northvale, NJ: Jason Aronson.

Finkelhor, D. 1984. *Child sexual abuse: New theory and research.* New York: Free Press.

Gilbert, P., and S. Proctor. 2006. Compassionate mind training for people with high shame and self-criticism: Overview and pilot study of a group therapy approach. *Clinical Psychology and Psychotherapy* 13:353–79.

Hackett, S. 2003. Evidence-based assessment: A critical evaluation. In Calder, M. C., and S. Hackett (eds.), *Assessment in child care: Using and developing frameworks for practice*, 74–85. Lyme Regis, UK: Russell House Publishing.

Hackett, S. 2004. *What works for children and young people with harmful sexual behaviours?* Nottingham, UK: Russell Press.

Hanson, R. K., and M. T. Bussiere. 1998. Predicting relapse: A meta-analysis of sexual offender recidivism studies. *Journal of Consulting and Clinical Psychology* 66:348–62.

Hanson, R. K., A. Gordon, A. J. R. Harris, J. K. Marques, W. Murphey, V. L. Quinsey, and M. C. Seto. 2002. First report of the collaborative outcome data project on the effectiveness of psychological treatment for sex offenders. *Sexual Abuse: A Journal of Research and Treatment* 1:169–94.

Henggeler, S. W., G. B. Melton, and L. A. Smith. 1992. Family preservation using multisystemic therapy: An effective alternative to incarcerating serious juvenile offenders. *Journal of Consulting and Clinical Psychology* 60:953–61.

Hudson, S. M., T. Ward, and J. C. McCormack. 1999. Offense pathways in sexual offenders. *Journal of Interpersonal Violence* 14:779–98.

Lab, S. P., G. Shields, and C. Schondel. 1993. An evaluation of juvenile sexual offender treatment. *Crime and Delinquency* 39:543–53.

Laws, D. R., and T. Ward. 2011. *Desistance and sexual offending: Alternatives to throwing away the keys.* New York: Guilford Press.

Linehan, M. M. 1987. Dialectical behavior therapy: A cognitive behavioral approach to parasuicide. *Journal of Personality Disorders* 1:328–33.

Longo, R. 2003. Emerging issues, policy changes, and the future of treating children with sexual behaviour problems. *Annals of the New York Academy of Sciences* 989:502–14.

Losel, F. 1995. Increasing consensus in the evaluation of offender rehabilitation? Lessons from recent research syntheses. *Psychology, Crime, and Law* 2:19–39.

Lutz, A., J. Brefczynski-Lewis, T. Johnstone, R. J. Davidson. 2008. Regulation of the Neural Circuitry of Emotion by Compassion Meditation: Effects of Meditative Expertise. *PLoS ONE* 3(3):e1897. doi:10.1371/journal.pone.0001897, http://www.plosone.org/article/info%3Adoi%2F10.1371% 2F journal.pone.0001897.

Marsa, F., G. O'Reilly, A. Carr, P. Murphy, M. O'Sullivan, A. Cotter, and D. Hevey. 2004. Attachment styles and psychological profiles of child sex offenders in Ireland. *Journal of Interpersonal Violence* 19:228–51.

Marshall, W. L. 2005. Therapist style in sexual offender treatment: Influence on indices of change. *Sexual Abuse: A Journal of Research and Treatment* 17:109–16.

Marshall, W. L., and H. E. Barbaree. 1990. An integrated theory of the etiology of sexual offending. In W. L. Marshall, D. R. Laws, and H. E. Barbaree (eds.), *Handbook of sexual assault: Issues, theories, and treatment of the offender*, 257–75. New York: Plenum.

McGrath, R. J., G. F. Cumming, B. L. Burchard, S. Zeoli, and L. Ellerby. 2010 *Current practices and emerging trends in sexual abuser management: The Safer Society 2009 North American survey*. Brandon, VT: Safer Society Foundation.

McMackin, R., M. Leisen, J. Cusack, J. LaFratta, and P. Litwin. 2002. The relationship of trauma exposure to sex offending behaviour among male juvenile offenders. *Journal of Child Sexual Abuse* 11:25–39.

O'Callaghan, D. 1999. Young abusers with learning disabilities: Towards better understanding and positive interventions. In M. C. Calder (ed.), *Working with young people who sexually abuse: New pieces of the jigsaw puzzle*, 225–50. Lyme Regis, UK: Russell House Publishing.

Print, B., and D. O'Callaghan. 2004. Essentials of an effective treatment programme for sexually abusive adolescents: Offence specific treatment tasks. In G. O'Reilly, W. Marshall, A. Carr, and R. Beckett (eds.), *Handbook of clinical intervention with juvenile sexual abusers*, 237–74. Hove, UK, and New York: Brunner-Routledge.

Rasmussen, L. A., J. E. Burton, and B. J. Christopherson. 1992. Precursors to offending and the trauma outcome process in sexually reactive children. *Journal of Child Sexual Abuse* 1:33–47.

Rich, P. 2006. *Attachment and sexual offending: Understanding and applying attachment theory to the treatment of juvenile sexual offenders*. Chichester, UK: John Wiley and Sons.

Ryan, G., T. J. Miyoshi, J. L. Metzner, R. D. Krugman, and G. E. Fryer. 1996. Trends in a national sample of sexually abusive youths. *Journal of the American Academy of Child and Adolescent Psychiatry* 35:17–25.

Sapp, A., and M. Vaughn. 1990. Juvenile sex offender treatment at state-operated correctional institutions. *International Journal of Offender Therapy and Comparative Criminology* 34:131–46.

Saxe, G. N., B. H. Ellis, and J. B. Kaplow. 2007. *Collaborative treatment of traumatized children and teens: The Trauma Systems Therapy Approach*. New York: Guilford Press.

Schore, A. N. 2002. Dysregulation of the right brain: A fundamental mechanism of traumatic attachment and the psychopathogenesis of posttraumatic stress disorder. *Australian and New Zealand Journal of Psychiatry* 36:9–30.

Sheldon, B., and R. Chilvers. 2000. *Evidence-based social care: A study of prospects and problems*. Lyme Regis, UK: Russell House Publishing.

Siegel, D. 2007. *The mindful brain: Reflections and attunement in the cultivation of well-being*. London: W. W. Norton.

Singh, N. N., G. E. Lancioni, A. S. W. Winton, W. J. Curtis, R. G. Wahler, M. Sabaawi, J. Singh, and

K. McAleavey. 2006. Mindful staff increase learning and reduce aggression in adults with developmental disabilities. *Research in Developmental Disabilities* 27:545–58.

Singh, N. N., G. E. Lancioni, A. S. W. Winton, R. G. Wahler, J. Singh, and M. Sage. 2004. Mindful caregiving increases happiness among individuals with profound multiple disabilities. *Research in Developmental Disabilities* 25:207–18.

Smallbone, S. W. 2005. Attachment insecurity as a predisposing factor for sexually abusive behaviour by young people. In M. C. Calder (ed.), *Children and young people who sexually abuse: New theory, research and practice developments*, 6–18. Lyme Regis, UK: Russell House Publishing.

Smallbone, S. W., and M. Dadds. 1998. Childhood attachment and adult attachment in incarcerated adult male sex offenders. *Journal of Interpersonal Violence* 13:555–73.

Smallbone, S. W., and M. Dadds. 2000. Attachment and coercive sexual behaviour. *Sexual Abuse: Journal of Research and Treatment* 12:3–16.

Smallbone, S. W., and M. Dadds. 2001. Further evidence for a relationship between attachment insecurity and coercive sexual behaviour. *Journal of Interpersonal Violence* 16:22–35.

Vennard, J., D. Sugg, and C. Hedderman. 1997. *Changing offenders' attitudes and behaviours: What works?* Home Office Research Study 171. London: Home Office.

Ward, T., S. M. Hudson, W. L. Marshall, and R. J. Siegert. 1995. Attachment style and intimacy deficits in sexual offenders: A theoretical framework. *Sexual Abuse: Journal of Research and Treatment* 7:317–35.

Ward, T., R. E. Mann, and T. A. Gannon. 2007. The Good Lives model of offender rehabilitation: Clinical implications. *Aggression and Violent Behaviour* 12:87–107.

Whelton, W. J., and L. S. Greenberg. 2005. Emotion in self-criticism. *Personality and Individual Differences* 38:1583–95.

Willis, G., and T. Ward. 2011. Striving for a good life: The Good Lives model applied to released child molesters. *Journal of Sexual Aggression* 17:290–303.

Willis, G. W., P. M. Yates, T. A. Gannon, and T. Ward. 2013. How to integrate the Good Lives model into treatment programs for sexual offending: An introduction and overview. *Sexual Abuse: A Journal of Research and Treatment* 25:123–42.

Worling, J. 2012. The assessment and treatment of deviant sexual arousal with adolescents who have offended sexually. *Journal of Sexual Aggression* 18:36–63.

Worling, J., and T. Curwen. 2000. Adolescent sexual offender recidivism: Success of specialized treatment and implications for risk prediction. *Child Abuse and Neglect* 24:965–82.

第8章
社会に戻ること

ヘレン・グリフィンとローラ・ワイリー

(Helen Griffin & Laura Wylie)

　治療的介入中および介入後に若者が体験する社会移行は，改善更生過程のとても重要な部分である。介入中，性加害行動を示す若者は，里親家庭，養護施設，刑事司法施設といったさまざまな状況で暮らしている。これらの若者の成育歴にしばしばみられる非機能的家族やトラウマ体験 (Creeden, 2005; Hunter & Becker, 1994; Longo, 2001) によって，性加害行動を現す以前から生家を離れていることがある。あるいは地域行政機関への係属は，彼らの性加害行動の結果かもしれないし，親から拒絶された結果かもしれない。さらに，性犯罪の深刻さや被害者に与えた危害の大きさによっては，若者が拘禁刑を受ける可能性もある。行政処分や刑事処分後には，措置された若者も最終的には社会に戻る。その場合，社会に戻る準備がなされ，彼が戻って暮らす環境をグッドライフ・プランに組み込むことが重要である (Yates et al., 2010)。プランは現実的で達成可能であり，かつ彼の将来の生活環境に関連していることが必要である (Willis et al., 2013)。

　施設から社会に戻るときに，社会的排除に直面する危険性が高まることが，世界中の調査によって明らかになっている (Stein, 2006)。研究は以下のようなことを示している。家族と同居している若者はより長く家族のもとにとどまる一方，施設から退所する若者は，16〜18歳で親もとを離れて，新たな住居を見つけ，新しい地域に慣れなければならず，教育を中断されるか，失職を余儀なくされる (Stein, 2006)。安定した暮らしは，性加害行動の予防となるので，若者が施設から社会に戻る際の支援をできるだけ長く行なうことが大切である。レジリエンスを築き，退所のケアをよりよいものにするには，発達に見合った漸進的で柔軟な移行期間を設け，特に複雑なニーズを有する者には持続的な支援を組み込む必要がある (Mendes et al., 2011; Stein, 2005, 2006)。刑事司法施設から出所して地域社会に戻る若者も，同様の困難に直面する。

ペンバートン (Pemberton, 2010) によれば，地域社会に戻る若い犯罪者は，定着支援を受けずに再犯に至る可能性が高い。米国では，成人犯罪者が社会に再統合される際に，障壁と社会的孤立を低減することの重要性が認知されてきた (例えば，2005 年の社会再参加政策審議会報告は，社会再参加を支えるプロジェクトの拡大を提言している)。とはいうものの，こうした提言を実行するのは，困難なことがある。ローズとワード (Laws & Ward, 2011) は，再統合への障壁に打ち勝つための最善のやり方は，現状では，社会再参加裁判所と関連機関による方法であろうと主張している。社会再参加裁判所とは，受刑者が地域社会に再統合されるという特別な状況を支援，対処するべく米国でつくられた裁判所である。子どもと青少年が，施設から社会に効果的に戻れるようにと考えられたものは他国にもある。例えば，英国の少年定着制度 (Youth Justice Board, 2006) は，定着プランをつくることを求め，関連機関がより連携した取り組みをすることを勧めている。とはいうものの，うまくいかない社会移行は，引き続き関心をもたれている。うまくいかない社会移行は，アセスメントの質の低さ，資源不足，機関連携における問題が関係していると思われる (Callender, Pemberton, 2010 からの引用)。

　キースの事例は，施設からの移行がうまくいかなかった例を示している。キースは 18 歳で，下された判決のうち拘禁刑の部分が終了した。彼は 16 歳未満の女子への性加害と飲酒下における暴力事件で刑を受けた。彼の性的，暴力的行動に関係する基本的ニーズは，**情緒的健康**と**人と関わること**であると評価された。彼には複雑性トラウマの既往があり，両親からの身体的および情緒的虐待により 12 歳で家庭から離された。彼はこれまで措置先に落ち着いたことがなく，行動上の問題から何回か退学になっている。彼は PTSD の症状を示し，いくつかの特徴が今後の人格障害の発症を予測させた。施設から釈放される際，キースは 7 カ月間の治療を受けることになり，感情調整法，対人関係とリスク管理スキルを含む介入によく反応した。

　釈放後のキースには，一貫したバウンダリーと初期の安定をもたらす一定レベルの行動制限，就労支援，地域で同年代の仲間と関わる機会が必要であると，キースの担当者は勧告した。両親との接触は慎重に管理，監督されるべきであるとも勧められた。これらの勧告は，彼の基本的目標とリスク評価から導き出された。キースは釈放にあたって，裁判所による監視命令と電子監視の対象となった。少年司法専門家は，監督レベルを徐々に下げていく試験観察期間

を得ようとしたが，費用を負担する地方行政機関はそうした資金はないと決定した。したがって，直前になって代案も決めなければならなかった。釈放とともに，キースは実家にとても近い宿泊所に帰住した。そこで彼は，専門家や地域から最低限の支援しか受けられなかった。彼は，人との関わりを切望するひとりぼっちの若者で，ほかに誰もおらず，監督されずに家族と接することに気が向いてしまった。家族は彼を不安定にさせ，感情を調整するために彼は酒に頼るようになった。そして彼は，地域でいくつかの暴力沙汰と，さらなる違法な性加害行動を起こしてしまった。

　介入では，家庭から離れて暮らす若者に，帰住先の地域社会の人間関係で使えるソーシャルスキルや，安全な保護環境のなかで感情調整機能をどう活用するかを教えることができる。また，地域社会のなかで必要な資源の入手方法や，ケースワーカーによる情緒的支えも提供できる。しかし，若者が安全ではないと感じる新たな環境に移され，支援される機会も少なく，リスク低減にのみ焦点が当てられて健全な暮らしを強化することには目が向けられず，学んだスキルを一般化したり拡張することができないのであれば，その効果は限定されてしまうかもしれない。英国の追跡調査では，性加害行動にたいして 10 〜 20 年の専門的サービスを受けた 117 人の若者の予後に関わる予備調査で，43 ％が失敗に終わり，肯定的結果となったのは 26 ％のみであった (Hackett, 2011)。肯定的結果は，「エブリ・チャイルド・マターズ（どの子も重要である）」(HM Government, 2004) と，ファーリントンら (Farrington et al., 2009) の回復要因によって定義されている。肯定的結果に影響する要因は，長期間にわたる専門家のサポート，教育と就労の達成，そして安定した恋愛関係である。これらの知見は，性加害行動にたいする治療的介入は，若者が大人になっていくのを支援する長期的介入をより重視する必要があることを明らかにしている。

　英国の少年司法委員会は以下のように記している。「子どもへの介入の効果は，青年期以降に響く (…) 移行期を改善することは，若者の結果を改良するだろう。彼らの人生で脆弱なときに，その成長過程を支えるからである」(Harrison & Stevens, 2012, p.5)。刑事司法制度において若者の移行期を成功させるために，少年司法機関，成人司法機関，健康と教育／就労機関，居住支援団体や地域機関など，さまざまな機関の協働が必要となることは頻繁にある (National Collaborative on Workforce and Disability, 2010)。文献によれば，就労，家族，教育，余暇活動，人との関わりといった要因は，犯罪からの離脱を示す肯定的指標で

ある (Gibbens, 1984; Irwin, 1970; Laws & Ward, 2011; Moffitt et al., 2002; Stouthamer-Loeber, 2004; Trasler, 1979; Warr, 1998)。ローズとワード (2011) によれば，

> 離脱という視点からみると，教育，人間関係，就労の可能性といった社会関係資本は，本質的に犯罪者を動機づけ，日常生活に織り込まれていく可能性を高める。このことは，犯罪者が抱える多くの問題の一般的な解決を求めるよりは，地域社会のなかに彼らのグッドライフ・プランを係留する錨(いかり)を求め，できれば地域社会に受け入れられ，理想的には仲間と友人をもつことの重要性を，実務家に思い起こさせてくれる (p.244)。

さらに，少年司法から成人司法への移行は，若者にとって重要なときであり (Harrison & Stevens, 2012, p.5)，注意深い計画と配慮を要する。英国を含むいくつかの国々では，少年と成人では，サービス受給者への対応や利用可能な資源の範囲が異なっている。加えて，ある若者たちにとっては，移行がそれまでに築かれた援助的関係をぶち壊すことにもなりうる。

ベンは，キースとは対照的に，移行プランがよく考えられ，うまくいったケースである。ベンは12歳のとき，知的障害のある成人女性に性加害を行なった。キース同様，彼に関連するグッドライフ・ニーズは，**情緒的健康**と**人と関わること**であると評価された。事件発覚後，父の家から，性加害行動のあった青少年に特別なケアを行なう専門施設にベンは移された。ベンのケアチームと治療者は彼と協働し，グッドライフ・アプローチを使った。すぐに彼は，適切な方法で**情緒的健康**とつながり（**人と関わること**）に関する欲求を満たし始めた。数ヵ月にわたるその施設での観察と治療教育での進歩を慎重に継続的に評価した結果，性加害行動の危険性は著しく低減し，専門施設内での暮らしを続ける必要はないとみられた。実家に戻ることは不可能だったので，それと関連するグッドライフ・ニーズを充足させるには，里親家庭が最も適切と思われた。例えば，多くの若者たちと一時的に同居する施設では表面的な愛着関係しかもてないが，里親は，より安定して長続きする関係を与えてくれる可能性があった。

ベンの移行には，地方行政機関の子ども対応部局が中心となって，ベンのグッドライフチームの勧告を積極的に受け入れ，さまざまなサービスが導入された。14歳までにベンは，明確で一貫したバウンダリーと高いレベルの養育の

両方を提供できる里親を見つけられた。ベンは，退所前に里親に紹介され，徐々に慣れ，安心感をもてるように，里親のもとに外泊をした。加えて，里親は，性加害行動とそれに関連するニーズについての理解を深めるべく，ベンの治療者から特別な訓練とガイダンスとを受けた。里親のもとに移ってから，ベンは里親と肯定的で安定した関係をもつようになり，自分の問題と関心について里親を信頼して話すようになった。2, 3 カ月で，ベンは週末のアルバイトを見つけ，サッカーなど地域の活動に参加し，たくさんのよい仲間ができた。ベンは，引き続き週 1 回のセラピーに通い，移行期に一貫性が保たれた。

　介入の最終期には，ベンのセラピーの回数は徐々に減らされていったが，プログラム修了後 2, 3 カ月間は，里親は引き続きベンのセラピストからサポートを得た。ベンが成長するにつれ，里親は「里親として世話をする」のをやめて彼に下宿生活をさせるための資金提供を受け，彼は喜んで大学の寮に寄宿した。年齢がきて，彼は児童対応機関から成人対応機関に移されたが，最小限の困難しか感じなかった。というのは，彼はすでに「グッドライフ」を手に入れるのに必要な資源にたどりついていたからである。移行期をうまく乗り越えたベンは，情緒的健康と人と関わることのニーズを充足させる能力を発揮するようになっていた。それは，自身の内的資質を伸ばすことによってのみならず，成人期への移行にともなって「家族」，仲間，地域社会からのサポートとして得られた多様な手段を通じてであった。

　異なるケア環境に移行していくことの難しさを考慮し，協力機関と一緒に取り組んでいる G マップは，施設内処遇と里親制度を階層的に統合させたシステムへをつくっているところである。それには，さまざまなリスクとニーズをもつ若者に適切なケアを提供できるようにマッチングすることも含まれる。例えば，ある若者が，最高レベルの監督が必要だと判断され，バウンダリーを維持するのが難しかったり，家庭内でうまくやれなかったりする場合には，高度な訓練を受けたスタッフのいる居住施設と施設内教育が最も適切な選択肢と考えられることが多い。しかし，その若者が社会的スキルを伸ばし，サポートを利用し，リスクの低下を示すなど，介入に肯定的に反応し始めたら，特別な訓練を受けた里親家庭に移行させることができる。また，監督がさほど集中的に必要ない若者の場合は，専門家である里親のところに行かせることで，個別のニーズに柔軟に対応し，肯定的な家庭生活や地域社会参加を経験するという非常に有用な機会を提供することができる。利用できる里親環境は，若者のニーズ

のレベルに応じるために階段状になっている。例えば，複雑なニーズをもつ，中〜高程度のリスクレベルの若者を育てることができる高度の里親環境では，里親は熟練し，訓練され，里親も高密度な治療内容でサポートを受けている。一方，重大なニーズもなく，リスクも軽い，低度の里親環境では，里親による長期間のサポートに重点が置かれ，より短期間で低密度の介入が行なわれる。

里親と居住施設のつながりを強めることで，社会移行の難易度が著しく下がり，個人のニーズに合わせたアレンジがさらにやりやすくなる。例えば，施設のユニットを離れる前に，里親になる予定の人との関係を構築することもできるだろう。さらに，施設から里親家庭に移ったあとも，若者と里親が施設のスタッフと連絡をとり続けることで，付加的なサポートを受けられたりする利点も出てくる。

専門家の配置に幅をもたせる階段状アプローチを柔軟に適用することによって，異なるニーズをもつ若者が，適切なタイプの場所に行けるだけでなく，より簡単に移行することができるようになる。居住型施設から里親家庭への移行は，可能な限り，その若者が長期間のサポートネットワークを構築し，愛着関係を保ち，なじんだ地域社会のなかで徐々に独立移行していく見込みを広げるものである。

治療的介入の最終段階では，若者が新しい居住環境に移行していく際に必要な資源と障壁として直面しそうなものを一緒に考えて，若者のリスク，サポート，監督を要するニーズの徹底的な再評価がなされていることが重要である。イエイツら (Yates et al., 2010) によれば，介入後の監督と維持も，介入プロセスの一部である。最近の多機関による公的保護協定 (MAPPA：イングランドおよびウェールズ地方で性的あるいは暴力的な加害をした個人の管理に関する法令に基づいた団体) の調査によれば，多機関による管理が広範囲にわたって実施されることはまれで，介入プランは，例えば夜間の外出や特定の場所への接近を禁止する制限を課すといった内容が主である。肯定的な活動に従事しているといったリスクを低減させる保護因子にはほとんど注意が払われず，専門家の監督が終わったあと何が起こるかといったことも，あまり考慮されていない (Smith et al., 2001)。

よりポジティブな社会移行と長期間にわたるプランを立てるのを促進するために，若者を支えるグッドライフ・チームは以下のような点を考慮することが役立つだろう。

- 社会移行について早期に計画する。
- 新しい場所／環境にまで範囲を拡大したグッドライフ・プランを立てる。
- 適切なタイミングで，若者の長期的サポートネットワークのメンバーとして若者本人を包摂する。それにより若者は，個別のニーズと自分の治療的な道のりを十分に理解する機会を得る。
- 移行中も継続的に治療が続けられるように，社会移行のアレンジを始める。社会移行の際には，若者はストレスや不安を感じるため，新しい環境になじんでいく間，治療的サポートを利用できることは計り知れないほど貴重なものになる。
- リスク管理と監督プランが新しい環境にも適切なものかどうかを保証するため，定期的にリスクアセスメントを行なう。監督なしでの活動が禁じられていたコミュニティから，まったく監督の行なわれない新しい環境に移動するといった急激な変化を避けるために，移行に先立ち，まず監督プランを状況に合わせて変更させるべきである。
- 若者が経験している環境がいずれなくなることに備えて，早いうちから若者と終結について計画を立てる。例えば，セラピーセッションの頻度を徐々に減らしたり，自律性や自己信頼が高められるような機会を提供する。
- 若者がこの先出会うであろう新しい環境について，自分で考えられるように援助する。これには，インターネットなどの安全な使い方や，自分の性加害歴を他者に伝える必要があるときに，誰に，いつ，どのように伝えるかについて考えることや，または自分の時間をどのように使うかなどが含まれる。
- 本人の問題と関連し，年齢相応のコミュニティの資源が利用できるように確保しておく。それによって，若者が自分のグッドライフ・プランの一部である重要な基本的ニーズを充足させることができる。新しい環境で利用できそうな活動には，移行前から参加しておくことで，いつもの習慣をあまり崩さずにすむ。

治療的介入は，願わくば，若者のグッドライフ・ニーズや彼らの有害な性行動と関係するほかの要因を十分に理解したうえで行なうべきである。本章をまとめると，若者がセラピーで学んだことを将来自分のために用いることができ

るように，介入の内容は若者になじむ方法であるべきである。またそれは，介入後の環境に合わせた最終版のグッドライフ・プランを写したもの，もしくはそれに加えて若者と共働して作成した「グッドライフ・ノート」も含まれている。これらのノートは，カラフルで，イラストつきで，それぞれの若者のオリジナルなものであるとよい。ノートには，その若者のストレングス（強み）や，将来の目標，道のり，基本的ニーズの充足，障壁になりそうなもの，トリガー，リスク管理方法／具体的なやり方，治療のなかでわかった重要なことのまとめと覚えておくべきことを含めるとよい。このような参照できる小冊子があると，移行時に思うようにならないことがあったり，障害や困難直面したりしたときに，若者が，自分が達成したいと願っていたものは何かを思い出すことができる。このように，自分が何を求め，どう対処すべきかに関する手がかりを思い出させてくれるものになるのだ。

事 例

ここでは，第5～7章で取り上げた事例の移行過程について述べる。

事例A：ジョー

ジョーのグッドライフ・プラン（GLP）の実施の詳細は，第7章で述べている。

ジョーのグッドライフ・プランは，18歳になったら現在生活している居住施設を出なくてはならないことをふまえて作成された。この移行は，ジョーにとって大きなストレスになる可能性があった。彼は，施設内の仲間や職員たちと良好な関係を築いており，生活の変化を不安に感じていた。そのため，彼の移行は前もって慎重に計画され，早い時期から，彼と一緒に準備する必要があった。なぜなら，情緒的なストレスと孤独感が高まることは，性加害行動と自傷行為のリスクにつながるからである。

ジョーの処遇に関する責任が，児童サービスから成人を対象とする地域行政機関に移行したため，ジョーには新たなソーシャルワーカーがつくことになった。ジョーのグッドライフを目指す支援チームの要請に応じる形で，ケースが移行する8カ月前には新しいワーカーが決められ，チームの一員になり，ジョーとスタッフの関係性が築かれるようにした。彼が18歳の誕生日を過ぎても

3カ月の間は治療プログラムが行なわれ、セッションの頻度を少しずつ減らしながら継続された。それにより、ジョーは、ソーシャルワーカーと居住地が変わっても、生活が落ち着くまで一貫した治療的関係に頼ることができたのである。

　転居予定の数カ月前に、知的障害のある若者向けの大学専門学校への進学が決まった。その学校は、彼が施設を出たあとに住むのに適した地域であり、ジョーの希望にも合致する場所として、ジョーと専門家のチームで検討したところだった。学校では、ジョーの社交性、治療プログラムのなかで身につけたポジティブな対人スキル、彼自身の魅力、持ち前の感じのよさによって、ジョーが発達的に同じくらいの仲間と適切でポジティブな友人関係を広げ、ジョーがグループで好かれる一員になれるように援助をした。ジョーは達成感を味わい、学校環境を楽しんだ。例えば、彼は学校のオーケストラでキーボードを演奏して腕前を披露し、学祭での売り上げをチャリティに寄付した。ジョーは、料理の才能にも目覚め、料理をすることで自分自身を落ち着かせられるようになった。さらに、学校生活を送るうちに、転居先の地域になじむことができた。学校の職員は、ジョーを地元の店に連れて行ったり、彼が「自立に向けたステップ」の一部として地域移行ができるように支援した。さらにケアスタッフは、ジョーの転居の3カ月前に、転居先に近いコミュニティで開かれていた「ティーンエージャーのための太極拳」のクラス（16〜19歳の若者対象）を見つけ、ジョーに参加を勧めた。

　ジョーは、学校の近くのサポートハウスを借りて、自分で家具や内装を決めた。実際に転居する半月前に、新しく担当になった支援ワーカーと一緒に、そのサポートハウスに4泊滞在した。新しい環境における支援プランでは、環境や支援者が変わることで高まる可能性のあるリスクを考慮し、また、知的障害のある青年男子としての脆弱性の観点から、最初のうちは24時間の監督が行なわれた。しかし、彼のグッドライフ・プランの取り組みの進展にともない、1カ月後には、彼につきっきりで対応するスタッフを減らした（つまり、コミュニティ内において、スタッフが彼についてまわることはなくなり、スタッフの視界のなかにいればOKということになった）。それ以降も、彼の進歩に合わせて監督は減らされた。ジョーは知的障害があり、脆弱性も高いことから、将来的な見通しとしては相当のサポートを要するように思われていたが、転居から半年経たないうちに、監督なしでひとりで旅行に行ったり、コミュニティ内の活動に参加した

第8章　社会に戻ること　183

りできるようになった。

　ジョーの転居前に行なわれた治療プログラムとトレーニングは，特にグッドライフ・モデルとリスク，そしてリスク管理に焦点が当てられ，ジョーを担当する新しい支援者や教員も一緒に参加した。彼が施設での生活を送っている間，彼の母親と継父はジョーとの合同セッションに参加し，ジョーの取り組みや治療的進展，ニーズ，愛着スタイル，ペアレンティングについて学んだ。母親と継父が，徐々にジョーに一貫したサポートができるようになると，次に両親自身のニーズや，両親がジョーを落ち込ませてしまう点に注目し，それを取り上げた。一方ジョーは，転居前までに，両親によって引き起こされる混乱や動揺にたいして，治療で学んだ知識や身につけたスキルで対処できるようになった。例えば，自分の情緒的な状態を認識し，助けを求め，音楽を聴いたり，太極拳をしたり，ジムに通ったりして，自分の情動を調整できるようになったのである。さらに，転居前には，弟（ジョーがかつて性暴力をふるった相手）が自分の担当のソーシャルワーカーに，「兄（ジョー）とまた関わりたい」という意向を示した。それにより，修復的司法が導入され，ジョーと弟とのミーティングの機会が設けられた。ミーティングは，ジョーと弟のそれぞれが専門的チームからサポートを受けながら，第三者的な立場である司会者によって進行された。ミーティングに先立ち，司会者がジョーと弟のそれぞれと会い，ミーティングで話し合う内容を決めるための準備を行なった。ミーティングでは，弟が自分の身に起きたことについてどう感じているかを説明した。そして，ジョーは自分のとった行動は全面的に自分の責任であることを認め，弟に謝罪をした。ジョーは，そのときの自分がそんな行動をとったのはなぜなのか，それから，自分がどんなふうに変わったかを弟に説明した。その後，それぞれが自分の担当ワーカーと話し合い，両者ともに次回のミーティングを望んでいると述べた。ジョーと弟が監督のもとで会う日の調整が行なわれ，兄弟の面会は，ジョーの移行中から転居後までずっと継続された。

　ジョーは，18歳の誕生日を迎える8カ月前に，コミュニティのサポートハウスに転居した。転居は首尾よく行なわれた。すでに築いていた新しい支援スタッフとの関係性に助けられ，友達がいる学校や太極拳のクラスに通い続け，家族や治療ワーカーとの関わりをもち続けたためである。転居して2カ月も経たないうちに，ジョーは地元のジムに入会し，さらに17歳から18歳の男子のフットサルチームにも興味を示した。また，学校の仲間である青年と出会

い，適切な恋愛関係を築き始めた。この青年は，ジョーと同じくらいの能力レベルの男性で，二人とも真の同意をもつことができると判断された。ジョーは，「困っていることはあまりない」と述べており，学校や地域で成長を見せた。その一方で，依然として特別な関係性を求めがちであり，こうしたジョーの傾向は，他者を疲弊させたり，他者に拒絶されたりする原因になり，彼の情緒的な健康度にも影響を及ぼすものだった。ジョーは，人との関わりを感じるために，行きすぎたことをすることがあった。例えば，「僕は重病にかかったんだ」と，事実でもないことを学校の友達に言ったりした。また，ジョーは何カ月間も，セラピストやソーシャルワーカー，家族に，支援やサポートを求め続け，人との関わりを感じようとしたり，自分の関係性や気分を調整しようとしたりした。

　まとめると，ジョーが居住先やコミュニティになじめるように，慎重に早期からの計画を立てるなどさまざまな手立てを講じたことで，移行がスムーズになされたといえる。また，支援者や両親，きょうだいとの関わりをもったことや，心理療法の成果を尊重して終了させた一連のサポート内容，成人対象のサービスへの移行，リスクやニーズアセスメントによって決められた監督やモニタリングの実施，今後起こりうる問題の予想と対処の練習，そして関連するコミュニティ資源を探して活用するグッドライフ・モデルを用いたことが，彼の移行において有効であった。治療的な関わりが終了するまでに，ジョーはグッドライフのためのニーズのすべてをある程度満たすことができた。なかでも，加害行動に関連したニーズ(**情緒的健康，人と関わること，達成すること**)については，それらを満たすための幅広い内的資源と外的資源をもてるようになった。ジョーにとって最も重要だったニーズは，**人と関わること**であり，学校での友情，ボーイフレンド，養育者，家族，専門家などとのさまざまな関係性をもち，地域社会での活動に参加することで充足できるようになった。最終的には，彼はもっぱらひとりでニーズを満たし，あるひとつの重要な関係性だけに全面的に頼ることはなかった。また，特定の関係性が壊れてしまったときにも，彼は人と関わることのニーズを満たせるようなほかの人とのつながりをもっていた。さらに，ジョーは治療プログラムを通して，トリガーになりうることや，今後起こりうるトラブルについて理解した。例えば，**人と関わる**というのニーズと**情緒的健康**のニーズが葛藤することがあるかもしれない。彼は，自分には価値がないという感じや，無力感や自分は愛されていないという感情を

第8章　社会に戻ること　　185

引き起こすトリガーについての気づきを深めるなかで，そうした気持ちは，自分が他者からの愛情や関心を求めようとするときに強まることを理解した。これは，ジョーにとって最も苦労したところだった。しかし，ジョーが自分自身をしっかり管理できるようになるまで，支援者たちがジョーの苦労を理解し，ニーズをモニタリングし，彼がポジティブな対処方法を用いられるように長きにわたってサポートし続けたのだった。

事例B：ウェイン
　ウェインは，介入過程の間ずっと，両親とともに暮らしていた。そして，その後も両親と一緒に生活するというプランが立てられた。ウェインのグッドライフ・プランの詳細は，第7章で述べたとおりである。
　計画された治療プログラムが終結する頃には，ウェインはだいたいにおいて自分の時間をより建設的に使えるようになっていた。例えば，スポーツをしたり，若者同士でコンピューターゲームをしたりする場に定期的に参加するなど，向社会的な活動をするようになったのである。彼は，なかなか満足感を味わえず，退屈を紛らわすことが難しいところがあった。そこで，ケータイやテレビでゲームをしたり，音楽を聴いたり，スポーツに参加したりして，退屈を埋め合わせる方法を用いたところ，つまらなさや退屈の気持ちは大幅に低減した。さらに，ストレス耐性を高めるセラピーで身につけたスキルも使った。彼は，**スリル**や**興奮**のニーズを優先させる傾向があったので，ロッククライミングのような挑戦しがいのあるスポーツに参加することは，ウェインにぴったりだった。それによって，決まった仲間たちとのグループもできた。これらは，ウェインにとって楽しい時間であるばかりか，スポーツの競争的な要素も味わえるものだ。治療プログラムが終わる移行段階で，彼は冒険的なスポーツグループのメンバーだった同世代の女性と関係を築き始めた。彼女との関係は，ウェインにとって情緒的な親密さを体験する機会となった。その関係性は，性的なイメージや感情がともなうものでもあった。ウェインは，性的な関係性をもつうえでの法的な同意年齢の問題，つまりどんな性行為が適切であるかといったことをよく理解していた。そのため，ウェインは，ガールフレンドとの関係において年齢相応の行動をとることができた。ウェインは，プライバシーが守られる自分の寝室では，雑誌を見ながらマスターベーションをしていたが，ポルノサイトではなく，より一般的な雑誌を見るようになった。

治療プログラムの終結に際して，ウェインはプログラムで学んだ重要な内容を忘れないようにするためのノートを作成した。ノートには，退屈やストレスを管理する方法，スリルや興奮（**楽しむ**）のニーズを満たすための適切な活動のリスト，同意の重要性など性的な関係性を育む際のアドバイス，公的な場所とプライベートな場所におけるルール，もし他者を傷つけたり法律を破ったりしそうになったときには「それをしたらどうなるか」を思い出すこと，などの内容が含まれた。

監督を少なくしたプログラムが徐々に増えていき，ウェインは監督なしでコミュニティ内を出歩く機会が増えていくことを喜んだ。また，ウェインはだんだんと男女の仲間との同意がとれるようになっていった。彼の両親は，必要な監督を行ない，リスクがありそうな状況でウェイン自身が自己管理できているかをモニタリングした。また，両親は，以前ウェインを甘やかしがちだったことに気をつけるように言われ，家庭内のバウンダリーが崩れてしまうリスクに注意するようにと指導された。治療プログラムの終結時には，両親はウェインのノート作りを手伝い，ウェインの問題の兆候やトリガーになりうること，監督やモニタリングのガイドラインなどを加筆した。

ウェインが，両親の監督抜きで自分の年齢や関心に合った活動に取り組むことができるように，リスクになりうることの情報が関係者と共有された。例えば，若者のライフスキルを高めることを目的とした1泊研修（エディンバラ公賞として行なわれる英国のチャリティ事業）に参加する際には，グッドライフ・チームがウェインの経過と研修参加に関連するリスクアセスメントに詳しいスタッフを安全防護担当者にした。ウェインの両親は移行プロセスに関わる一員として，今後，こういった情報をどのように，いつ，共有すべきかについてのアドバイスとガイダンスを受けた。

事例C：リアン

リアンのグッドライフ・プランの詳細は，第7章で述べたとおりである。

治療プログラムには，リアンのネットワークの重要なメンバーであった彼女の里親とおばが参加した。おばは，リアンが里親家庭にいる間も頻繁に連絡をとっており，リアンの**人と関わる**というニーズを満たすうえでよい関係性を築いている重要な人物であるとみなされた。そのため，リアンがおばの家に泊まりにいくことが許可された。リアンとおばは，治療的なプロセスを歩み始め，

サポートを受けながら，二人で「安全を保つ」という課題に取り組んだ。おばの家での宿泊はうまくいった。リアンのおばは，治療プログラムの重要な内容を理解しており，リアンの治療者が作成したガイドラインも守っていた。

　リアンの両親は娘と関わることを拒否し続けていたため，両親がリアンのニーズを満たすことはできないだろうと考えられた。そのため，リアン自身のリスクは低いと判断されたにもかかわらず，家庭に戻ることができなかった。里親を引き受けていた家庭は，長期的に暮らすことができ，ほどよい安定とケアが得られる場所であった。しかし，リアンはおばとの一体感を覚えるようになり，おばと過ごすことが精神的な拠り所となっていった。そこで，リアンのおばと両親，地域の行政担当者によるコンサルテーションが行なわれ，リアンがおばと一緒に生活することの同意が得られた。それにより，移行のための調整の一環として，リアンは治療プログラム終結前の6カ月間，おばの家で暮らすことになった。また，リアンの個人セッションが，リアンとおばの合同セッションに代わり，隔週でセッションが行なわれることになった。このことは，リアンの**情緒的健康**と**人と関わること**のニーズを満たすための重要な取り組みであった。リアンは，セラピーが終結するまでにはひとりで行動できるようになったほうがいいだろうと思われたため，監督を減らしながら卒業に向けたプログラムを開始した。治療プログラムの修了後も，地域の児童サービスの担当者は，リアンとおばのケアと監督を続ける責任をもち続け，彼女たちのフォローアップを行なった。

　リアンの治療プログラムでは，援助を求めるスキル，安全な場所で気持ちを調整するスキル，アンガーマネジメント，マインドフルネスのワークなどを行なった。彼女は，適切な方法でおばとの愛着行動をとるようになった。例えば，彼女がうまくいかないときや落ち着きたいときには，おばを情緒的支えとして頼ることができた。リアンが地元の学校に進学する際には，事前に児童保護局の職員と学校との間で情報が共有された。リスクアセスメントの結果，被害に遭いうるほかの生徒を確実に守るために，リアンは教職員の監督を受けることになった。さらに，学校はリアンの気分の状態についてモニタリングし，学習面のニーズや情緒的なニーズをサポートするための支援ワーカーを配置した。リアンは，1学期の間におばの家に転居し，学校生活を楽しむことができた。これまでにきちんと教育を受けていなかったため，いくつかの教科の成績は低かったものの，年齢に適した課題や活動に参加することができ，芸術や音

楽では優れた一面を見せた。学校では特に，リアンの重要なニーズである仲間との関係作り(**人と関わる**というニーズに合致する)，ゲームに参加したり(**楽しむ**というニーズ)，より実用的で創造的なことで達成感を得ること(**達成する**というニーズ)をうながすように支援していった。

文　献

Creeden, K. 2005. Integrating trauma and attachment research into the treatment of sexually abusive youth. In M. C. Calder (ed.), *Children and young people who sexually abuse: New theory, research, and practice developments*, 202–16. Lyme Regis, UK: Russell House Publishing.

Farrington, D., M. Ttofi, and J. Coid. 2009. Development of adolescence-limited, late-onset, and persistent offenders from age 8 to age 48. *Aggressive Behavior* 35:150–63.

Gibbens, T. C. N. 1984. Borstal boys after 25 years. *British Journal of Criminology* 24:49–62.

Hackett, S. 2011. *Recidivism, desistance, and life course trajectories of young sexual abusers.* Paper presented at the National Organisation for the Treatment of Abusers (NOTA) Annual Conference, Brighton, UK, September.

Harrison, P., and D. Stevens. 2012. *Youth to adult transitions: Information paper.* London: Youth Justice Board.

HM Government. 2004. *Every Child Matters: Change for children.* London: Department for Education and Skills.

Hunter, J. A., and J. V. Becker. 1994. The role of deviant sexual arousal in juvenile sexual offending: Etiology, evaluation, and treatment. *Criminal Justice and Behaviour* 21:132–49.

Irwin, J. 1970. *The felon.* Englewood Cliffs, NJ: Prentice Hall.

Laws, D. R., and T. Ward. 2011. *Desistance from sex offending: Alternatives to throwing away the keys.* New York: Guilford Press.

Longo, R. E. 2001. *For our children.* Paper presented at the New Hope Treatment Center's Second Annual Conference, Charleston, SC, August.

Mendes, P., G. Johnson, and B. Mosleuhuddin. 2011. Effectively preparing young people to transition from out-of-home care: An examination of three recent Australian studies. *Family Matters* 89:61–70.

Moffitt, T. E., A. Caspi, H. Harrington, and B. J. Milne. 2002. Males on the life-course-persistent and adolescence-limited antisocial pathways: Follow-up at age 26 years. *Development and Psychopathology* 14: 179–207.

National Collaborative on Workforce and Disability. 2010. *Improving transition outcomes for youth involved in the juvenile justice system: Practical considerations.* InfoBrief 25:1–12.

Pemberton, C. 2010. *Resettlement for young offenders must be planned early.* Community Care. Retrieved December 13, 2012, from http://www.communitycare.co.uk/articles/22/03/2010/114111/resettlement-for-young-offenders-must-be-planned-early.htm.

Re-Entry Policy Council. 2005. *Executive summary: Report of the Re-Entry Policy Council.* New York: Council of State Governments.

Smith, A., M. Bryant, P. Doyle, T. Rolley, S. Hubbard, C. Simpson, F. Shearlaw, D. Thompson, A. Pentecost, C. Reeves, O. Kenton, S. Hunt, and L. Calderbank. 2011. *Thematic inspection report: Putting the pieces together—An inspection of Multi-Agency Public Protection Arrangements*. A Joint Inspection by HMI Probation and HMI Constabulary. Retrieved December 21, 2012, from http://www.justice.gov.uk/downloads/publications/inspectorate-reports/hmiprobation/joint-thematic/mappa-thematic-report.pdf.

第9章
グッドライフ・アプローチにたいする少年と実践家の反応

シャロン・リーソンとマーク・アズヘッド
(Sharon Leeson & Mark Adshead)

はじめに

　Gマップは，修正版グッドライフ・モデル (GLM-A) の実施と，性加害行動を呈する少年へのアセスメントと介入プログラムの重要性について評価を行なうため，グッドライフ・プログラムを修了した実践家と若者に半構造化面接を実施した。本稿は，現行のグッドライフ・プログラムが導入されて以来，Gマップで実施されてきた修正版グッドライフ・モデルの本質に関する初めての評価であり，その時点で治療プログラムを終えた少数の若者を対象としている。なお，この評価の一環として行なわれた面接は，今後，若者全員に行なわれる修了面接の一部に含まれることが計画されている。

評価の目的

　本調査の主な目的は，プログラムに取り組む若者とその家族はもちろんのこと，実践家にとって，修正版グッドライフ・モデルが構造的で，使いやすく，効果的なモデルであるかどうか，そして本モデルに何か修正もしくは改良を必要とする要素があるのかどうかを評価することであった。
　検討すべき重要なポイントは以下のとおりである。

- 修正版グッドライフ・モデルで使われている言葉は「使いやすい」か？
- 利用者にとって理解しやすいか？
- 若者とその家族の積極的関与をうながし，動機づけができたか？
- 加害行動が起こる理由について理解を助けることができたか？

- 充足されるべきニーズに合意ができたか？
- 愛着の問題や心理的なトラウマなど，犯罪に直接関係しないニーズへの着目をうながしたか？
- グッドライフ・プランを定式化するうえで，合意ができたか？
- 実施することで，肯定的な結果を達成する助けになったか？

方　　法

　実践家と若者の両方から最も情報を得やすい方法として，半構造化面接を実施した。半構造化面接は，膨大な情報を生み出すための感受性と柔軟性を兼ね備えており，調査に時間がかかることと，得られた情報の分析や比較がしづらいという不都合さを考慮しても，これらの利点を重視した。

　修正版グッドライフ・モデルを用いている7名の実践家と4名の若者にインタビューを行なった。Gマップの実践家は，保健衛生学，社会福祉学，心理学，少年司法など，さまざまな専門的な背景をもっていた。若者は3名が男性でうち2名は知的な問題はなく，1名は軽度の学習障害があった。残りの1名は女性で，知的な問題はなかった。4名のうち3名は白人の英国人で，1名の男性は黒人のジャマイカ人であった。インタビューは，治療プログラムの終結に際しての修了面接の一部として実施された。

　Gマップの実践家に面接調査を実施する前に，最適なインタビュー方法，つまり，すべての実践家を対象にグループでインタビューを行なうのか，もしくは個別に行なうのかについて，組織内で討議された。討議の結果，インタビューを受ける実践家がある程度掘り下げて話をすることが可能で，ほかの人の意見に影響を受けにくいであろうということで，個別インタビューを実施することで合意が得られた。実践家が時間をかけて質問の答えを考えられるように，インタビューで聞かれる質問内容のコピーを事前に渡した。すべての面接は，回答する実践家の許可を得て録音され，著者によって書き起こされた。

　本調査に参加した若者にも半構造化面接を実施した。彼らへのインタビューは，発話を促進するため，筆者らのひとりと，その若者の治療に関わっている実践家との共同で実施した。それぞれの若者にたいしては，インタビューの前に話をするための場を設け，このインタビューの意義を理解しているかどうかや，得られた情報の扱い方，そして個人情報の保護についての確認を行なっ

た。若者には，面接の録音許可に関する同意書にも署名してもらった。

インタビューから得られたデータは，テーマとサブカテゴリーに基づいて整理された。反応は肯定的なものであれ，否定的なものであれ，一覧表に記載された。質的な分析は著者各人が行ない，その結果を比較して，「共通するテーマ」「頻出するテーマ」「生成されたテーマ」に分類した。

実践家の反応

インタビューは，実践家が修正版グッドライフ・モデルを使用した経験について，さまざまな側面を網羅する形で構成された。標準的な質問は以下のとおりである。

- 修正版グッドライフ・モデルは有用でしたか？ ほかのモデルと比べてどうでしたか？
- ほかの専門家たちは，修正版グッドライフ・モデルのことを理解していましたか？
- 若者は，修正版グッドライフ・モデルを理解していましたか？
- 若者の積極的関与をうながし，動機づけるものだと思いますか？
- 若者の家族や養育者の積極的関与をうながすものだと思いますか？
- 役に立った点と，役に立たなかった点は何でしたか？
- 例えば，リスクやリスク管理に関する問題など，含まれていない重要な要素はありましたか？

実践家全員は，修正版グッドライフ・モデルはこれまでの実践で使ったなかで最も有用なモデルであると答えており，修正版グッドライフ・モデルが若者のストレングス（強み）を見出し，それを活用することにはっきりと焦点が当てられているという利点を述べた。修正版グッドライフ・モデルは，ほかの人たち，とりわけ一緒に取り組んだ若者たちにとって理解しやすいものになったと全員が語った。若者とその家族と一緒にプログラムに取り組む際，修正版グッドライフ・モデルはアセスメントとプログラムによる介入の両方の段階で有用であると，実践家全員が述べた。

修正版グッドライフ・モデルに携わる実践家（7名）は，「多機関による公的

保護委員会」(MAPPP)や子どもの支援に関わる法令会議，グッドライフのチームミーティングなど，会議でほかの専門家と話し合う際に，しっかりとした自信をもてたと述べた。若者が性加害行動によって満たしたニーズ，介入時に扱うニーズ，若者のグッドライフ・プランの経過について，ほかの専門家と検討する際，修正版グッドライフ・モデルは明確な枠組みを提供すると回答者全員が述べた。4名の実践家は，愛着理論やトラウマ理論といったほかのモデルとグッドライフ・モデルとの親和性を指摘し，だからこそ多機関が関わる会議で説明しやすく，議論しやすいと語った。

　実践家（7名）はそれぞれ，修正版グッドライフ・モデルは比較的シンプルな言葉で若者に説明ができる平易なものであるため，彼らの動機づけが顕著に高まっただけでなく，彼らが自身の行動を文脈のなかで理解できるようになったり，ニーズに関して自分の優先順位を明らかにできるようになり，さらに自分のリスクや自己管理を身につける方法についてより理解をうながすことができると考えていた。評価に参加した4名の若者は，担当のワーカーから，自分のストレングスを用いることが必要だということを理解し，受け入れるように言われていた。また，うまく自分の目標を達成できる力を伸ばすようにとも言われており，それらすべてが，自分たちがよりよくなるために必要なスキルは何なのかを考える際に役立てられた。

　実践家全員（7名）が，修正版グッドライフ・モデルは，誰でもそうであるように，若者がニーズを満たすためにとった行動であっても，それが加害行動であった場合は，彼らが選んだその方法は許容できないもので，悪い結果をもたらすのだと理解させるのに役立ったと考えていた。若者の受け取り方に大きな違いはなく，彼らは，自分のニーズを肯定的な方法で満たすのに役立てることができ，恥や無力感，回避の感情を軽減するのに役立ったと評価した。その結果，すべての若者（4名）は，こうした話し合いによって治療プロセスに積極的に関与することができ，自身の性加害行動を含めた，取り扱うのが難しい話題についてよく話せるようになった。

　すべての実践家（7名）は，修正版グッドライフ・モデルは治療プログラムでの若者の積極的関与と動機づけのための「すばらしい」枠組みであると述べた。「動機づけ」という言葉は，修正版グッドライフ・モデルが若者を治療プロセスに積極的関与させるためにいかに役立ったかという文脈で，すべてのインタビューのなかで23回使用された。実践家全員（7名）が，修正版グッドライフ・

モデルは「決めつけず」「偏った見方でなく」，若者が自分のこととして責任をもって，より適切な方法で自身のニーズを満たすための介入に焦点を当てていると表現した。

Gマップの実践家（7名）は，修正版グッドライフ・モデルは家族や養育者にとっても同様に実施しやすいと述べた。3名の回答者は，2名の若者の両親が，最初は用心深く，防衛的に専門家たちと接していたことを語った。彼らは，自身の子どもが起こした性加害行動に責任を感じていて，ほかの人たちにも親の責任だと思われているのではないかと心配しているようだった。その結果，彼らは家族や自分の子どもの成育歴について進んで情報を開示しようとはしなかった。しかし，ひとたび修正版グッドライフ・モデルが紹介されると，若者の行動の理由への理解が進み，親もグッドライフ・チームのメンバーとして介入プランに貢献できること，専門家との積極的関与が進んだこと，若者のストレングスと困難だけでなく，両親自身のストレングスと困難についても話し合うことができたことによって，より自信をもち，話せるようになった。

実践家（7名）全員が，修正版グッドライフ・モデルによって若者をよりその人全体としてみやすくなるか，また，本モデルへの共通理解がいかにグッドライフ・プランに関係する人同士，つまり若者，両親／養育者，そして専門家たちの合意と役割と責任を促進したかについても話した。本モデルは共有できる専門用語を提供している。例えば，目標，ニーズ，手段については，全員に等しく理解された。このことは特に，若者とその家族の所属感の形成に役立った。グッドライフ・チームのメンバーであることによって，プランを立てることや，経過にコメントすること，課題に合意することなどに全員が貢献することが許された。これにより，プランが「自分のものである」という感覚をもたらすだけでなく，ほかの人たちがプランを進めるために何をしているのか，この取り組みを遂行するためにどのようなサポートと励ましができるのかを意識することができた。

なぜ若者の経験や発達が，内的および外的な資源とともに彼らのニーズに合うようにより適切に用いられなかったのかについては，ほかの理論モデルを使って理解しなければならなかったものの，すべての回答者（7名）は，修正版グッドライフ・モデルは，加害行動によって満たされた重要なニーズを実践家と若者が特定する際，問題の定式化に役に立ったと語った。

若者にとって魅力的な目標や活動に向かってプログラムに取り組むというポ

ジティブなアプローチ（彼らのニーズを満たしやすくするものでもある）は，7名すべての実践家が，特に動機づけという点で役に立ったと述べた。しかし，すべての実践家は，成功体験を何度も実感し，動機づけを維持するためには，長期的な目標に向かうための短期的なステップを用いることが重要であると認識していた。介入指針には含まれていない，性加害行動と関連していないニーズについては，安易に焦点化したケアはせず，ニーズの幅や包括的なニーズを特定して取り組むことが重要だと述べた実践者もいた（2名）。

　若者の重要なニーズについて，定期的に評価し，再アセスメントすることの重要性が2名の実践家から語られた。彼らはともにプログラムに取り組んだ若者のニーズを評価したが，そのニーズは何度も変化したと述べた。特に，性加害行動を繰り返し行なうことで満たしていたニーズは，初めてその行動をとったときのニーズとはまったく異なるものになっていたこともあった。

　評価ミーティングにおいて度々確認された進歩と達成の感覚は，動機づけを刺激し，達成感をもたらしたが，それは若者とその家族だけでなく，関わっていた専門家も味わうことができた。これらのポジティブな感情は，プラン上，どんな問題や困難なことが起こった際にも，決断の感覚や「できる」といった感覚をもつことに重要な影響を及ぼしていた。このことは，有益な外的資源を得る方法を発見している専門家や，自身の被害体験など取り扱いが難しい話題により意欲的に取り組んでいる若者にも当てはまった。

　この振り返りに参加した4名すべての若者は，コミュニティでの活動に十分に参加できるほどに彼らのプランが進歩しており（それが彼らの目標であった），プログラムを完遂するまで続ける予定であった。全員が，近い将来に向けて支援のネットワークをもっており，全員とも，さらなる加害行動に関わる見込みは大いに減少したと評価されていた。加えて，彼らは，グッドライフ用語でいうところの，満足度の高い，健康的な，楽しい生活を送ることができるであろうという予測をグッドライフ・チームからもたれていた。修正版グッドライフ・モデルの導入以前に使われていた介入法と比べると，7名すべての実践家が，リスクレベルの改善だけではなく，若者の日常生活における機会，態度，能力，支援が改善され，彼らの将来がより地に足のついたものになったと楽観していた。

　実践家（7名）は，修正版グッドライフ・モデルでは，課題の連続性がサポートされていないと認識していた（例えば，若者が行なった性加害行動や彼らが受けた性

被害体験について焦点を当てるといった取り扱いが難しい課題や,感情調整の課題,自尊心を高める課題などの特定の領域に着手するときなど)。5名の実践家は,若者に治療プログラムに取り組むよう説明する際に,恥,愛着,トラウマなどに関連するほかのモデルによる影響を受けていた。2名は,委託元から,若者自身のトラウマ体験や感情調整の難しさなどに焦点を当てるプログラムを最初に計画するのではなく,若者の犯罪原因となるニーズに優先して取り組まなければいけないという圧力を感じていたと語った。グッドライフ・チームのサポートによって,委託元との会議が開かれ,なぜこのプランを変えるべきではないのか,そして,いかに提案した方法が,リスクへの気づき,リスク管理,リスクの減少というその先のワークを若者がより効果的にこなすのを助けるかについて説明することで,この問題を解決することができた。

すべての回答者が,若者にとって重要な課題を余すところなく行なっていると考えていた。すべてのケースにおける介入が完全に成功したわけではないものの,彼ら全員(7名)が,自分たちを含めたグッドライフ・チームは,すべてそれぞれのニーズに働きかけたと考えていた。例えば,ある若者の地元の学校は,彼のリスクレベルは管理可能であるということを認める気がなかったため,そこに入学させることは不可能だった。そのため,遠く離れた,彼を受け入れる準備のある別の学校に行くまでの数カ月間,彼は家庭で授業を受けねばならなかった。

本調査に参加した全員が,若者が自身の加害行動について理解することや,リスクに気づくこと,リスクを管理することに関するプログラムは,彼らのグッドライフ・プランに含まれたプログラムの重要な部分を構成していると語った。若者は,定められたコミュニティでの活動に参加するためには,自分自身がリスクを認識し,管理できるということを周囲の人たちに示す必要があることを理解した。ある若者は,こうした取り組みをしたことで,リスクとなりうる状況に対処する自信を高めることができた。

若者の反応

本インタビューは,若者が修正版グッドライフ・モデルをどのように体験し,それを維持できたのかを探るために行なわれた。質問内容は以下のとおりである。

- グッドライフ・モデルをどのように理解していますか？
- 修正版グッドライフ・モデルは役に立つと思いますか？ もしそうなら，どのように役に立つと思いますか？
- あなたにとって最も重要なニーズは何だと思いますか？
- あなたが性加害行動をしているときに，どのようなニーズを満たそうとしていたのか話すことができますか？
- グッドライフ・プランを作成することは，あなたや他者が取り組む必要がある課題の理解に役立ちましたか？
- グッドライフ・プランの課題を始めてから，あなたの行動は変わったと思いますか？もしそうなら，どのように変わったと思いますか？
- 治療のなかであなたが成し遂げた，最も重要な課題は何ですか？
- あなたがやってきた課題は，あなたの文化的なニーズ，もしくはアイデンティティに関わるニーズを考慮していたと思いますか？
- ほかに付け加えたいコメントはありますか？

　すべての若者(4名)は，修正版グッドライフ・モデルについて理解していて，本モデルについて筋道立った説明ができ，それがいかに自分たちに適用されたかを話すことができた。治療プログラムのなかで実践家から受けた説明は役に立つもので，彼らが理解できる言葉で説明されたと述べた。本モデルが役に立ったかどうか聞かれた際，彼ら全員が肯定的に答えた。コメントをいくつか紹介しよう。「このモデルは，性行動で満たしていたニーズを特定することに役立っただけでなく，自分にとって重要なほかのニーズを特定することにも役立った」「このモデルは，難しくないやり方で，自分の性行動について説明してくれた」「このモデルは，未来に期待することや，自立する方法を考えるのを助けてくれる」。ほかの若者は，自分の幼少期の体験がどのように感情調節の難しさと関連しているかを理解するのにこのモデルが役立ち，このことが特によかったと話した。ある若者は，初めて修正版グッドライフ・モデルを紹介されたときはその概念を理解することが難しかったが，特定のニーズに関連がある活動に関する絵の提示など，視覚的な手がかりの使用がその意味をつかむことに役立ったと述べた。同じくその若者は，グッドライフ・プランを作成する際，彼自身の言葉を使用できたことも，グッドライフ・チームのミーティングで自信を感じるのに役立ったと語った。

面接に参加した若者（4名）は，修正版グッドライフ・モデルは，彼らに物事はよくなるという希望を与えてくれたと話した。ある若者は，彼の母親がグッドライフ・チームに参加したことで，以前は「自分を憎み，泣き，怒鳴っていた」彼の母親が，彼を支え，励ますまでに親子の関係性を改善するのに役立ったと語った。ほかにも，修正版グッドライフ・モデルを使う以前に，自分は「悪者」だという自己観を抱いていたという若者は，よりよい未来をつくるために使うことのできるよいものを自分がもっていると理解するのに修正版グッドライフ・モデルが役立ったと語った。すべての若者は，自分の性加害行動が重大なことであるという感覚をもつことができ，自身の行動についてよりオープンに，より正直に話せるようになったと語った。ある若者は，修正版グッドライフ・モデルを使う以前の自分自身の考えについて，「自分は，辛くてとても話せないようなことを過去にやった（…）でも自分の人生が変わることを本気で望んでいた（…）自分の行動をグッドライフ・モデルに当てはめてみて，理解できたときほっとした（…）わかってくれる人には自分の行動について話すことができた」。

　すべての若者（4名）は，自分たちにとって最も重要であると考えていたニーズに名前をつけることができ，それはグッドライフ・プランで取り上げた基本的ニーズと一致した。**人と関わること**（4名）は4名全員の基本的ニーズであり，**自分自身であること**を付け加えた者も1名いた。

　4名の若者全員が性加害行動によって満たしていたとしたニーズは，**情緒的健康**（感情調節）（4名），**人と関わること**（つながり）（4名）であり，**性的健康**（性的満足）（2名），**達成すること**（1名）を挙げた者もいた。こうしたニーズに気づくことが役に立ったかという質問には，「自分の行動をより理解しやすくなった」「自分は変わることができるという自信をより強く感じた」と答えた者がそれぞれ1名いた。また，4名全員が，自分の性加害行動のリスクを知り，自身のニーズを満たせないときに将来再びリスクが高まることがありうることを理解していた。4名全員が，リスクが高まる状況が発生した場合の対策と行動について具体的に話すことができた。

　若者は全員一致で，グッドライフ・プランを役に立つとみなしていた。グッドライフ・プランは，自分たちが何をする必要があるのか，ほかの人たちがどのように助けてくれるのかについて明確にするのに役立ったと考えていた。4名全員が，自分が立てた目標が課題を遂行する励みになり，楽しみや恩恵を受

けながら活動に参加することができたと語り，グッドライフ・チームのサポートが，難しい課題に取り組む力となったと話した。

若者たち（4名）は，グッドライフ・プランに取り組み始めたことは自分たちに肯定的な影響を及ぼし，未来により自信を感じ，楽観的になったと述べた。ほとんどの若者（3名）が，グッドライフ・プランで立てた目標に到達するために多くのことを変えたと話した。その3名は，比較的短期でいくらかは達成できるが，それでもまだ目指すべきことがあるというように，短期的な目標と長期的な目標の両方の価値についても言及した。2名の若者は，プログラムによって自分の行動が全般的に改善されたと話し，彼らの周囲の人たちもそれを認めた。別の2名は，自分たちの内面の変化を感じたが（1名は，非常に落ち着いて過ごせるようになり，もう1名は自分のことをより好きになった），周囲の人たちはその変化に気づいていないようだと思っていた。

すべての若者（4名）は，課題の以下の内容が特に役に立ったと話した。「古い生活，新しい生活」（第5章参照），物語作り（視覚的な手がかりを用いながら物語を作成するもので，若者の加害行動の理由について知るためによく使われる），「4段階モデル」（第7章参照）。2名の若者は，マインドフルネス（今ある感覚に集中する）のスキルが役に立ったと述べ，1名はこのプログラムのおかげで彼にとって最も大切である母親との関係を改善することができたと話した。また別の1名は，彼がACE（第7章参照）を使うことができると知ったことで，将来，自分は加害行動に関わらないという自信を与えられたと語った。

ほとんどの回答者（3名）が，ストレングスを知ることがプログラムの重要な部分であるとみなしていた。このうち2名の若者は，自身が起こした性加害行動に関する恥の感覚が大きすぎて，このプログラムは難しかったと話した。彼らはケアしてくれる人たちや治療チームから，自分の才能やスキル，よい性格特徴を認識して受けとめることができるように支援してもらう必要があった。ストレングスの課題が重要であるとした3名の若者は，「自分のことをよく思えるようになった」「自分には何かよいことを達成できると思えるようになった」「自分が成功できることを示す決心をした」と語った。3名全員が，自分たちのストレングスを知っていて，スポーツに参加したり，大学に通ったり，友人や恋人関係を結んだりする際に役立つ新たなストレングスを構築していると述べた。

文化やジェンダー，アイデンティティに関するニーズについては，回答者の

1名は黒人文化出身の少年であった。彼は，黒人のワーカーが彼の治療チームにいたことが助けになったと感じていたと語り，彼女なら「自分のルーツを理解してくれる」と感じたことや，彼女が彼の両親に話をするときにも信頼を寄せていたと話した。1名の回答者は女性であり，2名の女性のワーカーが，自分が治療プログラムに積極的に関与するのをサポートしてくれ，彼女たちのサポートなしには，彼女自身のトラウマに関するプログラムをやれたかどうかわからないと述べた。

すべての若者（4名）が，修正版グッドライフ・モデルに取り組むことで，自身のグッドライフ・プランについて意見を述べられたと考えており，3名は，グッドライフ・チームに彼らの両親が参加したことが重要であったと考えていた。

2名の若者は，彼らの治療者であるワーカーや養育者と非常に有益で信頼できる関係性をもつことができたので，修正版グッドライフ・モデルは効果的であったと述べた。

修正版グッドライフ・モデルに参加している実践家との評価の過程で現れた共通するテーマは以下のとおりである。

- **動機づけ**：若者と，家族／養育者，専門家たちといったネットワークの両方に関連していた。動機づけという言葉は，実践家が修正版グッドライフ・モデルについて述べる際，最も頻繁に使用した言葉であった。実践家は，若者とその家族に説明する際，修正版グッドライフ・モデルがいかに彼らの積極的関与と動機づけをうながすかについて語った。目標を特定して達成することを強調するのは，協働への肯定的精神であり，若者に自分たちには未来があるという感覚を与える。
- **使いやすさ**：修正版グッドライフ・モデルは，実践家が若者の性加害行動を文脈のなかで理解することの助けとなり，彼らの家族／養育者，そしてほかの専門家たちにとっても理解しやすいものとなっていた。
- **わかりやすさ**：修正版グッドライフ・モデルで使用された言葉は，若者を支援するなかで発展したものである。そのため，介入プロセスに関わるすべての人にとって説明と理解がしやすいものとなっている。実践家は，本モデルを紹介し，ほかの専門家と議論する際に「自信」をもっていた。

- **ほかのモデルや理論を補強できる**：修正版グッドライフ・モデルは，リスク−ニーズ−反応性の要素や愛着，トラウマなどの理論にもなじむ。
- **問題の定式化をうながす**：修正版グッドライフ・モデルは，ほかの理論と併せて，若者を性加害行動に走らせた道のりを説明する際に，非常に有益な枠組みを提供していると実践家は述べた。さらに，修正版グッドライフ・モデルは，彼／彼女の道のりについて，若者や他者との共有や議論がしやすいものであった。
- **若者のストレングスを知り，それを活用する**：修正版グッドライフ・モデルは，若者のストレングスを使ったり構築したりすることを重視するだけでなく，彼らが生活している環境や，転居する先の環境のストレングスについても重視する。
- **社会復帰のしやすさ**：グッドライフ・プランとグッドライフ・チームは，若者が肯定的で目にみえる進歩を実感できるようにサポートしていた。

修正版グッドライフ・モデルについて，若者のインタビューから出た共通のテーマは以下のとおりである。

- 若者は，治療教育の終結時には，修正版グッドライフ・モデルの重要な要素を理解し，維持することができた。
- 修正版グッドライフ・モデルは，若者が介入に積極的に関与することを動機づけた。
- 修正版グッドライフ・モデルは，若者が将来，加害行動に頼らなくてもいいように，彼らの加害行動が発生した理由と，彼らが人生を改善するのに役立つ物事を変える方法について理解するのをうながした。
- ニーズを知り，ニーズを満たすための目標を立てることは，プログラムに明確な方向性を与えた。若者は，成功するためにはそのプログラムに取り組む必要があると理解できていた。
- ワーカーを若者にマッチさせることは重要である。グッドライフ・チームをもつことや，彼らの両親／養育者を参加させることは，若者にとって大きな支えとなる。修正版グッドライフ・モデルの専門用語をチームで共有することは，自分のグッドライフ・プランに貢献できているという若者の感覚を促進していた。

　要約すると，実践家と若者の反応は非常に期待がもてるもので，修正版グッドライフ・モデルが明確で，役に立ち，非常に使いやすいものであることが示された。対象者は少なかったものの，確固とした結論を導き出すのを急がず，より多くの対象者を得てさらなる調査を行なう必要のあることが，この予備調査の結果からわかった。

第10章
修正版グッドライフ・モデルの評価

ヘレン・グリフィン
(Hellen Griffin)

背景

　歴史的にみて，加害（若者の加害を含む）に関する態度や優先事項は，その時代の社会的・政治的課題に影響されてきた（Cavadino & Dignan, 2006; Stahlkopf, 2008 を参照）。例えば，20世紀中には多くの国で，若者の保護や安全に焦点を当てた「福祉モデル」から，若い加害者に責任をとらせ，罰を受けさせることを優先させた「司法モデル」への転換がみられた（Watt, 2003）。イングランドとウェールズでは，1998年の犯罪及び秩序違反法の導入以前は，刑事司法制度に関連した若者のウェルビーイングが，少年司法の実践家たちの主要な問題としてみなされた（Burnett & Roberts, 2004）。しかし，この動きによってもたらされた少年法の改革ののちに，犯罪の防止と再犯の減少がよりいっそう重視された（Crawford, 1998）。したがって，実践家は介入効果の実証をますます求められている（Hackett, 2004; Burnett & Roberts, 2004）。
　実証に基づいた実践は，「何が効くか？」（what works）アプローチを通じて促進され（Andrews & Bonta, 2010a），費用対効果も重視され，少年法の結果を評価することや，評価と実際のアプローチを通じてリスクを数値化する試みに貢献してきた（Muncie, 2006）。この動きの一環として，リスク−ニーズ−反応性（RNR）モデル（Andrews & Bonta, 2010a; Andrews et al., 1990; Bonta & Andrews, 2007）は，再犯を減らす役割について高い評価と実証的支持を得た（Hanson et al., 2012）。リスク−ニーズ−反応性モデル（第2章および第5章でより詳細に検証されている）は，概して性加害に限らない加害者全般にたいして適用されてきた（Wilson & Yates, 2009）。一方，性加害をした人たちにたいするリスク−ニーズ−反応性モデルの適用性も検証されてきた（Hanson et al., 2009）。また，ハンソンら（Hanson et al., 2009）の若者の研究を含む性加害をした人たちにたいするリスク−ニーズ−反応

性モデルの介入効果のメタ分析 (例えば，Borduin et al., 1990; Borduin et al., 2009) は，リスク-ニーズ-反応性モデルがこの特定層に転用できることを示した。

　リスク-ニーズ-反応性アプローチは，さまざまなタイプの加害者と関連性があったり，十分に適用されたプログラムが再犯率を35％以上減少させるという実証があったりするにもかかわらず (Andrews & Bonta, 2010b)，実践において，多くの加害者介入プログラムがリスク-ニーズ-反応性モデルのすべての原則に沿っているわけではないようである (Andrews & Bonta, 2010b; Jeglic et al., 2010)。さらなる実践の進歩のために，ウォーミスら (Wormith et al., 2007) は，研究者と実践家とのより大きな協働を呼びかけ，「何が効くか？」に着眼したときに，特に性加害者たちの改善更正に関して，どのように，どんなときに，どんな人にそれが効くのか，を考えるためのより十分な検討が必要であると主張した。加害者更生について「何が効くか？」を検証する重要性は，知識や加害者が示すリスクに基づいて加害者を識別する能力，そして矯正効果を高めることである (Bonta & Andrews, 2007)。その一方で，ワードら (Ward et al., 2012; Willis et al., 2013) は，リスク-ニーズ-反応性原則を組み込んだグッドライフ・モデル (Laws & Ward, 2011; Ward & Gannon, 2006; Ward & Maruna, 2007; Ward & Stewart, 2003) は，特に，理論，クライエントの積極的関与，介入の効果に関して (Ward et al., 2012)，リスク-ニーズ-反応性アプローチを強化することができると主張している。ワードら (2012) は，グッドライフ・モデルを既存のモデルの強化であり，既存のモデルから転換する必要はないものとして概念化していることを追記しておくことは有益かもしれない。ウィルソンとイエイツ (Wilson & Yates, 2009) は，加害者の管理，反応性，向社会的機能，積極的関与，そしてリスク低減を包含できるより効果的な枠組みを提供するために，リスク-ニーズ-反応性モデルとグッドライフ・モデルの統合を提唱している。

　ハケット (Hackett, 2004, p.13) は，効果的な介入を「与えられた状況において介入する最善の方法」であり，「効を奏する結果 (または最も効を奏する結果) につながる可能性が高い行動指針」と定義している。グッドライフ・モデルは，理論的根拠があり，ストレングス (強み) に基づいており，目標達成を強調し，そしてやる気を起こさせる包括的な回復の枠組みとして (Ward et al., 2012)，この定義の前者の部分に一致しそうである。しかしながら，この定義の後者の部分に関しては，グッドライフ・モデルは比較的新しい理論であるため，リスク-ニーズ-反応性モデルのようなモデルとしての実証的根拠の基盤をもっていない

(Andrews et al., 2011)。とはいっても，グッドライフ・モデルは，いくつかの国際的な実践上の支持を受けている (Laws & Ward, 2011; Ward & Gannon, 2008)。また，若者の加害者の回復をより促進するために，性加害行動に加えて，レジリエンスや保護因子が考慮され最大化されるべきであるということが，グリフィンとハーキンズの系統的レビューや実践的調査の結果 (Griffin & Harkins, in preparation, a, b) によって補足されている。影響や利用が広がっている加害者の改善更正の枠組みであるため (McGrath et al., 2010)，介入の情報を提供するためにグッドライフ・モデルを用いているサービスは，結果評価に基づく実証の分析や追加を開始する予定である。

本書の前章では，Gマップの介入アプローチがグッドライフ・モデルによって支持されていることを論証している。ウィリスら (Willis et al., 2012) の研究では，治療教育プログラムがグッドライフ・モデルを順守している程度を評価するために，コーディング・プロトコルに含まれる11項目が，標準的なGマップ治療教育プログラムに適用された。これによれば，Gマッププログラムは，グッドライフ・モデルを強く順守していると評価された。このため，Gマップのプログラムを受講した若者に前向きな変化がみられたという結果は，グッドライフ・アプローチの効果を支持するといえる。

修正版グッドライフ・モデル

ワードとマルナ (Ward & Maruna, 2007) は，評価がいくつかのレベルで行なわれることを強調している。モデルがどれくらい確かであるかといった評価や，介入がどれくらい効果的であるかといった評価である。Gマップによるグッドライフ・モデル (修正版グッドライフ・モデル；GLM-A) を支える仮説は，グッドライフ・モデルを支える仮説 (例えば，若者が「グッドライフ」を得ようと努力することやリスク要因が，向社会的な方法でニーズを満たすための内的あるいは外的障壁と結びついていたりすること) をほぼ反映している。そして，それは今のところ，合理的で，一貫性があり，治療教育に役立つように思われる (Ward & Maruna, 2007)。それぞれの臨床実践においての修正版グッドライフ・モデルの枠組みの有効性は，第9章で検討されている。しかしながら，現在重視されている実証に基づいた実践をみると，多くの実践家や政策決定者にとっての優先事項は，望ましい結果 (再犯防止) を生めるかどうかや，リスクを減らせるかどうかであるようだ。

修正版グッドライフ・モデルは，ここ数年で開発や改訂の過程が行なわれ（第3章を参照），それを評価しようとしているのはつい最近のことであって，関連する介入の潜在的な効果について明確な結論を出すのは時期尚早である。

　介入の結果を検証できる方法はいくつかあるが (Harkins & Beech, 2007)，複数の異なる方法を用いたほうがよいと主張されている (Beech et al., 2007)。反社会的行動を対象としたプログラムの治療効果を測定するために一般に使用されている方法は，公的な再犯記録である (Lösel, 1998; Peters & Myrick, 2011)。とはいうものの，公的な再犯データは実際の再犯よりも低く見積もられる傾向があり (Barbaree & Marshall, 1990; Laub, 1997; Lösel, 1998)，結果が得られるまでに長い期間を必要とする（例：より効果的に再犯率を予測するためには，長期にわたる追跡調査が必要である）(Beech et al., 2007)。そうした限界にもかかわらず，修正版グッドライフ・モデルの評価の一部として再犯率データを使うことは，Gマップの目的である。それが，将来の告訴あるいは有罪判決について，最も使いやすい測度だからである。必然的にこれは，若者が「グッドライフ」を実現できる程度を測定するためにデータをとったり（これは本章の後半で議論する），将来の再犯についてのデータを得る前に長い追跡調査の期間を割り当てたりすることになる。しかしながら，ピータースとマイリック (Peters & Myrick, 2011) によると，再犯のみに目を向けることは，欠点指向のアプローチを反映しているため，向社会的な行動や若者の前向きな成果を認識できない。グッドライフ・モデルやその修正版のようなストレングスに基づくモデルを評価する場合，再犯データの利用に加えて若者の前向きな成果を捉えようとすることが特に重要である。

　心理測定の尺度は，結果を測定するために用いられる付加的な手法である。例えば，サービス利用者の介入前後の検査は，変化の程度を評価するのに用いることができる。そしてそれは，再有罪判決と介入効果の関係を分析するために再犯データと比較することによって役立てることができる (Harkins & Beech, 2007)。欠点に基づいた多くの心理測定尺度が存在するが，ソーシャル・スキルやレジリエンスのようなストレングスに基づいて個々人の特徴を測定する質問紙もまた出版されている。ファーマーら (Farmer et al., 2012) は，子どもに性加害をした成人の研究において，「犯罪からの離脱者」が「再犯可能性のある加害者」と比べて，主体性，つながり，統制の所在において，より前向きな体験を報告したことを明らかにした。Gマップは，修正版グッドライフ・モデルに基づいた治療教育プログラムに従って，介入による変化を評価するために同様

の尺度を用いている。これは，性加害をして，修正版グッドライフ・モデルに基づいた治療教育を受講した 13 ～ 17 歳の 9 名の若者で構成される少数サンプルの研究 (Griffin, 2013) である。それぞれの若者は，統制の所在尺度 (Nowicki & Strickland, 1973)，子どもと若者のためのレジリエンス尺度 (Prince-Embury, 2007) に回答した。それらは介入の前後に実施された。サンプル数が少なかったため，データ分析時には控えめな有意水準が用いられたが，それでもなお，その研究は有意な結果を示した。介入前の得点と比べ，このグッドライフを用いた治療教育プログラムを受講したあと，若者は概してより高い内的自己統制感 (例：人生のできごとの主導権をもっているとより信じる傾向) を認め，レジリエンス／個人的資質 (楽観主義の程度，自己効力感，失敗から学ぶ能力，全体的なつながりの感覚を含む) を報告し，そして，自分自身を打たれ強いと受けとめていた (ストレスにたいする反応性や興奮に対応する特性の程度を含む)。

　ファーマーら (2012) の知見によると，つながりの感覚や達成感を含む若者たちの内的自己統制感の向上や個人の全般的なレジリエンスを高めることによって，修正版グッドライフ・モデルに基づく気づきが犯罪からの離脱の傾向を強め，ゆえに再犯を減らす可能性があると仮定することができる。しかしながら，修正版グッドライフ・モデルと犯罪からの離脱との関連性について，より確かな実証を提供することが，今後の研究には必要だろう。加えて，それらの知見は修正版グッドライフ・モデルが効果的であるという可能性を示しているが，特に，適切な統制群がないこととサンプル数が少ないという点において，この研究の限界は強調されるべきである。

　介入の効果を評価するとき，対照群を置くこと (例：介入プログラムを受ける人と受けない人を比較すること)，できれば無作為割付デザインを用いることが推奨されている (Harkins & Beech, 2007; Hanson, 2002)。しかし，この手法もまた，必要とする人に介入を提供しないといったいくつかの批判を受けている (Beech et al., 2007; Harkins & Beech, 2007 参照)。そうした倫理的な懸念のために，G マップは，修正版グッドライフ・モデルのどのような評価にも統制群を用いることはしそうにない。とはいうものの，対照群なしに，結果が介入ゆえであるのか，あるいはほかの交絡要因が関連するのかを判断することは難しい (Harkins & Beech, 2007)。例えば，自然な成熟 (Nisbet et al., 2005) あるいはほかの無関係な現象によって説明される分散を分けることができなければ，介入の直接的な結果であると考えるのは困難である。

プログラムの効果を評価するもうひとつの方法は，動的（可変）リスク要因の低下であると考えられる。14～18歳の20名の若者のサンプルを用いたGマップによる取り組みについての研究のAIM2アセスメント（Print et al., 2007）では，修正版グッドライフ・モデルの枠組みに基づいた介入前後の動的リスクの評価が用いられた。介入前の得点と比較したとき，介入後に動的リスクの有意な低下がみられ，修正版グッドライフ・モデルを用いた治療教育プログラムの受講が将来の性加害行動の全般的なリスクを減らす可能性が示された。しかし，上記と同じ警告がこの調査にも関係するため，これは予備的な調査および知見とみなすべきである。それらの知見は，多数のサンプルやより確かな方法論を用いた長期間の評価によって支持される必要があるが，それでも有望であることには変わりない。

　既述のように，若者の「グッドライフ」についての情報に基づく修正版グッドライフ・モデルの長期的かつ徹底した評価（例えば，基本的ニーズを達成するにあたっての資源や障壁）は，実践的で，測定可能で，妥当な方法だと捉えられている。次項では，修正版グッドライフ・モデルの評価をいっそう促進することを目的として，Gマップが開発・試験・改良途上の評価尺度について述べる。これが，修正版グッドライフ・モデルあるいは同様の枠組みを評価しようとする人に役立つことを望んでいる。

修正版グッドライフ・モデル評価尺度

　Gマップは，グッドライフ指向の介入が変化を引き起こす程度を測定することを最大の目的として，いくつかの評価尺度を開発した。これは，性加害行動を示している若者が，さまざまな時点で基本的ニーズを達成できる程度を評価したり，適切なニーズ達成能力に影響する資源や障壁，欠点（例：幅や葛藤）に関連する彼らの旅の地図をつくったりするため，異なる評価者（例：実践家，若者，両親）によって記入できるよう設計された尺度になっている。その評価尺度は，学術機関や成人施設，少年施設の何人かの主要な専門家のコンサルテーションを受けて開発された。さらに，その尺度や手続きについて，若者や実践家から質的フィードバックを得ることを含む予備的研究と中間評価ののちに尺度は改訂された。グリフィンとプライス（2009a; b; c; d）によって開発され，グリフィン（2012）によって改訂されたその尺度は，以下の構成からなる。①若者と

実践家の共同作業によって記入される評価尺度，②若者によって記入される質問紙，③親あるいは養育者によって記入される質問紙である。その尺度は，12〜18歳の若者用に設計されたが，ほかの年齢層にも適用できる。

グッドライフ・アセスメント尺度

　グッドライフ・アセスメント尺度 (GLAT) は，実践家が評価する。評価者間信頼性の研究から肯定的な知見が得られたが (211頁以下参照)，可能であれば，アセスメントと介入に責任のある協働者と合同で得点化するべきである。双方の実践家を含む議論や同意形成の過程が，評価の正確性と質を向上すると考えられているからである。異なる評価者間の主観の程度を減らすよう，指針・定義・実例がグッドライフ・アセスメント尺度に含まれる各項目に備えられている。

　グッドライフ・アセスメント尺度は，以下の期間について記入される。

- **犯行期**：アセスメントに際して，実践家は，あたかも若者が性加害行動をしていたときに作成したように過去にさかのぼってグッドライフ・アセスメント尺度を記入するため，報告記録，専門家会議，若者や親あるいは養育者のアセスメント面接を通して集められた情報を用いる。
- **介入前**：初期アセスメントの終了時や目標とした介入すべての開始前に，その時点の若者の状況に基づきグッドライフ・アセスメント尺度に記入する。
- **介入後**：理想としては，介入後4週間以内に記入し，その時点の若者の状況に基づく。
- **フォローアップ期**：若者に同意をとり，実践家は治療教育終了から6カ月後に若者に連絡や面接を行ない，その時点の若者の状況に基づいてグッドライフ・アセスメント尺度を記入する。

　さらに，介入プログラムが12カ月以上かかった場合，6カ月間隔で記入できるグッドライフ調査用紙があるので，実践家にとって煩雑すぎない方法に変えることができる。調査用紙は，グッドライフ・アセスメント尺度に含まれているのと同じ情報を得るが，その期間に変化しているニーズに関わる情報の再アセスメントのみが求められる。

グッドライフ・アセスメント尺度は，修正版グッドライフ・モデルで特定された基本的ニーズ（すなわち，**楽しむこと，達成すること，自分自身であること，人と関わること，目的をもち，よりよくなること，情緒的健康，性的健康，身体的健康**。詳細は第3章を参照）それぞれについて完成させる。グッドライフ・アセスメント尺度に含まれる項目は以下のとおりである。

（1） 若者が適切に（つまり，向社会的あるいは加害を用いない方法を通して）各ニーズを満たしていた程度の評価
（2） 若者が不適切に（つまり，向社会的でなかったり加害になりうる方法で）各ニーズを満たしていた程度と，これを裏付ける実証の評価
（3） 各ニーズを満たすために若者に役立った外的資源と，これを裏付ける実証の評価
（4） 若者が各ニーズを満たすことを妨げた外的障壁と，これを裏付ける実証の評価
（5） 若者が各ニーズを満たすために役立った内的資源と，これを裏付ける実証の評価
（6） 若者が各ニーズを満たすことを妨げた内的障壁と，これを裏付ける実証の評価
（7） 若者にとっての各ニーズの重要性の評価
（8） 無視しているニーズ（幅）のアセスメント
（9） ニーズがほかのニーズと葛藤していたかどうかのアセスメント
（10） 各ニーズが若者の性加害の行動パターンを通して満たされていたかどうかの定式化
（11） そのニーズの治療教育における優先度の評価

グッドライフ・アセスメント尺度は，解釈や項目の得点化についての手引き書がついている。項目への反応は概して，はい／いいえの2択，低い／中程度／高いの順序尺度，あるいは4ポイントのリッカート尺度（「全く／稀に」から「ほとんどいつも」までの範囲）となっている。現在この尺度は印刷されたもののみであるが，若者の「グッドライフ・プロフィール」が図表で視覚的に表示される電子版を現在開発中である。

修正版グッドライフ・モデルに直接的に結びつく優れた心理測定力をもった

質問紙がない場合は，新たな評価尺度が考案され，改訂された。標準化されていない臨床評価尺度は，特定の目的に合う可能性があるので，実践的には役立つかもしれない。しかし，それらは大抵の場合，未検証で未確認であるため，心理測定力（例：信頼性と妥当性）にいくらかの限界をもっていることには注意すべきである。

　現在まで，グッドライフ・アセスメント尺度については，小規模の評定者間信頼性の研究のみが着手されている。この研究では，グッドライフ・アセスメント尺度の実施と9つの進行中のケースについて訓練された，7名の異なる実践家が参加した。すべてのケースが協働であるため，2名の実践家が，それぞれの若者について別々にグッドライフ・アセスメント尺度を実施することができた。修正版グッドライフ・モデルの8つのニーズそれぞれについて，若者の達成に関する情報を得るために，グッドライフ・アセスメント尺度でも同じ質問が用いられた。グッドライフ・アセスメント尺度には，各ニーズについて，計11項目のあらかじめ定義された評価尺度と，実践家が評価尺度をどのように得点化するかを決めるために使う情報を詳述する6つの記述欄がある。評価者間信頼性の研究目的について，それらの質問のみが評定され分析された。さらに，同じ質問が異なるニーズを検討するために用いられた場合，それらの質問は，どのニーズに関連があったかにかかわらず同じグループにまとめられた。その理論的根拠は，曖昧であった質問がより簡単に見分けられるということであった。したがって，各質問の評価者間信頼性(n=11)は，すべての参加者(n=9)にたいして8回（例：基本的ニーズの数）検討され，各質問が2名の異なる評価者によって評価され，全体で72セットのサンプルがつくられた。

　その質問の評価者間信頼性が，コーエンのカッパ係数(Cohen, 1960)を用いて分析された。ランディスとコッホ(Landis & Koch, 1977)は，カッパ係数を解釈するための以下のガイドラインを規定している。カッパ係数 .20 未満は低い一致を表し，.21 ～ .40 は一応の一致，.41 ～ .60 はほどほどの一致，.61 は .80 よい／十分な一致，.81 以上はとてもよい／ほぼ完璧な一致を示す。表10.1 は，グッドライフ・アセスメント尺度に含まれる個々の質問にたいする評価者間信頼性についての情報である。カッパ係数の計算が偶然の一致率を調整するという認識で，実際の評価者間の一致率の詳細がこの表に示されている。概して，評価尺度でより少ない得点の質問ほど，よりよい評価者間信頼性がみられた。さらに，結果の分析から，確固とした質問の多くは，若者の性加害行動とニー

ズとの関連性や介入の優先度と関連する傾向があった。しかし，この結果を解釈するとき，実践家が，本研究に参加する以前に日々の実践の一部として (例：評価や定式化のため，そしてそれぞれの若者がグッドライフ・プランに到達するために)，それら2つの質問を議論していたことは強調すべき重要なことである。概して，評定者間信頼性の研究では，訓練された実践家を用いた場合，グッドライフ・アセスメント尺度に含まれる多数の質問 (73%, n=8) が十分な一致を示し (kappa = .69 ～ .78; p < .001)，少数の質問 (27%, n=3) がほぼ完璧な一致を示した (kappa = .90 ～ .94; p < .001)。

表10.1 グッドライフ・アセスメント尺度（GLAT）のカッパ統計量と評価者間信頼性（N =72）

質問の内容	評定の選択肢数	カッパ統計量	p 値	% 評定者間信頼性
ニーズを適切な方法で満たしていた程度	4	.76	<.001	83%
ニーズを不適切な方法で満たしていた程度	3	.76	<.001	86%
外的資源	4	.75	<.001	82%
外的障壁	4	.74	<.001	82%
内的資源	4	.71	<.001	79%
内的障壁	4	.69	<.001	79%
若者にとってのニーズの重要性	3	.77	<.001	85%
無視しているニーズ (幅)	2	.90	<.001	99%
葛藤	2	.78	<.001	92%
性加害行動との関連性	2	.94	<.001	97%
治療教育の優先度	3	.91	<.001	94%

若者と親・養育者の質問紙

若者とその親あるいは養育者が完成する評価用紙は，若者が基本的ニーズをそれぞれどの程度満たしていると思っているのかを測定するための2ページのアンケートである。その質問紙は，各ニーズについての例を示している。そして，若者とその親・養育者に，次のことを求めている。①若者がニーズを満たしている程度を評価すること，②そのニーズを満たすために使った方法を説明すること，③若者にとってのニーズの重要性を評価すること，そして，④ニーズを満たす障壁になることをすべて挙げること。質問紙は，簡単・簡潔である

よう，それらの質問一式に限定している。その質問紙は，若者とその親・養育者にたいして，介入前の段階と介入の終了時に実施された。加えて，可能であれば，プログラム終了から6カ月後に実施された。また，介入が1年以上続いた場合には，若者が治療教育参加中に6カ月間隔で実施された。

評価尺度の表面的妥当性

　この評価尺度の表面的妥当性は，オーストラリアのディーキン大学のウィリス博士によって独自に評価された。彼女は，修正版グッドライフ・モデルの各ニーズのクライエントにとっての重要性や各ニーズが満たされた程度と，修正版グッドライフ・モデルのそれぞれに関連する欠点をアセスメントした観点から，尺度一式が表面的妥当性をもつと思われるとするフィードバックの書類を提供した。ウィリス博士は，グッドライフ・モデルよりも修正版のほうが測定しているものが明らかであり，そして，実践家が評定する尺度のなかでも明確なリスク要因の特定を含むため，その尺度の名前を「グッドライフ評価尺度」に変えることでよりよいものになるかもしれないと提案した。これらの提案は，これ以上尺度を改訂しないことを示すと考えられるだろう。

修正版グッドライフ・モデル評価尺度を用いた予備調査結果

　修正版グッドライフ・モデル評価尺度の利用はまだ初期段階であるが，これまでに完了した評価から得られた，いくつかの予備調査結果がある。はじめに，その尺度が介入による変化を捉えていると考えられることは，有望な材料になる。つまり，修正版グッドライフ・モデルの枠組みによる治療教育を受講した若者について尺度を得点化し評価すると，彼らにとって重要な基本的ニーズの達成度に関する治療教育に続いて，しばしば前向きな変化があることが示されている。しかし，現時点で治療教育を完了した若者のサンプル数は，結果を評価する特定の調査研究とするには，あまりにも少数である。

　性加害行動を示した若者との取り組みにおいて修正版グッドライフ・モデルがどのように関連し役立つのかについて，Gマップのプログラムを受けた15人の若者に関するこれまでの臨床的知見は，彼らの大部分が性加害行動を示したときに適切な方法で基本的ニーズを満たすことができていなかったことを示

した。修正版グッドライフ・モデルに含まれる8つの異なる基本的ニーズを満たしているかどうかについて,「しばしば」あるいは「ほとんどいつも」という回答とは対照的に, 73%～100%の若者が, それらのニーズを「全く満たしていなかった」り,「稀に」あるいは「たまに満たしていた」と回答した。加えて, アセスメント実施者は, 現時点で, 64％の若者が低い重要性をつけた**目的をもち, よりよくなる**というニーズを除いて, 若者の大部分 (79%～100%) がそれらのニーズの重要度を「中程度」あるいは「高い」とみなした。若者が最も重要だとみなしたニーズは, **人と関わること**であった。これは, 若者が修正版グッドライフ・モデルの枠組みのなかで考えられている基本的ニーズの多くを満たすことに動機づけられているが, それらを満たすための資源や機会がないという理論的仮説を支持するだろう。若者の性加害行動に主に関連していたニーズは, **人と関わること** (93%, n=14), **情緒的健康** (93%, n=14), **性的健康** (66%, n=10) であった。これらの結果は, 第7章の前半で議論したように, トラウマや愛着, そして性的健康に関する研究を前提にすると, 驚くにはあたらない。修正版グッドライフ・モデルの適用性と妥当性について, 若者にとって優先的だと思われるニーズや性加害行動に関連するニーズが, 広範な文献や調査に基づいていることは確かである。例えば, ウィリスとワード (2011) は, 性加害をした成人の大部分も, それらのニーズの重要度を「中程度」あるいは「高い」とみなしていることを明らかにしている。

評価のまとめと今後の目標

　若者を対象としたグッドライフ・モデルを土台とする介入実践はまだ始まったばかりであり, また修正版グッドライフ・モデルあるいはグッドライフ・モデルを直接的に評価するための妥当性や信頼性の確立された尺度もないなかにおいては, 本章で詳しく述べた暫定的な知見や標準化されていない尺度は, その限界にもかかわらず, 誰かの役に立つかもしれないし, 今後の調査の根拠となるかもしれない。本章で説明した研究結果や評価尺度には多くの限界がある一方, それらは, グッドライフ・アプローチの結果を評価する助けとなるための, 実践家が活用し拡張できるいくつかの例やアイデアを提供している。
　そこには, グッドライフ・アセスメント尺度の表面的妥当性や評価者間信頼性のような, 評価尺度の心理測定の特性を考えるためのいくつかの最初の試み

がある。しかし，それらの尺度は，2012年に改訂されたばかりであるため，介入による変化について信頼性のある推測を可能にするための，あるいは，その特性についてより十分な検討を可能にするための，十分な標本数をいまだ達成できていない。徐々に，より多くの標本数が利用できるようになり，より確かな分析ができるようになることが期待される。例えば，実践家，親・養育者，そして若者の評価の一致度が分析できるようになり，そして事例の下位集団にたいする尺度のテスト-再テスト信頼性が検討できるようになる。評価尺度とほかの尺度（例：子どもと若者のためのレジリエンス尺度；Prince-Embury, 2007）との関係性の分析は，「グッドライフ」が収束的妥当性にとって重要である可能性を示唆するかもしれない。さらに，リスクと欠点について弁別的妥当性を測定する心理統計学で比較ができるかもしれない。そして，尺度の予測的妥当性が，再犯率データの得点比較を通して検討できるかもしれない。これらの評価尺度が，若者の性加害行動から介入後の地域への移行というグッドライフの道のりを記録する意図で開発されたことは注目に値する。これまでの質的フィードバックは，尺度がこの目的を達成していることを示している。Gマップにとっては，評価尺度の心理測定の特性を実証し検討する今後の試みは，しばらく先のことになりそうである。短期間ではサンプル数の問題が生じるためである。しかし，例えば，テスト-再テスト信頼性や収束的妥当性といった，いくつかの心理測定の特性は，近いうちに検討できるかもしれない。

　最後に，グッドライフ評価尺度の使用によって，心理測定データと動的リスク・アセスメント，そして再犯率データの照合作業と並行して，修正版グッドライフ・モデルを土台とした治療教育を受けたことによる短期的・長期的の変化の程度についても，推測し結論を導くことができるであろう。社会復帰を目指すグッドライフ・モデルに基づく修正版であるため，修正版グッドライフ・モデルを支持するどんな調査も，最初のグッドライフ・モデルにたいする実証にもなるだろう。ほかのグッドライフ・アプローチを用いたサービスは，グッドライフ指向の介入に続く変化の程度を検討するための独自の評価や調査に着手することが推奨される。それらの結果は，理想的には，ほかの社会復帰モデルによって特徴づけられた介入と比較されるだろう。しかしながら，ほかの組織では，グッドライフ・モデルと並行してリスク-ニーズ-反応性モデルなどのほかのモデルを用いていることから，「純粋な」モデルとしてのグッドライフ・モデルを分析することが難しいところもあるかもしれない。

文　献

Andrews, D. A., and J. Bonta. 2010a. *The psychology of criminal conduct*, 5th ed. New Providence, NJ: Lexis Matthew Bender.

Andrews, D. A., and J. Bonta. 2010b. Rehabilitating criminal justice policy and practice. *Psychology, Public Policy, and Law* 16:39–55.

Andrews, D. A., J. Bonta, and R. D. Hoge. 1990. Classification for effective rehabilitation: Rediscovering psychology. *Criminal Justice and Behavior* 17:19–52.

Andrews, D. A., J. Bonta, and J. S. Wormith. 2011. The Risk–Need–Responsivity (RNR) model: Does adding the Good Lives model contribute to effective crime prevention? *Criminal Justice and Behavior* 38:735–55.

Barbaree, H. E., and W. L. Marshall. 1990. Outcome of comprehensive cognitive-behavioral treatment programs. In W. L. Marshall, D. R. Laws, and H. E. Barbaree (eds.), *Handbook of sexual assault: Issues, theories, and treatment of the offender*, 363–85. New York: Plenum.

Beech, A., G. Bourgon, K. Hanson, A. J. R. Harris, C. Langton, J. Marques, M. Miner, W. Murphy, V. Quinsey, M. Seto, D. Thornton, and P. M. Yates. 2007. *Sexual offender treatment outcome research: CODC guidelines for evaluation, part one: Introduction and overview*. Ottawa, Canada: Collaborative Outcome Data Committee (CODC).

Bonta, J., and D. A. Andrews. 2007. *Risk–Need–Responsivity model for offender assessment and treatment*. User Report No. 2007-06. Ottawa, Ontario: Public Safety Canada.

Borduin, C. M., C. M. Schaeffer, and N. Heiblum. 2009. A randomized clinical trial of multisystemic therapy with juvenile sexual offenders: Effects on youth social ecology and criminal activity. *Journal of Consulting and Clinical Psychology* 77:26–37.

Borduin, C. M., S. W. Henggeler, D. M. Blaske, and R. Stein. 1990. Multisystemic treatment of adolescent sexual offenders. *International Journal of Offender Therapy and Comparative Criminology* 34:105–13.

Burnett, R., and C. Roberts. 2004. The emergence and importance of evidence-based practice in probation and youth justice. In R. Burnett and C. Roberts (eds.), *What works in probation and youth justice: Developing evidence-based practice*, 1–13. Devon, UK: Willan Publishing.

Cavadino, M., and J. Dignan. 2006. Penal policy and political economy. *Criminology and Criminal Justice* 6:435–56.

Cohen, J. 1960. A coefficient of agreement for nominal scales. *Educational and Psychological Measurement* 20:37–46.

Crawford, A. 1998. Community safety and the quest for security: Holding back the dynamics of social exclusion. *Policy Studies* 19:237–53.

Farmer, M., A. R. Beech, and T. Ward. 2012. Assessing desistance in child molesters: A qualitative analysis. *Journal of Interpersonal Violence* 27:930–50.

Griffin, H. 2012. *Good Lives Assessment Tool and associated questionnaires (GLAT: Revised)*. Sale, UK: G-map Services.

Griffin, H. 2013. Preliminary support that the adapted Good Lives model elicits change. Unpublished.

Griffin, H., and L. Harkins (in preparation, a). *A literature review following a systematic approach: An assessment of the protective factors that help young offenders to desist from crime.*

Griffin, H., and L. Harkins (in preparation, b). *Comparing resilience of young people who have sexually offended with those who have non-sexually offended and with non-offending controls.*

Griffin, H., and S. A. Price. 2009a. *Young person's Good Lives approach questionnaire.* Sale, UK: G-map Services.

Griffin, H., and S. A. Price. 2009b. *Parent/carer Good Lives approach questionnaire.* Sale, UK: G-map Services.

Griffin, H., and S. A. Price. 2009c. *Good Lives approach scoring manual: Pre-treatment.* Sale, UK: G-map Services.

Griffin, H., and S. A. Price. 2009d. *Good Lives approach scoring manual: Post-treatment.* Sale, UK: G-map Services.

Hackett, S. 2004. *What works for children and young people with harmful sexual behaviours?* Essex, UK: Banardo's.

Hanson, R. K. 2002. Introduction to the special section on dynamic risk assessment with sex offenders. *Sexual Abuse: A Journal of Research and Treatment* 14:99–101.

Hanson, R. K., G. Bourgon, L. Helmus, and S. Hodgson. 2009. The principles of effective correctional treatment also apply to sexual offenders: A meta-analysis. *Criminal Justice and Behavior* 36:851–91.

Harkins, L., and A. Beech. 2007. Measurement of the effectiveness of sex offender treatment. *Aggression and Violent Behavior* 12:36–44.

Jeglic, E. L., C. Maile, and C. C. Mercado. 2010. Treatment of offender populations: Implications for risk management and community reintegration. In L. Gideon and H. Sung (eds.), *Rethinking corrections: Rehabilitation, re-entry and reintegration,* 37–70. Thousand Oaks, CA: Sage Publications.

Landis, J. R., and G. G. Koch. 1977. The measurement of observer agreement for categorical data. *Biometrics* 33:159–74.

Laub, J. H. 1997. Patterns of criminal victimization in the United States. In R. C. Davis, A. J. Lurigio, and W. G. Skogan (eds.), *Victims of crime,* 9–26. Thousand Oaks, CA: Sage Publications.

Laws, D. R., and T. Ward. 2011. *Desistance and sexual offending: Alternatives to throwing away the keys.* New York: Guilford Press.

Lösel, F. 1998. Treatment and management of psychopaths. In D. J. Cooke, A. E. Forth, and R. D. Hare (eds.), *Psychopathy: Theory, research and implications for society,* 303–54. Dordrecht, Netherlands: Kluwer.

McGrath, R., G. Cumming, B. Burchard, S. Zeoli, and L. Ellerby. 2010. *Current practices and emerging trends in sexual abuser management: The Safer Society 2009 North American Survey.* Brandon, VT: Safer Society Press.

Muncie, J. 2006. Governing young people: Coherence and contradiction in contemporary youth justice. *Critical Social Policy* 26:770–93.

Nisbet, I., S. Rombouts, and S. Smallbone. 2005. *Literature review: Impacts of programs for adolescents who sexually offend.* Ashfield, Australia: NSW Department of Community Services.

Nowicki, S. Jr., and B. R. Strickland. 1973. A locus of control scale for children. *Journal of Consulting and Clinical Psychology* 40:148–54.

Peters, C. S., and S. Myrick. 2011. Juvenile recidivism—Measuring success or failure: Is there a difference? *Corrections Today* 73:32–34.

Polaschek, D. L. L. 2012. An appraisal of the Risk–Need–Responsivity (RNR) model of offender rehabilitation and its application in correctional treatment. *Legal and Criminological Psychology* 17:1–17.

Prince-Embury, S. 2007. *Resiliency scales for children and adolescents: A profile of personal strengths.* San Antonio, TX: Harcourt Assessment.

Print, B., H. Griffin, A. R. Beech, J. Quayle, H. Bradshaw, J. Henniker, and T. Morrison. 2007. *AIM2: An initial assessment model for young people who display sexually harmful behaviour.* Manchester, UK: AIM Project.

Stahlkopf, C. 2008. Political, structural, and cultural influences on England's Youth Offending Team practices. *International Criminal Justice Review* 18:455–72.

Ward, T., and T. A. Gannon. 2006. Rehabilitation, etiology, and self-regulation: The comprehensive Good Lives model of treatment for sexual offenders. *Aggression and Violent Behavior: A Review Journal* 11:77–94.

Ward, T., and T. A. Gannon. 2008. Goods and risks: Misconceptions about the Good Lives model. *Correctional Psychologist* 40:1–7.

Ward, T., and S. Maruna. 2007. *Rehabilitation: Beyond the risk assessment paradigm.* London, UK: Routledge.

Ward, T., and C. A. Stewart. 2003. The treatment of sex offenders: Risk management and good lives. *Professional Psychology: Research and Practice* 34:358–60.

Ward, T., P. M. Yates, and G. M. Willis. 2012. The Good Lives model and the Risk–Need–Responsivity model: A critical response to Andrews, Bonta, and Wormith (2011). *Criminal Justice and Behavior* 39(1):94–110.

Watt, E. 2003. A history of youth justice in New Zealand. *Court in the Act* 6. Wellington: Department of Courts.

Willis, G. M., T. Ward, and J. S. Levenson. 2012. The Good Lives model (GLM): An evaluation of GLM operationalization in North American treatment programmes. Manuscript submitted for publication.

Willis, G. W., P. M. Yates, T. A. Gannon, and T. Ward. 2013. How to integrate the Good Lives model into treatment programs for sexual offending: An introduction and overview. *Sexual Abuse: A Journal of Research and Treatment* 25:123–42.

Willis, G., and T. Ward. 2011. Striving for a good life: The Good Lives model applied to released child molesters. *Journal of Sexual Aggression* 17(3):290–303.

Wilson, R. J., and P. M. Yates. 2009. Effective interventions and the Good Lives model: Maximizing treatment gains for sexual offenders. *Aggression and Violent Behavior* 14:157–61.

Wormith, J. S., R. Althouse, L. R. Reitzel, M. Simpson, R. D. Morgan, and T. J. Fagan. 2007. The rehabilitation and reintegration of offenders: The current landscape and some future directions for correctional psychology. *Criminal Justice and Behavior* 34:879–92.

監訳者あとがき

　本書は，2013年にSafer Societyから出版されたBobbie Print編 *The Good Lives Model for Adolescents Who Sexually Harm* を訳出したものであり，青少年向けのグッドライフ・モデルに基づくアセスメントと臨床について解説したものである。

　グッドライフ・モデルは，成人の性犯罪者の治療教育のアプローチとして，2002年にトニー・ワード博士によって開発されたモデルである。リスクの背景にある個人のニーズに着目し，より適切な方法でニーズを充足させるスキルを身につけることで，性暴力を手放し，よりよい人生を送れるようになることをめざす。成人を対象としたグッドライフ・モデルのワークブックは，『グッドライフ・モデル──性犯罪からの立ち直りとより良い人生のためのワークブック』(パメラ・M・イエイツ，デビッド・S・プレスコット著，藤岡淳子監訳，誠信書房，2013年)で紹介されている。

　成人向けのグッドライフ・モデルを改編し，性問題行動のある青少年への適用を試みたのが，英国マンチェスター市の民間組織Gマップ (G-Map：Greater Manchester Adolescent Project) であり，本書にはGマップの臨床家たちの研究成果と実践がふんだんに盛り込まれている。思春期は，心身の成長や変化が著しい時期である。家庭や学校など身近な環境の影響を受けやすく，青少年の性問題行動は，個人の特性以上に周囲の環境によるところも大きい。こうした思春期ならではの要因を考慮し，性問題行動の再発を防ぐことはもとより，彼らの全人的な成長を促進するための臨床実践の方向性や留意点が示されている。

　日本においても，少年司法機関や児童福祉機関等を中心として，性問題行動のある青少年への治療教育が行なわれており，『回復への道のり』三部作 (ティモシー・カーン著，藤岡淳子監訳，誠信書房，2009年) をテキストに活用した実践例が蓄積されつつある。『回復への道のり』のなかでも，青少年が自らよりよい人生を選択していく(サバイバーになる)というグッドライフの観点が含まれている。グッドライフ・モデルは，リスク−ニーズ−反応性 (RNR) 原則モデルと両輪で用

いられるものであるため，これまでの取り組みにグッドライフの観点を加えていくことで，よりポジティブで包括的な介入を行なうことができるだろう。

　本書は，大阪大学大学院人間科学研究科・教育心理学研究室の研究会で取り上げられ，監訳者らとともに性問題行動のある青少年と保護者の治療教育グループを児童相談所で実施している仲間や，児童福祉機関や司法機関で個別プログラムをしている，あるいは臨床機関で青少年の相談に関わっている人たちと学んだことをきっかけに翻訳出版に至った。研究会の参加者の多くが，性問題行動のある青少年の治療教育に携わっていたため，青少年のための8つの主要なグッドライフ・ニーズはすぐに活用できるものであった。また，グッドライフ・アセスメントにも，現在実施しているアセスメントに加えて反映させるべき部分がたくさんあると感じられた。

　このように有用性は実感できたものの，グッドライフ・モデルは具体性があるものだが哲学的な理念も多分に含まれており，難しく感じられる部分もあった。また，膨大なグッドライフ・アセスメントをどのように実施すればよいのか，さらに知りたいと感じた。そこで，翻訳メンバーの何人かで2014年秋にGマップへの視察を行ない，現地で2日間にわたる研修を受講した。マンチェスター市の郊外にあるGマップは，個人プログラムを行なうための面接室とグループワーク用の広い部屋，そしてスタッフの研究室があり，視察当時は事務スタッフ含め11名（臨床家は7名）が勤務していた。スタッフの専門性は非常に幅広く，心理学，看護学，保護観察，少年司法，ソーシャルワーク，児童心理など，学際的であり，性別や民族性も多様である。行政から紹介されたおおむね7歳から18歳の少年少女にたいするアセスメントとプログラム（個別，グループ，家族，コンサルテーションなど）を実施し，治療にかかる費用はリファーをした行政が負担する。プログラム期間の平均は18ヵ月であり，プログラムと並行して約4ヵ月間に及ぶアセスメントが実施される。視察時のヒアリングでは，少年ひとりにつき，かかる費用は約10万円とのことであり，平均介入期間の18ヵ月間では，およそ1ケースにつき180万円を行政が支払うことになる。これまで100名以上の治療を行ない，再犯率は7.5％だという。行政の予算的な事情から，リスクの高い少年が優先的にリファーされる傾向があり，そうした少年たちの再犯を1割以下にとどめているのは注目に値する。

　一方，日本では現在のところ，性問題行動のある青少年への治療教育の多くが公的機関で行なわれている。それによって，リスクの高い少年に限らず幅広

い支援を提供できる可能性があるものの，介入すべきケースが増えており，治療教育に関する専門性を有していない職員も対応にあたらねばならないという現場の負担が問題になりつつある。民間で活動している「もふもふネット」（代表 藤岡淳子）では，少年の年齢や発達特性，家庭状況などにより，公的機関につながりにくいケースの相談が増えており，社会資源のひとつとして民間の臨床機関へのニーズの高さを感じている。

 思春期のうちに性問題行動への適切な介入がなされ，家族関係や環境が改善し，青少年がグッドライフを選択する力を身につけることができれば，さらなる被害者も生まれず，より安全な社会をつくることができる。性暴力は，被害者や少年自身，そしてそれぞれの家族など，非常に多くの人たちを傷つける。そして，その修復や回復には多大な労力を要する。そのため，少年や家族への治療教育を行なうと同時に，被害者への支援体制もさらに拡充していく必要がある。Gマップでは，グッドライフ・モデルを被害者である少年少女にも適用し，その有効性を検証しているところだという。今後，被害者支援の領域でも，グッドライフ・モデルの活用が期待される。

 グッドライフ・アプローチは，本人や保護者が前向きに問題に取り組めるだけでなく，臨床家にとっても，少年のストレングス（強み）に注目しながら，ポジティブな働きかけをしやすくなるというメリットがある。少年は，自分にたいする周囲の評価やまなざしを内在化するため，「この少年は変わらない」「信じられない」という臨床家の認識は，少年の無力感や不信感を強めてしまう。性問題行動は受け入れがたくとも，その行動の背景にあるニーズは共感できるものであり，臨床家は少年と一緒にニーズとリスクを検討しやすくなる。本書は，臨床におけるポジティブな治療同盟の形成にも役立てられるだろう。

 なお，本書の研究会に参加した次の方々の下訳をもとに，分担訳者が再度翻訳し，監訳者らによって修正を行なった。宮井研治・貞木隆志・中村泰子・吉野良介（大阪市こども相談センター），関野猛志（大阪府子どもライフサポートセンター），簗瀬健二（NPO法人 暮らしづくりネットワーク北芝），井ノ崎敦子（徳島大学学生支援センター），藤森紗英子（兵庫県こころのケアセンター）の皆様に協力いただいた（順不同，敬称略，所属は2015年11月現在）。最後になるが，誠信書房の松山由理子さんと曽我翔太さんには，出版に際して大変お世話になった。心よりお礼申し上げる。

  2015年11月   大阪大学大学院　藤岡淳子・野坂祐子

索　引

■ ア行

愛着·················25, 49, 64
　　──困難·················58
　　──スタイル·················64
アセスメント·················59, 70
新しい自分·················89
新しい生活·················89-92, 199
イエイツ (Yates, P. M.)·················78, 94, 123, 179, 204
維持要因·················75, 76
ERASOR 2.0·················96
ウェルビーイング·················12, 150
AIM2·················95
ACE モデル·················166
エブリ・チャイルド・マターズ·················40, 50, 176
親のサポートプログラム·················157

■ カ行

外的資源·················38, 49
外的障害·················89
外的能力·················89
外的バリア·················92
介入計画·················98
介入ニーズ·················14
介入プラン·················53
回避·················26
　　──目標·················5, 14
学習障害·················58

葛藤·················78, 89, 104, 125
監督レベル·················157
基本的ニーズ·················41, 43, 49, 51
共感的思考訓練·················159
グッドライフ·················50, 51
　　──・アセスメント尺度 (GLAT)·················209
　　──・アセスメントと定式化·················114, 117
　　──・アプローチ·················12, 15
　　──・インフォームド・アプローチ·················148
　　──指向·················208
　　──・チーム·················124
　　──・ノート·················181
　　──・プラン·················123, 145
　　──・プロフィール·················210
　　──・モデル (GLM)·················5, 29, 37, 49, 54, 58, 64, 71, 78
グループワーク·················153
経路·················128
ゲシュタルト的技法·················159
欠点指向·················206
原因論モデル·················95
貢献すること·················150
行動プラン·················125

■ サ行

サイクル理論·················24

再発防止 (RP) ·· 14
　　――アプローチ ······································ 26
　　――モデル ·· 37
さざ波効果 ·· 161
JSOAP-II ··· 96
支援ネットワーク ······································ 127
思考の誤り ·· 26
自己管理 ··· 14
自己効力感 ·· 14
自己調整モデル ·· 24
自己鎮静技法 ···································· 165, 166
自分自身である ······················ 81, 101, 107
司法モデル ·· 203
Gマップ ·· 37, 98
社会移行 ·· 174
社会関係資本 ··· 177
社会再参加 ·· 175
社会的つながり ··· 168
社会的排除 ·· 174
社会復帰 ·· 201
修正版グッドライフ・モデル (GLM-A)
　·· 40, 71, 78, 125
主体性 ··· 15
手段 ··· 49, 78
主要価値 ··································· 12, 38, 49, 78
情緒的健康 ····························· 84, 103, 108
情動調律 ·· 168
少年司法委員会 ··· 176
少年定着制度 ··· 175
事例定式化 ·· 73
身体的健康 ······················· 86, 104, 108
心理測定アセスメント ······················ 72, 93
スキル ··· 64
ストレス耐性ワーク ·································· 166
ストレングス ······················ 7, 10, 11, 29, 51,

58, 70, 95
性的健康 ································· 85, 103, 108
性犯罪者登録 ·· 23
接近目標 ··· 14
セリグマン (Seligman, M. E. P.) ··········· 10
全人的改善更生アプローチ ···················· 72
前提条件 ·· 75, 76

■ タ行

多機関による公的保護委員会 ············· 192
多機関による公的保護協定 ················· 179
多職種協働チーム ······································ 123
達成する ······························· 80, 100, 107
楽しむ ····································· 79, 100, 106
短期的目標 ·· 128
チクセントミハイ (Csikszentmihalyi, M.)
　·· 10
長期的目標 ·· 128
ディクレメンテ (DiClemente, C. C.) ······ 59
定着プラン ·· 175
動機 ·· 92
　　――づけ ·· 71, 193
　　――づけ面接法 ·· 63
統制の所在 (ローカス・オブ・コントロー
　ル) ··· 10, 15
動的リスク要因 ·· 14
トップダウン ··· 159
トラウマ ···························· 25, 49, 58, 64, 105
　　――・システム・セラピー・アプロー
　チ ··· 152
トリガー (先行要因) ···································· 74

■ ナ行

内的資源 ··· 49
内的障害 ··· 89

内的能力 89
内的バリア 92
何が効くか？ 203
ニーズ 39, 54, 58, 78, 94
──原則 27
認知行動療法（CBT） 26, 147, 165
ぬかるみの環状交差点 91

■ハ行
バイオフィードバック・アプローチ 159
恥 60
派生価値 49
幅 78, 89, 104, 125
犯因性ニーズ 27, 61, 71
バンデューラ（Bandura, A.） 10
反応性 95, 155
──原則 27
非機能的家族 174
人と関わる 82, 101, 107
否認 27, 59
フィンケラー（Finkelhor, D.） 24, 92, 162
福祉モデル 203
フリーマン＝ロンゴ（Freeman-Longo, R. E.） 60
古い自分 89
古い生活 89-91, 199
プレスコット（Prescott, D. S.） 27, 29
プロチャスカ（Prochaska, J. O.） 59
変化の前提条件 54
変化の多理論統合モデル 59
変化への動機づけ 58, 62
弁証法的行動療法 165
保険統計的リスクアセスメント 94

保護要因 7, 74-76
ポジティブ心理学 10, 148
ポジティブなアプローチ 6, 11, 64
ポジティブ要因 7
ボトムアップ 159

■マ行
マインドフルネス 169
マクニール（McNeil, F.） 54
マズロー（Maslow, A.） 6, 40
マルチシステミック・セラピー（MST） 29, 147
マルナ（Maruna, S.） 9, 65
ミラー（Miller, W. R.） 63
燃え上がり効果 151
目的をもち、よりよくなる 83, 102, 108
問題の定式化 72, 74, 104

■ヤ行
誘発要因 75, 76, 151
欲求段階 40
欲求の自己決定理論 38
4つの前提条件モデル 24, 92, 162

■ラ行
リスク 70, 94
──アセスメント 72, 93, 97
──管理 26, 42
──管理スキル 175
──管理モデル 94
──原則 27
──－ニーズ-反応性（RNR） 4, 27, 37, 60, 94, 146
離脱 9, 176

臨床的定式化 ……… 71, 73, 109, 114, 118
レジリエンス ……………………… 6, 70, 174
ロジャーズ (Rogers, C) …………………… 6
ロルニック (Rollnick, S.) ………………… 63

■ ワ行

ワード (Ward, T.) ………… 5, 11-14, 38, 39, 47, 51, 54, 65, 94, 95, 126, 150, 175, 177, 204, 205, 214

著者紹介

マーク・アズヘッド（Mark Adshead）
DipSW, PQCSW, PGD Forensic Mental Health, PCEP（少年司法）

　1995年に，地方自治体の収容施設に再拘留された情緒的障害と行動障害のある若者への施設内ケアを始めた。その後，1999年に社会福祉局の少年サポートチームへ移った。2001年に，少年犯罪局に異動し，2005年に業務部長に就任した。2008年から上級実践者としてGマップで活動している。

アンソニー・ビーチ（Anthony Beech）
Dphil（オックスフォード大学），Bsc，英国心理学会特別研究員，英国心理学会認定心理士（法医学）

　英国バーミンガム大学の法医学・犯罪心理学センター長であり，英国心理学会特別研究員である。また，法医科学と刑事司法分野において，150本の査読付き論文，40本の分担執筆，6冊の本を執筆している。2009年には，性加害者処遇学会のダラス大会にて特別功労賞を授与された。また，英国心理学会から司法心理学分野の学会賞を授与された。研究における専門分野は，リスクアセスメント，犯罪の神経生物学的原理，インターネットを利用した子ども搾取の低減，犯罪者への介入における精神療法的介入効果の向上である。最近の研究は，インターネット犯罪，犯罪者の処遇における新たなアプローチ，犯罪の神経生物学的原理に関するものである。また，Gマップの研究顧問である。

ドーン・フィッシャー（Dr. Dawn Fisher）
BA Hons, MClinPsych, PhD

　バーミンガムの聖アンドリュース病院の主席顧問心理学者で，バーミンガム大学の名誉上級研究員である。また，Gマップの顧問でもある。長年，性加害者への介入に取り組み，幅広いトピックスの書籍の出版や学会発表を行なっている。性加害者への処遇プログラムの効果評価研究に関わり，正式に認可された性犯罪者処遇プログラムを共同開発した。また，矯正局委員会の委員を務めた。全英加害者処遇学会（NOTA）の創立メンバーでもある。

ヘレン・グリフィン (Dr. Helen Griffin)
BA (Hons), PA Dip, NVQ 4, ForenPsyD, 英国心理学会認定心理士

社会的排除を受けた若者のための活動に関わり，2006年1月にGマップに加わった。研究者としての経歴をもち，少年司法委員会や少年司法団体，そしてGマップでも働いてきた。Gマップの上級実践者であり，主席研究員も務めている。

シャロン・リーソン (Sharon Leeson)
認定精神保健看護師，Dip HE (地域看護)

2002年からGマップの上級実践者を務めている。病院，地域居住施設，地域看護における学習障害看護の経歴をもち，問題行動のある成人とともに活動してきた。Gマップで活動しながら，性加害行動のある学習障害の少年のアセスメントと介入について全英で研修を行なっている。Gマップで実施している学習障害をもつ若者のためのグループワーク・プログラムのファシリテーターでもある。

ジュリー・モーガン (Julie Morgan)
BSC (Hons), MA

保護観察官としての研修を受け，性加害行動のある学習障害の若者を対象とした新しい地域サービスを展開している保健機関に勤務していた。1997年からGマップへの非常勤出向職員になり，1998年から正規スタッフとなった。また，2003年からGマップの臨床マネージャー，2005年からはサービスマネージャーを務めている。

エレーン・オコティ (Elleen Okotie)
BA (Hons), DipSW, MA, PQI

Gマップの上級実践者である。子どもと家族のための地方自治体による社会福祉事業に携わり，性加害行動のある若者と虐待被害者と関わる専門家として活動している。「アセスメント・介入・プロジェクトの進展 (AIM)」のプロジェクトによって2002年に出版された『性加害行動のある黒人とアジア人の若者の体験に関する研究』の共著者でもある。7年間，英国児童虐待防止協会

(NSPCC)で働き，2006年1月にGマップに加わった。

ボビー・プリント (Bobbie Print)
社会福祉士

　Gマップのディレクターである。バーミンガム大学の法医学・家族心理学部の名誉講師である。これまで25年にわたって，性加害行動のある若者とともに活動してきた。全英加害者処遇学会(NOTA)の創立メンバーのひとりである。性加害行動のある若者への取り組みに関する書籍を幅広く出版し，専門家研修も行なっている。

ポール・クエスト (Paul Quest)
BA (Hons), Dip SW, PQ1

　学習障害のある成人と関わりながら，病院からコミュニティに戻る長期入院者のための司法居住施設のマネージャーを務めた。児童養護と少年犯罪の分野でも活動しており，2010年からGマップのスタッフになった。Gマップの上級実践者である。

ローラ・ワイリー (Laura Wylie)
BA (Hons), Psychology, MSc Forensic Psychology

　10年にわたって法医学の幅広い分野において活動し，研究を行ない，2009年1月にGマップに加わった。情緒障害と行動障害のある少年のための安全な環境における心理的ケアや，スコットランド刑務所で成人の性犯罪者を対象とした心理的ケアを行なってきた。また，性暴力被害者への支援も行なっている。性加害行動のある少年のためのコミュニティに基づいた治療プログラムの評価にも携わっている。

訳者紹介

大倉（田辺）　裕美（おおくら〈たなべ〉　ひろみ）【まえがき】【はじめに】【第 1 章】
2013 年　大阪大学大学院人間科学研究科臨床教育学講座博士前期課程修了
現　　在　公認心理師

金　　波（きん　ば）【第 2 章】
2019 年　大阪大学大学院人間科学研究科教育心理学講座博士後期課程単位取得退学
現　　在　大阪府治安対策課社会復帰支援員，大阪市児童相談所カウンセラー，
　　　　　大阪人間科学大学非常勤講師，公認心理師
訳　　書　『グループにおける動機づけ面接』（分担訳）誠信書房 2017

浅野　恭子（あさの　やすこ）【第 3 章】
1991 年　京都女子大学大学院家政学研究科児童学専攻修士課程修了
現　　在　大阪府立障害者自立センター所長，臨床心理士，公認心理師
著訳書　『子どものトラウマ』（分担執筆）金剛出版 2019，『マイ ステップ』（共著）誠信書房 2016，『子どものためのトラウマフォーカスト認知行動療法』（分担訳）岩崎学術出版 2015，『あなたに伝えたいこと』（共訳）誠信書房 2015，『グッドライフ・モデル』（分担訳）誠信書房 2013，『子どもへの性暴力』（分担執筆）誠信書房 2013，他

坂東　希（ばんどう　のぞみ）【第 4 章】
2019 年　大阪大学大学院人間科学研究科臨床教育学講座博士後期課程単位取得満期退学
現　　在　大阪大学大学院連合小児発達学研究科特任研究員，公認心理師
訳　　書　『グッドライフ・モデル』（分担訳）誠信書房 2013

野坂　祐子（のさか　さちこ）【第 5 章】
〈監訳者紹介参照〉

山田　順久（やまだ　のぶひさ）【第 5 章】
2009 年　大阪大学大学院人間科学研究科博士前期課程修了
現　　在　大阪府中央子ども家庭センター児童福祉司

藤岡　淳子（ふじおか　じゅんこ）【第6章】
〈監訳者紹介参照〉

田中　久美子（たなか　くみこ）【第6章】
2012年　大阪大学大学院人間科学研究科博士前期課程修了
現　　在　大阪府中央子ども家庭センター（児童心理司）

中西　美絵（なかにし　みえ）【第7章】
現　　在　大阪大学大学院人間科学研究科臨床教育学講座博士後期課程
著訳書　『グループにおける動機づけ面接』（分担訳）誠信書房 2017，『アディクションと加害者臨床』（分担執筆）金剛出版 2016，『紛争，貧困，環境破壊をなくすために世界の子どもたちが語る 20 のヒント』（分担執筆）合同出版 2011

毛利　真弓（もうり　まゆみ）【第8章】
2018年　大阪大学大学院人間科学研究科臨床教育学講座博士後期課程単位取得退学
現　　在　同志社大学心理学部准教授，臨床心理士，公認心理師，博士（人間科学）
訳　　書　『グッドライフ・モデル』（分担訳）誠信書房 2013，『被害者-加害者調停ハンドブック』（分担訳）誠信書房 2007

上原　秀子（うえはら　ひでこ）【第9章】
2011年　大阪大学大学院人間科学研究科臨床心理学講座博士課程単位取得退学
現　　在　大阪大学基礎工学・理学キャンパスライフ支援室講師，臨床心理士，公認心理師，キャリアコンサルタント，産業カウンセラー

奥田　剛士（おくだ　たけし）【第10章】
2016年　大阪大学大学院人間科学研究科臨床教育学講座博士後期課程単位取得退学
現　　在　広島国際大学心理科学研究科実践臨床心理学専攻特任講師，臨床心理士
訳　　書　『グループにおける動機づけ面接』（分担訳）誠信書房 2017，『グッドライフ・モデル』（分担訳）誠信書房 2013

監訳者紹介

藤岡　淳子（ふじおか　じゅんこ）
1981 年　上智大学大学院博士前期課程修了
　　　　　法務省矯正局，在職中に南イリノイ大学大学院修士課程修了，その後府中刑務所首席矯正処遇館，宇都宮少年鑑別所首席専門官，多摩少年院教育調査官等を経て，2002 年より現職
現　　在　大阪大学大学院人間科学研究科教授，臨床心理士，公認心理師，博士（人間科学）
編著書　『非行・犯罪心理臨床におけるグループの活用』誠信書房 2014，『PTSD の伝え方』（分担執筆）誠信書房 2012，『性暴力の理解と治療教育』誠信書房 2006，他
訳　　書　『グループにおける動機づけ面接』（共監訳）誠信書房 2017，『グッドライフ・モデル』（監訳）誠信書房 2013，『回復への道のり　親ガイド』『回復への道のり　パスウェイズ』『回復への道のり　ロードマップ』（監訳）誠信書房 2009，『被害者−加害者調停ハンドブック』（監訳）誠信書房 2007，他

野坂　祐子（のさか　さちこ）
1999 年　お茶の水女子大学大学院家政学研究科児童学専攻修士課程修了
2004 年　お茶の水女子大学大学院人間文化研究科人間発達科学専攻博士課程単位取得退学
　　　　　大阪教育大学学校危機メンタルサポートセンター講師を経て，2013 年より現職
現　　在　大阪大学大学院人間科学研究科准教授，臨床心理士，公認心理師，博士（人間学）
編著書　『治療共同体実践ガイド』（分担執筆）金剛出版 2019，『生活のなかの発達』（分担執筆）新曜社 2019，『マイ ステップ』（共著）誠信書房 2016，『子どもの PTSD』（分担執筆）診断と治療社 2014，『子どもへの性暴力』（共編）誠信書房 2013，『発達科学ハンドブック 6　発達と支援』（分担執筆）新曜社 2012，『大災害と子どものストレス』（分担執筆）誠信書房 2011，他
訳　　書　『グループにおける動機づけ面接』（共監訳）誠信書房 2017，『あなたに伝えたいこと』（共訳）誠信書房 2015，『子どものためのトラウマフォーカスト認知行動療法』（分担訳）岩崎学術出版 2015，『グッドライフ・モデル』（分担訳）誠信書房 2013，他

ボビー・プリント編
性加害行動のある
少年少女のためのグッドライフ・モデル

2015年11月25日　第1刷発行
2019年11月25日　第2刷発行

監　訳　者　　藤　岡　淳　子
　　　　　　　野　坂　祐　子
発　行　者　　柴　田　敏　樹
印　刷　者　　西　澤　道　祐
発　行　所　　株式会社　誠信書房
〒112-0012　東京都文京区大塚3-20-6
電話　03(3946)5666
http://www.seishinshobo.co.jp/

あづま堂印刷　協栄製本　　落丁・乱丁本はお取り替えいたします
検印省略　　　無断で本書の一部または全部の複写・複製を禁じます
Ⓒ Seishin Shobo, 2015　　　　　　　　　　　　　Printed in Japan
ISBN978-4-414-41461-5 C3011